大正・昭和前期 博物館学基本文献集成 上

青木 豊・山本哲也 編

雄山閣

はじめに

本書は、『明治期 博物館学基本文献集成』（雄山閣 二〇一二年既刊）に続く第二弾として大正・昭和の戦前期までの論著を対象に集成したものである。

本書編纂の目的は、博物館学を研究する上での基本文献として、さらには我が国の博物館学史を確立する歴史史料として編纂するものである。

現在確認している当該期の論著は、二百余を数えるが、紙幅の関係ですべてを転載することは出来ないため、博物館学上重要性の高いと判断したものに限って採録した。凡例にも記している通り、原則として比較的入手がたやすい単行本と、『博物館研究』に掲載された論文、および棚橋源太郎の論文は別途の集成本を予定しているところから採録外とした。

なお、網羅的な文献渉猟を基本としたが、当然のことながら遺漏文献も多々存在するであろうことも十分承知している。中でも学校教育分野での学術誌で取り扱われた博物館の論文に関しては、まだゞゞ不十分の感は否めないのが実情である。この点に関しては、今後の文献渉猟と皆様方からのご指摘により完璧に成ることを願い、布石として当該二冊を公刊するものである。

また、二百余の文献目録を附編とするのが、本来の『文献集成』の体裁でもあろうし、利用に当たっての不親切さは否めないが、この点も紙幅の関係で設定できなかったことは、編者としても極めて残念でならない。

本書の実質的な編集は、國學院大學文学部博物館学研究室助手中島金太郎君に負うところが大きかったことを、茲に銘記し厚く御礼申しあげる次第である。

末筆ながら、本書の刊行を快くお引き受けくださった雄山閣出版の宮田哲男社長をはじめ関係各位、中でも担当戴いた桑門智亜紀氏に対しまして厚く御礼申し上げます。

平成二十七年如月　雪蘭匂う

國學院大学文学部教授
博士（歴史学）　青木　豊

大正・昭和前期博物館学文献集成 上 ―目 次

序 章 博物館学の転換期（大正・昭和前期）……青木 豊 1
一 明治四四年 神野淺治郎「第五節 學校博物館及び教室博物館」…… 7
二 大正二年 神保小虎「鑛物博物館の陳列術」…… 19
三 大正二年 田中芳男「田中芳男君の經歴談」…… 28
四 大正二年 中山龍次「明治天皇紀念新博物館設立私議」…… 51
五 大正二年 吉田熊次「第五章第十一節 博物館・動物園・植物園」…… 57
六 大正三年 石井柏亭「博物館の設備に就て」…… 78
七 大正三年 黒板勝美『日光寶物陳列館に就いて』…… 85
八 大正四年 N・S・生「話の種（十四）：東京自然博物館設立の意見」…… 97
九 大正四年 大江新太郎「日光山寶物館」…… 102
十 大正四年 黒板勝美「明治神宮寶物殿懸賞競技審査批評 寶物殿の性質上より見たる批評」…… 106

十一　大正四年　執筆者不明「大典記念美術館建設建議書」……110
十二　大正六年　内田嘉吉「安全博物館設置の急務」……113
十三　大正六年　小學教育研究會「第十七章　兒童博物館の設備」……135
十四　大正七年　吉田熊次「教育博物館」……147
十五　大正九年　川村多實二「米國博物館の生態陳列」……155
十六　大正十年　丸山良二「博物館」……166
十七　大正十一年　松村松盛「第三章　社會教育の施設」……179
十八　大正十四年　青木周三「鐵道博物館の復興」……198
十九　大正十四年　中野治房「歐米の模範的博物館と其感想」……199
二十　大正十四年　那波光雄「鐵道博物館の開設に就て」……202
　朝倉希一「歐米の鐵道博物館」……202
二一　大正十四年または大正十五年　吉田　弘「兒童博物館の施設と教育的利用」……204

二二　大正十五年　川村多實二「動物園と水族館」（部分抜粋）…………210
二三　昭和二年　小尾範治「博物館の使命」…………229
二四　昭和四年　秋保安治「東京博物館の現在とその將来」…………236
二五　昭和四年　小田内通敏「鄕土思想の涵養と其の方法―鄕土地理の研究と鄕土博物館の設立―」…………239
二六　昭和四年　熊谷辰治郎「「鄕土館」と地方文化の建設」…………241
二七　昭和四年　田邊尙雄「東京博物館と故手島精一翁（一）（二）（完）」…………244
二八　昭和四年　谷津直秀「現代の博物館」…………261
二九　昭和四年　柳田國男「鄕土館と農民生活の諸問題」…………263
三十　昭和四年　吉田　弘「兒童博物館の經營」…………269
三一　昭和五年　秋保安治「産業開發の先驅としての博物館事業」…………276
三二　昭和五年　上田光曦「樺太博物館の經營」…………280
三三　昭和五年　伏木弘照「兒童敎育博物館について」…………283

三四　昭和五年　森　金次郎「米國の兒童博物館」……285
三五　昭和六年　森　金次郎「學校外に於ける科學教育上の施設に就いて」……296
三六　昭和六年　秋保安治「博物館當事者より觀たる博物館建築」……297
三七　昭和六年　岸田日出刀「博物館建築の計畫」……301
三八　昭和六年　平山　嵩「博物館建築の採光」……316
三九　昭和六年　矢島正昭「東京帝室博物館本館新築に就ての希望」……327

凡　例

一、本書は、『明治期 博物館館学基本文献集成』（2012年既刊）に続く、『博物館学基本文献集成』シリーズ全五巻の内の二・三巻である。今後『棚橋源太郎基本文献集成』（四・五巻）の刊行を予定している。

一、本『文献集成』シリーズの編纂は、博物館学研究の基本文献として、さらには博物館学史の体系化を目的とするものである。

一、本書は、大正・昭和時代前期までの論著を集成したものであるが、当該期は峻別する要因も乏しいことと、時代で分けるとそれぞれの分量も大きく異なるところから、大正時代・昭和時代前期編の区別はしていない。

一、原則として、比較的入手が容易い単行本・『博物館研究』掲載論文・棚橋源太郎による論著は除外とした。

一、本書の文献渉猟調査に当たっては、全国大学博物館学講座協議会東日本部会、平成27年度研究助成「学芸員養成上必要とされる基本文献の集成と博物館学史の構築に関する研究―大正・昭和前期を中心として―」を得た成果の一部である。研究成果として、別途（仮称）『博物館学史総論』を平成29年に刊行予定している。

一、本書刊行には、次の方々のご助力を戴いたことを銘記し、深謝申し上げる次第である。

今野農（目白大学大学院講師），下湯直樹（長崎国際大学助教），豊川理恵奈・杉山依見・張哲・下田夏鈴（以上國學院大学大学院博物館コース）

序章　博物館学の転換期（大正・昭和前期）

今回確認しえた論著の一部を以て、当該期の博物館学史を概観すると以下の通りである。

大正元年（一九一二）は、教育博物館・通俗教育館、防長教育博物館、大正記念三田博物館等や中でも神社博物館が全国で多数開館を見た時代で有り、日本初となる私立博物館である大倉集古館の誕生も一つの画期と該期の特質的事柄であると指摘できよう。

大正四年十一月には、大正天皇御大典祭と、これにともなう御大典記念博覧会が京都で開催されたことに拠り、博物館建設機運も高揚した。さらに、大正八年には史蹟名勝天然紀念物保存法が制定されたことも、保存施設としての博物館建設に今後影響を齎すものとなった。当該期の博物館に関する論考は、雑駁に数えて約二百篇余を数える。また、「教育的観覧施設」なる用語の使用は、大正四・五年に文部省を中心として一般化する傾向が認められる。[註1]

当該期を代表する一人として、谷津直秀がいる。動物学者であった谷津の最初の論文は、「博物館内の兒童室」「動物園に関しての一考察」であったが、大正元年に記した「活氣ある博物館を設立すべし」[註2]が谷津の博物館学に関する代表論文と看取される。該論の語調は力強く、明確な博物館学意識の基で良き展示の必要性を訴えた論であった。旧来の展示を厳しく批判すると同時に、新しい展示法として明治三十二年（一八九九）に箕作が提唱し、嚆矢とする生態展示は谷津に継承され、さらなる動物学を基軸に据えた博物館展示と博物館教育の理論が構築されたのである。

次いで、箕作を師としたもう一人の人物が川村多實二であった。川村は専門とする動物学的見地より動物園・水族館論を専門とし、展示論においては「米國博物館の生態陳列」[註3]と題する論文で、生態展示の歴史から生態展示の実態・設計及び材料収集・組み立て・背景・剥製法等々の詳細に至るまでを紹介している。かかる観点での論文は、当該論文が最初のものであり、この意味で博物館学上での生態展示論では決定的論文であると評価できよう。このように箕作より開始された動物学に視座する博物館論は、大いなる進展を見せた時期であった。

一方、植物学の視座から博物館学を論じた人物として、理学博士の三好学がいる。大正三年に著された『欧米植物観察』[註4]には、「（七）博物館の目的及びその種類」が章として設けられ、二十四頁に亙る論を展開する。

さらに、明治時代に博物館学の嚆矢をなした坪井正五郎の学問的思想を受け継いだのは、京都大学総長を務めた浜田耕作であった。浜田の博物館学に対する考え方は、『通論考古學』[註5]のなかで大所高所から論じられ、坪井と同様に博物館学を構築していた人物であったと看取され、同書は一般社会と博物館界に大きな衝撃を齎した。

東京帝室博物館嘱記であった團伊能は、大正十年に『欧米美術館施設調査報告』[註6]を著した。本報告は、アメリカ合衆国・英国・フランスをはじめとする国々の美術館を極めて綿密に調査した報告であったことからも、海外視察の時代の到来を確認することができよう。

郷土博物館思想

変革期を齎す基本思想は、郷土博物館思想であり、またその根底にあるものは郷土思想の社会への浸透であった。抑々、我が国における当該思想の発端は、前述した三好学によるドイツ郷土保護思想を範とした大正四年（一九一五）に刊行された『天然紀念物』[註7]を嚆矢とする。上記著論を経ること約十年、大正十三年には社会教育課が設置され、昭和四年（一九二九）に文部省内に初めて社会教育局が設置されたことは、博物館行政にとっても大きな変革の兆しであったと言えよう。

具体的には、文部省社会教育局の「郷土研究」の思想が、師範学校を源に地域社会に拡大を見せたのであった。

かかる社会情勢の中で昭和五年に、郷土教育連盟による機関雑誌『郷土』の創刊や『新郷土教育の原理と實際』(註8)の発刊が大きな触発となり、郷土博物館論が華々しく展開されることとなったのである。昭和四年の『農村教育研究』第二巻第一号で、棚橋源太郎らによる「郷土館特集号」(註9)が組まれたことなどから判断しても、郷土博物館論の確立に邁進した時期であった。

郷土博物館論展開の推進者を代表するのは、無論棚橋源太郎であったことは確認するまでもない棚稿は単著である。『郷土博物館』(註10)を昭和七年に上梓する一方で、当該期の『博物館研究』『郷土研究』『公民教育』等々に郷土博物館をテーマとする多数の論文を寄稿していることからも理解できよう。

さらに、森金次郎は、昭和六年に「郷土博物館の設立と經營」(註11)を記し、同年には雄山閣より全十五巻からなる『郷土史研究講座』(註12)が刊行されている。当該期は、博物館学の中興ともいえる時代であったと考えられる。

一方、郷土博物館論とは別に、昭和六年に東京帝室博物館監査官であった後藤守一による『歐米博物館の施設』(註13)が刊行されている。これは、大正十二年に関東大震災により倒壊した帝室博物館の復旧を目的に、欧州の主要都市にある歴史博物館視察報告書である。

昭和十三年に、同じく帝室博物館から『帝室博物館略史』(註14)が上梓された。博物館設置理念と変遷史が明示され、博物館館史・博物館学史思想の萌芽を見たことは評価されなければならない。

昭和十五年に、満州国国立博物館副館長を務めた当該期を代表する博物館学研究者の藤山一雄による『新博物館態勢』(註15)の刊行を見た。藤山の博物館学思想は、新しい時代の幕開けを齎した思想であったと評価できよう。

昭和十七年には、社団法人日本博物館協会より定期刊行物である『博物館研究』とは別に、郷土博物館設立管理及び維持と郷土博物館の理念と具体を明示した『郷土博物館に關する調査』(註16)が刊行された意義は大きいと判断できる。

一方特筆にあたいするのは、昭和十八年に大森啓助による「ミウゼオグラフィー」なる用語の使用である。(註17)大森は、ミウゼオグラフィーを博物館学と邦訳し、博物館学の体系を明示したことは博物館学史上記憶に留めねばならない。昭和十九年に刊行された、棚橋源太郎による『本邦博物館発達の歴史』(註18)は、我が国の博物館の歴史に専従した視点に基づく著書で、博物館の体系研究を目的としたものであった。

一方では、昭和十五年が皇紀二千六百年記念に相当するところから様々な記念事業や行事が計画されたことは周知の通りで、博物館界においても東京科学博物館が「皇紀二千六百年記念東京科學博物館擴張計画案」(註19)や黒板勝美らによる「国史館」構想、渋澤敬三が中心となった「皇紀二千六百年記念日本民族博物館設立建議案」等が策定された。昭和十六年六月十六日に、教育審議会答申の「社会教育ニ関スル件」で記された、「文化施設ニ関スル要綱」の中で、「東亜ニ関スル綜合博物館ヲ設置スルコト」の明記を契機に、翌昭和十七年に日本博物館協会によって大東亜博物館建設調査委員会が設立され、「大東亜博物館建設案」が提出された。昭和十七年には、文部省は日本博物館協会で策定している「大東亜博物館構想」を、国家レベルに引き上げることを朝日新聞紙上(註20)で発表をし、昭和十九年十二月十五日、勅令六六七号で「大東亜博物館設立準備委員会管制」が公布されている。

以上が、明治時代中期に発生した博物館学は、明治時代後期から大正・昭和前期までの間、国体思想・国策・文化財関係法令・教育思想・欧米博物館思想の受容・社会情勢等の変容に伴う変遷の概要である。

(註1)　具体的には、大正五年の文部省普通学務局による『常置教育的観覧施設状況』がある。
(註2)　谷津直秀　一九一二「活氣ある博物館を設立すべし」『新日本』二巻二號
(註3)　川村多實二　一九二〇「米國博物館の生態陳列」『動物学雑誌』Vol.32 第三百八十號・第三百八十一號
(註4)　三好　学　一九一四『歐米植物觀察』富山房
(註5)　浜田耕作　一九二二『通論考古學』大鐙閣
(註6)　團　伊能　一九二二『歐米美術館施設調査報告』帝室博物館

（註7）三好　学　一九一五『天然紀念物』富山房
（註8）峯地光重・大西伍一　一九三〇『新郷土教育の原理と實際』人文書房
（註9）一九二九『農村教育研究』第二巻第一号　農村教育研究會
（註10）棚橋源太郎　一九三二『郷土博物館』刀江書院
（註11）森金次郎　一九三一「郷土博物館の設立と經營」刀江書院
（註12）一九三二『郷土史研究講座』雄山閣
（註13）後藤守一　一九三一『歐米博物館の施設』帝国博物館
（註14）帝室博物館　一九三八『帝室博物館略史』
（註15）藤山一雄　一九四〇『新博物館態勢』滿日文化協會
（註16）日本博物館協会　一九四二『郷土博物館建設に關する調査』
（註17）大森啓助　一九四三『新美術』四・五・六　春鳥會
（註18）棚橋源太郎　一九四四『本邦博物館発達の歴史』日本博物館協会
（註19）国立科学博物館　一九七七「皇紀二千六百年記念東京科學博物館擴張計画案」『国立科学博物館百年史』第一法規出版
（註20）一九四二年九月四日『朝日新聞』夕刊

青木　豊

明治四四年（一九一一）

一　神野淺治郎「第五節　學校博物館及び敎室博物館」
（『兒童中心理科敎授の準備と其實際』）

第四章　理科敎授上の補助的方便

以上述べたるが如く、理科の敎授に於ては、其實物によりて、之が實驗觀察をなすの必要あるのであるが、其實物は容易に之を得られざるの虞あるべく、又容易に之を得らるゝとしても、多くの時日を經るにあらざれば得難きものもあるべし。又實物は、之を得たりとするも、其實驗觀察が容易ならざる爲めに、一定時間に之を結了し得ざる場合もあるべく、又假令觀察の時間はあるとしても、其實物に於ては到底理會し得ざる事もあるべし。今此缺點を補はんが爲めに、吾人は理科敎授上に於ける補助的の方便物を考案した。理科敎授の補助的方便については、先輩諸士の已に公にせられたる者もあれば、今改めて此處に贅言するの必要もないが、又自分の研究したものについて、多少世を益するを得ば望外の幸福であると思ひ、更に次に述ぶる事としたのである。

第五節　學校博物館及び教室博物館

(一)　學校博物館并に教室博物館の意義及び其必要。

學校博物館とは、校舍の一室に標品陳列棚を設け、之に理科、地理、歷史、讀方、算術等に於て用ゐる實物標品の類を陳列しておく所であつて、教室博物館とは一教室の一隅に標本陳列戸棚をおき、之に、理科、地理、歷史、讀方、算術等に於て用ゐる實物標品の類を陳列したるものを云ふのである。學校博物館に於ては、其學校の全兒童が、一年間又は一學期間に取扱ふ所の實物標品を陳列し、教室博物館に於ては其學級の兒童が一年間又は一學期間に取扱ふ所の實物標品を陳列するを法則とする。併し學校博物館と教室博物館とは時によると其陳列する實物標品に重複する者があるから、其何れか一方より設備することの出來ない場合には其一方を以て他方を兼ぬる樣に考案するもよろしい。

學校博物館、及び教室博物館は、兒童をして單に其材料を一時の觀察にとゞむることなく、永き間觀察せしめ得べきものなれば、實物教授にあたりて、內容上に、大なる效果を奏するのみならず、常に之によりて觀察、批評の諸眼を養成する事が出來るものである。殊に低學年の兒童に對しては、以上の意味に於て最も效果あるものである。故に小學敎育に於て、苟も實物標品を取扱ふ科目のある以上は、如何なる形に於てか、學校博物館又は敎室博物館の設備を計りたいものである。

(二)學校博物館に陳列すべき實物標品の選擇。

偖、學校博物館に陳列すべき實物標品は、如何なるものを選擇すべきかと云ふに、無論學校敎育の敎科と連絡關係を保つべきものであるが、中には珍奇なるもの又は容易に得られぬ者にて、兒童の參考になるべき者は、之を陳列したいと思ふのである。併し之が爲めに多額の價を拂つて、遠方より態々取寄せるの必要はない。偶然是等の標品を得たる場合に、之が保存法を考へて丁寧に保存すべきである。學校敎育と連絡すべき標品に於ては、殊更に得難き者又は高價なるものを用意するの必要はない。實物を敎授する上に於て、他の模式となり得る性狀を供ふるもの、其地方に最も普通にして兒童が常に接觸し居るもの、人生との關係密接なるもの、又博物的標品ならば、以上の諸性の外に生態的意義の明瞭なるものを選擇すればよいのである。されば、之が爲めに決して標品製造者を煩はすの必要はない。敎師又は兒童に於て蒐集するか又は作成して陳列すれば足るのである。

(三)學校博物館に於ける實物標品の陳列方法。

(甲)敎室博物館の設けある場合。

學校博物館に於ける實物標品の陳列法は、吾人の大に考慮せねばならぬ所である。此方法の巧拙は、該館の效を奏すると奏せざるとの別るゝ所であつて、若し其方法拙なる場合には、學校敎育の補助的方便として兒童を益することを得ざるのみならず、之が爲めに兒童をして見せ物を見るが如き感を起さしめ、却つて其心性を紊亂せしむることがあるのである。學校博物館に於ける標品の陳列法は、若し他に敎室博物館の備付けがある場合ならば、之を學科別となし、更に詳細に分類的に陳列すべきである。例へば理科的の標品ならば、之を博物的材料と、理化的材料に分ち、博物的材料は更に之を動物鑛物の諸材料に分ちて陳列し、動物のうちにても高等なるものより、順次に下等なるものに及ぶ樣に排列するが如き事である。動物に於ては、高等なるものより始むべきか、下等なるものより始むべきかは、斯界の問題として、永い間提出せられて居るのである。而して高等教育に於ては、發達の順序に從ひ、下等なるものより始め、教授の間に於て、個體發生と、系統發生との關係を理會せしむるの必要もあるが、中等、初等の教育に於ては、吾人の常に目擊し易き高等動物より始め、漸々其理法を推して稀に接する所の動物にも及ぶべきものであるから、小學校に於ける學校博物館に於ても、以上の順序に陳列するがよい。植物に於ても、種々の陳列法はあるが、小學校教育の程度に於ては、學問的分類によるよりも、寧ろ人生に關係ある方面より分類して陳列するのがよい。例へば「春夏に於ける路傍の植物」「春夏に於ける山野の植物」「秋季に於ける山野路傍の植物」「水邊の植物、及び水草類」「海濱の植物」「普通なる隱花植物及び海藻類」「食鹽植物」、「共生植物及び寄生植物」「食用食物」「飼料植物」「材用植物」「工業用植物」「藥用植物及び有毒植物」「賞觀用植物」「常綠灌木類」「落葉灌木類」「常綠喬木類」「落葉喬木類」等に分ちて陳列するのである。併し、是等の各類の植物に於ては、無論學問的分類によつて陳列するのがよい。秩序もなく漫然と陳列するのは、兒童に系統ある必性を養成する所以ではない。鑛物に於ても小學教育に於ては、學問的の分類を避け、效用を基礎として分類し、陳列するのがよい。例へば硫化物鑛類とか、酸化物鑛類とかなど云ふ分類をやめて、「金を採る鑛物類」「銀を採る鑛物類」「銅を採る鑛物類」「鐵をとる鑛物類」「錫を採る鑛物類」「鉛を採る鑛物類」「亞鉛を採る鑛物類」「水銀を採る鑛物類」「合金類」「寶石及貴石類」「石英屬」「長石屬」「方解石屬」「石油及び石炭類」「石材となる水成岩類」「石材となる火成岩類」等に分類して陳列するがよい。勿論、各類の中にては、恰も植物を分類したるが如くに、學問的に分類して陳列すべきである。即ち「元素」「硫化物類」「硫黄鹽類」「鹵石類」「酸化物類」「酸素鹽類」「有機化合物類」等に分類して陳列するがよい。

物理的材料も小學教育に於ては、必ずしも學問的の分類を要しない。「力學」「物性」「音」「熱」「光」「磁氣」「電氣」と云ふ大綱目を立て、必要に應じて、更に細分するのがよい。例へば「力學」であるならば、之を「運動に關する實驗の器械」「力及び質量を試す器械」「挺子」「秤」「稈秤」「滑車」「螺旋」「輪軸」「斜面」及び「重力に關する實驗の器械」等に分ちて排列し。「物性」の綱であるならば、「固體の性質を試めす器械」「液體の性質を試めす器械」「氣體の性質を試めす器械」等に細別し。 音に關するものならば「波音及び音の波及を試めす器械」「音の强さ調子及び音色を試す器械」「共鳴器」「振動發音體」等に別ち。 熱に關するものならば「溫度及び寒暖計」「熱による膨脹」「濕度計」「熱の傳導を試めす器械」等に分類し。 光に關するものならば「光の直進試驗器」「陰影」「小孔によりて生ずる影像」「平面鏡」「凹面鏡」「凸面鏡」「光の屈折を試す器械」「光の分散を計る器械」「光度計」及び「光學上の諸器械」等に分類し。 磁氣に關するものならば「磁石」「磁石の性質を試めす器械」等に別ち、電氣に關するものならば、先づ靜電氣と動電氣とに分ち、靜電氣に於ては「發電機」「電氣の性質を試めす器械」「蓄電氣」等に分ち、動電氣に於ては「電池」「電流の諸作用を試す器械」「電流を應用したる諸器械」等に分ちて排列するがよい。 又化學的材料ならば「非金屬の化學實驗器械及び藥品」「金屬の化學實驗器械及び藥品」「有機化合物の實驗器械及び藥品」の三大綱に別ち、更に各部を細別して排列すればよい。但し此場合に注意せねばならぬことは、化學應用品を陳列すると云ふことである。 而して是等の物品は之を一括せずに、其應用の部に陳列するのが最もよろしいのである。

地理的材料は、地方々々に分類して陳列するがよかるべく、歴史的材料は、時代々々に分類して陳列するがよかるべし。例へば、地理的材料ならば、之を「關東地方」「奥羽地方」「中部地方」「近畿地方」「中國地方」「四國地方」「九州地方」、「臺灣地方」「北海道地方」「樺太地方」「朝鮮地方」「關東州及滿洲」「世界」等に分類し其各類の中に更に府縣別をなし、之によりて排列すべきである。又、歴史的材料ならば之を分類するの仕方に澤山あるべきも、小學教育に於ては、先づ「太古代」「上古代」「中古代」「近古代」「近世代」「今代」等に分類し、各類に於て更に「大倭朝時代」「奈良朝時代」「平安朝時代」と云ふ樣に細分し、其時代々々によりて、實物標品を排列すべきである。

若し夫れ、讀方又は算術の敎材に於ては、其材料頗る雜駁にして分類し難ければ、寧ろ敎材取扱の順序によるのが、便利である。而して、是等に關係ある參考品に至りては、之を一括して、別に參考品陳列棚を設け、特別觀察をなさしむべきである。

(乙)敎室博物館の設けなき場合。

以上は學校博物館の外に、敎室博物館の設備ある場合に於ける學校博物館內の陳列法を說明したのであるが、若し學校博物館の外に、敎室博物館の設備なき場合に於ては、其陳列方法は上述の場合と、大に趣きを異にせねばならぬ。卽ちこの場合に於ては、學科的分類法は、先づ之を第二の場合とし、主として學年的分類法によるべきものである。而して、其材料は高學年の如く、理科、地理、歷史等、科目を課するものに於ては、學年別にして更に學科的分類となすをよしとするも、低學年に要するものに於ては、必ずしも學科的分類を要せず、敎材取扱の順序に從つて排列するのがよい。而して、各學年に通じて觀察せしむべき者、又は參考に供すべき者は、材料數多なる場合に於ては、各學年に配分するをよしとするも、材料の少なき場合に於ては、是等を一括して別に陳列し、觀察せしむるのがよいのである。

(四)敎室博物館に於ける實物標品の陳列方法。

敎室博物館は學校博物館に於て、前者の陳列法を採用する場合に必要を感ずるものなれば、之が陳列の方法は、學校博物館に於ける後者の場合と全く同じでよろしい。卽ち其學級で取扱ふ所の敎材を、取扱ふ順序によつて排列すればよいのである。

(五)敎室博物館に於ける材料取扱上の注意。

敎室博物館に陳列すべき材料は、決して珍貴なるものを要せず、兒童が每日目擊する自然物、又は人工品にして、敎材又は之に關係あるものであればよい。從つて、之が蒐集も敎師と兒童との力で澤山である。殊に兒童各自の家庭に於ては、其敎材に適するもの又は大なる關係を有するものにて立派なるもののあることもあれば、觀察期間中之を陳列せしめて、他の兒童を益するの方法に出づることは、啻に該敎授上にとりて利益を得るのみならず、品性陶冶の上にも大なる效果をおぐるものであるから、敎室博物館の陳列品に對しては、可成的此方法を奬勵したいものである。

敎室博物館に於ける材料は、必ずしも一學年間又は一學期間陳列せねばならぬと云ふことはない、否寧ろ、斯の如き永き期間よりも、充分に觀察し得たりと思ふ場合には、一週間又は十日間にして、其材料を取換へてもよいのである。されば教室博物館にして、一學年間の教材を一隅より順次に取扱ひし分だけ、又は取扱はんとするもの迄陳列し得るほど餘裕があるならば、誠に結構であるが、教室博物館は、教室の一隅に設くるものであるから、到底斯る大仕掛の者を備付くることは出來ない。従つて時々其材料を取換へるの必要がある、否寧ろ、時々其材料を取換へて、兒童各自の觀察に便ならしむるが、該館の特質である。されば材料を取換ふる場合に於ては、兒童の容易に觀察し得ざるもの、又は觀察し得るも、容易に理解し難きものは、成るべく之を殘しおくべく、又兒童がよく觀察して理解し得たるものにても、容易に得ること能はざるものに於ては、之を丁寧に保存し置くの必要がある。

學校博物館に於ても然りであるが、殊に教室博物館に於ては、必ず、其學級から、該館に關する一切の事務を司らしむべき役員を出し、教師の指導によつて、該館の整理にあたらしむるがよい。該館に關して備付けねばならぬものは、第一物品臺帳である。物品臺帳には、其品目、數量、價額を記入することは勿論であるが、外に採集又は購入年月日、採集者又は購入者氏名、及び產地等をも詳記し置くべく、更に備考の欄を設けて、寄贈、貸借、破損、修繕等に關する事をも、詳細に記入しおくをよしとする。又陳列標品についても、其品名は勿論、產地、採集年月日、採集者氏名等を丁寧に記し、外に該品につきての觀察要項、及說明要項をも記して添付しおくこともよい。而して是等の事は皆兒童の仕事としたいものである。

大正二年（一九一三）

二　神保小虎「鑛物博物館の陳列術」（『地質學雜誌』二十巻）

博物館を有用ならしめんとするは技術なり。博物館は戸棚に非ず、物置に非ず、博物館をして人の見る所として有用なしらむるには、博物館趣味を解する役員を置きて、謂ゆる「試驗中の仕損じ」の少き事を期せざるべからず。余は本年の三月號に於てブリチシユ、ミユジアムの鑛物陳列術を記し置きしが、其の後諸所の外國博物館に於て實見し又た敎示を蒙りたる事を左に述べんとす。

一、陳列室の明り取り

陳列室は固より明るき事を必要とす、此の目的にて窓ガラスを大ならしめ又た窓に向はざる箱の造り方、其の中の塗り色などは大に考を要すべし。陳列室が若し高壁を有し、二三階の廻廊を有する時は、其の上段は必ず薄暗く又暖室裝置ある場合には甚だしき高熱を感ずべし。博物館にて特に明りの取り方を論するは。美術部にありて、日本の懸け軸などには特に紙張りの障子を透りたる光線を要する等の事あり、然のみならず室の乾濕の程度も大に考を要するものとす、漆器などを猥りに乾たる室に置かざる等は其の注意の一つなり。室内の明り取り悪しき博物館にては冬期の雪空には日中僅か二三時間の觀覽を爲し得るのみ、又之れに反し明りとりの申し分なき博物館には、ニューヨークなどを例として擧ぐる事を得べし。又過度の日光に曝す事は或る鑛物に對し光線の働きと熱度の影響ありて宜しからず。天隕石の如きは勿論乾空氣を要すれども或る鑛物は少し濕氣あるを可とす又た室内の空氣華氏の八十度に越へざる所にては水銀の球にも何等の變化なしと聞くも一度高き溫度の處にては次第に變質する事あらむか。

人工の明り取りには電氣燈を用ひ又特に鏡を加へて其の反射を利用することもあり、又た日光を避くる方法に就きては三月號の記事を見るべし。

二、博物館の種類と其の主義、内部の部類分け

博物館には分量の多き事を競ふものあり、又清潔にして快き事、陳列順序の明瞭なるを計るものあり、學校講義を直接の關係を保つあり、殆獨學者の參考となるべきものあり（獨學用の博物館には札紙を見るに敎課書を一層輕便に書き綴りたるかと思はるるものあるなり）

獨學用陳列品は亦た自然其の地方に固有なる良標本を以て成りたるを面白しとす即ち成るべく其地にある物を以て人を敎育するのみならず。來觀者をして同時に地方の逸品を見得るの便あらしむ。

或る博物館は美品を陳列する事を主とし從つて學術上注意すべきものも其の着色の美ならざるが爲め引き込まさるゝ事無きに非ず。

或る博物館は又た產地に重きを置き地方標本の一目瞭然たるを喜ぶの風あり此の處にては又た時として其地方に偶然出てたる珍品を以て競ふ傾きあるべく、初來の人には其地固有のものと珍物との區別を見難き事ある

べし、教育主義を好む博物館には標本を實費にて學校に分つものなり、學校に貸し渡すものあり或る博物館には其中の案內を爲す學者あり列品室の一部分に幻燈を有し特に通俗講演に用ゆるものあり。

博物館の鑛物標本には地方標本あり殖民地標本あり分類標本にして且つ地理上の分布を明かにしたるものあり（或る博物館にては各標本に對し其の地球上の分布を示したる小地圖を添ふ）

鑛物通論の說明標本、化學分類の標本、地質諸現象の標本、地質實驗の標本（人工鑛物をも含む）、鑛床標本、寶石の標本、建築石材の標本（特に現今用及び古代の大理石標本などと名くるものあり）、石材の風化年代標本、大理石の標本・鑛物大家の採集標本（歷史上の趣味あり）等の別あり

又學問普及の爲めには温泉地の博物館遊園地の博物館、名勝地の博物館などあり

以上種々目的ある博物館あるが爲め自然博物館の役員にも種々天性を異にするに至る（即ち『寶石は唯女子の相手なり』などと澄ます大學者あり盛んに標本の高價なりし事を誇る人もあり手蹟美しくして札紙の文字に趣味ある人もあり。一般に世界の鑛物產地に尖く着眼するものあり、又た產地の地名を委しく調査して鑛物の札紙の文字の綴り方を整理する人あり、然れども一體に鑛物各論に明かにして且つ新鑛物の嶄新なる記事に通ずる人は甚だ稀なり。

博物館員の人數も亦た大切なるものにして大なる博物館には其れ〳〵の專門を分ちたる掛り員あり。之れに反し掛り員甚だ少き處には鑛物標本は簡單に小箱に入れて陳列函の平かなる底に於て平かに密着して列らべ其の產地札さへも外方より見えざるものあり。

三、陳列箱の雜用品

博物館の陳列術は之れを纏めて記したる書物殆んど無し僅かにスミソニアンインスチチユートの Report upon the Condition and Progress of the U. S. National Museum 及び American Naturalist 1898 and 1899. Notes on European Museums : papers by Horey and Farrington. 等につきて之れを見るべし。諸博物館の報告などに於ける陳列函の圖などは精密に參照すべし。然れども一見便利に纏まりたる Gratiacap 氏の書は今我等の手にあらず又今日に於て之れを求むる事容易ならず、余も亦た此等の書を讀みしこと稀なり、然れども札紙に用る紙、標本を入るゝ小箱等はドレスデンの Droop ボンの Krantz パリスの Stuer 等にて發賣し此の標本店の目錄に就きて之れを見れば大に得る所あるべし

甲　陳列箱

陳列箱に種々の形あれども其の主なる構造は塵の入らざる事にして、此の點は博物館が最苦心する所なるべし、然れども一概に密閉するは或る陳列品に對して大害ありと云ふ、即ち骨の化石などには溫度の激變なく且つ塵を加へざる空氣の進入を全く杜がざる方法も亦必要なりと云ふ（ケンブリッヂの地質博物館は陳列箱の一側に金網を張りたる窓ありて綿を通じて空氣の流通する樣に作りたり）又た塵を被りたる標本を小き鞴《フイゴ》にて吹き拂ふ法あれども多く行はれざる樣なり、標本に關する注意は全く塵を附けざるにあれども北海道の如く生木を多く用ゆる所にては到底望むべからざる注意とす

又た底の外は全體厚きガラスにて作り其稜の繼ぎ目すら眼に留まらざる陳列箱あり、是れ全く塵を防ぎ得るものの如くにして其の外觀美なれども其高價なるは言ふまでもなく、又だ之を取扱ふ事も容易ならざるべし、即ち陳列品を其中に入るるには底のみ下に殘して其他の部分を一度に持ち上ぐる必要あるべし。

美事なる大ガラスに細そき鐵のワクを附したる謂ゆる「ドレスデン陳列箱」は、一見其開き戸の關節すら眼に留まらざるものあり、又た其の關節巧みに作られて開閉の輕き事驚く計りなるを見る。

陳列箱には又た「蝶番ひ」なき戸にて閉めるものありて、其戸は全く上下に辷る樣作ります。

陳列函の一枚のガラスの繼ぎ目に横に棒を入るゝ時は成るべく其の棒の後ろに柄板の來る樣爲す工夫あり、是れ横棒の爲め陳列品を見るに妨げなき爲めなり。

陳列函に蛾の入らざる防備を要するは動物標本にあれども鑛物標本も亦全く虫害無なきものと曰ふべからず、イタリの或る博物館にては札紙を保護する爲めナプサリンを入れたり、陳列縱箱の側面は觀覽者の通行する道筋に面するが故に其面に於ける陳列品を適宜に撰ぶ時は自ら之を以て其全體の目錄ならしむ觀あり。

陳列函の中の棚の作り方に種々ありて或は少々斜面として作り、其上に揩形の厚板を置きて其の刄を後に向け、其の脊を觀覽者に向はしめ、此所に札紙を貼り、水平に走りたる大なる面を標本の乘る所とす、又た通常の函の中の鑛物の棚は低き雛段の如くに造り各段に鑛物を入れたる紙製小函を並列せしむ、此小函の前面に貼りたる札紙は前より善く見へるなり。

又た前ガラスに急傾斜ある陳列函の中に棚を釣るには自然上部には狹き板、下部には廣き板を用ふるものなり、又た其棚板の前面を前ガラスと同樣の傾斜に削りたるものあり。

揚げ蓋造りの陳列函及び特別の陳列函につきては三月號を見よ。

又た陳列函の蓋を閉める金物に種々あれども格別の新しき妙案を聞かず、唯天鵞絨樣の物（塵を防ぐ爲め蓋の下のハマリ溝に入る）の代りには木綿製のランプ心を用ひたる經濟法は其所にて示され聊感服したり。

陳列函の下の引き出しにシキリを作るには種々の方法あり、或る所にては左右に縦の短き溝多くある板ありて之に因てシキリの細板を挿め込み、シキリとシキリの間を随意の距離に爲し得るなり。

又た引き出しの中の標本に番號を附するに種々の方法あれども或所にては次の如き登錄法を用ふ。

陳列函の番號を第一と假定し、其下の引き出しの左より第二の縦列に於ける上より五番の引出しの中の前より第三列の左より五番の小箱と曰ふを「一二五三五號」と呼ぶ。

引き出しの錠の下ろし方には一度に殘らずを閉めきる組織のものもあり。

乙、一個々々の容器等

三月號に記したる外に尙ほ次の事を記し置かん。

い、ガラス管、濕氣等にて甚しく苦しむものは水蒸氣坑などの鑛物に多し、水蒸氣坑の鑛物には濕氣に會はざるも自然に分解するものあり、熔度の低きガラス管に入れて其端を熔かし塞ぐ事肝要なり、但し加熱して黑色を生ずるガラスなどは面白からず。

又たガラス管には屢弱きものありて、コルクを挿めたる所のみ缺け離るゝものあり、注意すべし、時には又は鼠に嚙まるゝ事あり、然れども薄き金屬製の被ぶせ蓋にて蓋ふものは外見も善く又た鼠等の患無し。

地質柱狀斷面に代ふるに太きガラス管に砂土などを入る陳列法あり、金剛石試錐には特に此法を便なりとす、海底沈澱物の標本にも此方法を用ひたるを見たり。

ろ、小箱　ブリチシユミユジアムの鑛物入れ小箱は結構なるもの(三月號を見よ)なれども、某所にては之に代ふに白き箱の内部に黑き緣に當る棒をハメて一見黑箱の外部が白き紙の緣《フチ》を有するが如くに造りたるものを見たり。

小箱に附する所の札紙の留め方にも種々の方法ありて一々之を説明するは容易ならず、前に記したる博物館用品目錄などにて之を見るべし。

日光を避くるに必要なる黒紙白緣の小箱あり、上はガラス張りの掩ひにて成り、其上に黒紙を一寸貼り附けある時は此紙を捲くりて中を見る事を得べし。

小箱には全部金屬製なるを利とする事あり。

は、札紙　博物館は「箱に入れたる物の館」に非ずして博《ハク》と箱《ハコ》とは何の關係も無し、博物館に於て最も苦心を要するものは札紙なり。

又た札紙に於て最も必要なるは産地にして世界地名一覽なるも參考とすべし、又た此産地を記すには多少の語學を要すべし（三月號第一〇四頁を見よ）、産地名の難澁なるはロシア地名をロシア語の分らぬ人々が勝手にロシア以外の文字にて寫したるものあり、又た横文のみにて綴りたる支那の地名などなり、然るに負惜しみの強き人ありて、「如何に誤りて記したる産地名も亦た口傳附きにて了解し易し」と言ひたり。

地名と同居して誤りを生じ易きは其標本の寄贈者の名にして産地名と寄贈者名と返別出來ざる標本札を所々にて見受けたり。

又た同じ地名が多く出る恐れある時は勿論何々國何郡などと精密に分つ必要あり。

札紙に二三行の肝要なる記事を添へたるは觀覽者の大に喜ぶ所にして、觀覽者をして一々各品に就きて其美點を探驗せしむるは罪深き博物館とす。

博物館に案内記を有する所は誠に稀れにして縦令之あるも之を善く家にて通讀して再び博物館に入る人は甚稀なり故に博物館の札紙は其書き方に注意して標本の活用を充分ならしむる事を要す。

札紙を印刷せしむる時は其字體と字配りとに注意せざれば印刷して却て不明瞭となる患あり。

札紙の形に種々あり、又た之を置く所にも一考を要すべし、時としては大なる標本には同じ札紙を兩側に置き又た一方より見る人と他方より見る人の爲めに一小標本にも眞直ぐと倒との二枚の札紙を附したるを見たり

札紙の色なども眼に快感を起す樣又た眼に輝きて不快ならざるものを撰ぶべし。

小箱の色に褪色なきものを撰ぶと均しく、札紙の縁のりの色（内國產外國產などを一目の下に明かにすべき爲め）なども濕氣多き所日光の强き室などに對しては大に注意を要すべし。

或る鑛物博物館には鑛物名一覽を特に印刷して壁に掲げたるを見たり、學生の參觀などには缺くべからざる注意ならん。

鑛物札紙の内容は動物などの如く豐富ならざるも、尙ほ鑛物名の後に始て此名を附したる著者名を附するなどの注意を要する事多し、又た建築石材の標本には之を用ひたる主なり建造物の名を入るゝ事入用なるべし。

鑛物記事を有する參考書名も亦た札紙に入れたき事あり、札紙は兎角散亂する恐れあるを以て鑛物を入れたる管の中に一所に對すること、鑛物の一部分にペンキを塗りて其上に直接に產地を記す事も亦た大切なり。

標本と磨れ合ひて傷く事を防ぐには標本の上にガラス板を一枚加ふ事あり、又た特に丈夫なる札紙を用ふる事あり、黑鉛の如きは勿論ガラス板にて札を防ぐ必要あるものとす。

一の標本に種々の鑛物ある時は色紙の光りたるもの又たは色紙に刷りたる矢の印を貼りて其所在を明かにし別に札紙の中の鑛物名の所に同樣の色にて丸點を附する法あり。

に、諸雜品　鑛物を適宜に立つるには紫檀の臺に大湖石を立つるが如く、上に穴を作りて之にハメル法あり、又た楯を以て之に寄りかゝらせる法あり、屑の代りに石膏製の白き珠を用ふるは聊か美術風といふべし、又た

小箱に白き砂を入れて砂の上に立たしむる人あり。結晶を立つる臺などの作り方は一様ならず、餘りに工夫に凝る時は墓地の石塔の如く多くの段となりて可笑し、又た小き操り物の木臺に貼たる結晶を整列せしるたに次の法あり、棚の上に直接に結晶臺を載せずして、臺の下に穴を穿ち、棚に乗る大さの板に釘を出し此釘にて臺を因定す。

博物館雜用品中札紙立て、小皿、ガラスのみにて小箱）などは其種類頗多し、

四、臺帳と目錄等、（本誌三月號を見よ）

標本の排列にも亦た多少の珍らしき習慣あり、最上段の左より西洋文字の樣に右に進み、更に其下の段の左端に行き同じ段の右端へと進むものは通常の樣なれども時には最下段の左段より西洋文字の樣に其右端に達し之より上ぼりて一段上の左端に至り其端の右端に至る順を取る人あり、其說明には「階子段は下より登るもの」と言ひたり。

（中略）

余が嘗く記したる化石象牙の手入れ方（本誌にあり）などに於て見るが如く、地方の氣候狀態は大に學術器械學術標本に影響あるものとす。

陳列品の破片補缺、修繕、模型製造等にも種々の技術あり、石膏模型石膏結晶模型削り器械、可熔金屬の模型、泡を立てずして靜に石灰岩などより結晶を溶かし出す事、天然の洞窟を元の通り繼ぎ合せる陳列品となすこと、天隕石の一部分を鐵又たは石膏にて、補缺すること、紙の上の透明鑛物を貼りて其構造を明かならしむること、結晶の表面に物を塗りて風化を防ぐ事。

資力ある博物館は交換にて高價なる良品を多く集むるの經濟法を取れども、元來資力少き所は此方法すら容易ならず。

博物館にて寫眞の繪はがきなどを賣る所あり、又た地質寫眞を揭げて其賣店を示したるものあり。

大正二年（一九一三）

三　田中芳男「田中芳男君の經歴談」

（大日本山林會 編集『田中芳男君七六展覧會記念誌』）

今日は日曜といふに御出で下されたのは殊に有難く存じます、今日御話申上ぐるとして、つまり自分勝手なことを申上げるやうな事であつて、決して貴重なる演説をして御聽に入れるといふことではございませぬ、此段は御承知置きを願ひたい。

私は天保九年八月九日の生れで、數へ年にして七十六歳でございます、それで七十六歳といふのを略して七六とし即ち七六展覧會と致したのでございます、世間では年寄つた人は賀筵を開きます、七十歳を古稀、七十七歳が喜の字八十歳になれば耋筵といひ八十八歳になれば米賀といふやうに祝の用字が決まつて居つて、その年になれば必ず祝はふことになつて居ります、七十六歳では七十七歳にはまだ一年足らず、古稀の七十歳は既に過去つたといふ次第であるからして、世の習慣に離れた祝をするといふ譯にはいきませず、殊に諒闇中のことであつて憚からねばならぬからして、祝がましいことは止めることにして、謹肅に此會を施行する積りです、それに私は近年非常に老衰しまして、寒さに當りますと身體の屈伸が出來かねます樣なので、最早來年まで無事で居るや否や分らぬのであります、ところが幸に諸君の御配慮に依つて今年此所で展覧會を催したことは誠に有難いことで殊に此三會堂と又別に事務所も建つて大抵な事は出來ることになりましたから、私の會も此所に持込んで致すのは私に取つて非常な幸福であり、且亦三會からして非常な御配慮に與つて、事務員も皆働いて下された、此會の總ての事が三會の力で出來たとすると、三會の當事者に向つて深く御禮を申さねばならね次第であります、それで一應の顚末を述べて、跡で陳列品物を御覧に入れ私が出來る限り説明を申上げる積りであります、それで陳列品は年代を逐ふて列べる考へでありましたが、品物が平いものも圓いものも尖つたものもございますし、それに又陳列塲所の都合やら種々の理由があつて、年代を逐ふて正しく順序を立てかぬるといふ樣なことでいろ〳〵な都合で錯雜になつたことは御諒察下されたい、そうして其出陳物も田中芳男の手前味噌で見る方に依つては多少面白味もあらうし、又御利益になることもあるかも知れぬと思ひますが、書畫骨董若くは貴重品などの展覽會と違つて誠に値打ちがありませぬから御承知置き下さい、併し私が致しました事だけを皆さんに御目に懸ける譯でありますから、中には後來多少御參考になるかも知れませぬ又私も長く此世に居らぬさなりますと今日まで致した事を皆さんの御參考に入れ、且幾分それに就いて說明して置くのも亦斯世の爲にならうといふ考を有つて斯樣な目論見をいたしました、齋田君なども御承知でありますが私は二三年前から此事につきて考へまして初めは二三十名の方々に御出でを願つて品物を御覽に入れ、且つ御話をいたす積りであつた、所が種々の故障が起つてそれが出來ず、又段々考へて見ますと、同じやるなら少し廣い所へ出てやつた方が御出で下さるに都合も宜い又大勢の方を招くことも出來るから是非とも廣い所が良いと考へて居りました所が、斯の三會堂で開會するに至つたのは寔に宜い都合でありました、それで今日御話するといふことも唯私が生れてから今に至つた概略それに次で學問關係若くは事務關係を申上げますが何年何月何日こういふ役を命せられたとか、位階を上められたとか、何の勳章を戴いたとかいふ樣なことをゴテ〳〵申上げた所が誠に面白くないから、さういふ事は成べく申上げぬ積りであります。

私は天保九年八月九日を以て長野縣即ち信州下伊那郡飯田町で生れました、飯田といふ所は二萬石の藩でありますが其二萬石の藩中でなく、其町の內の榑木山といふ一つの天領があつて其山を支配した陣屋があつた、其陣屋で生れました、是は飯田藩に屬しませぬ天領でありました即ち榑木山支配千村平左衞門の家來であつたのです、それで私の父は隱居致しませぬ前は何もかもやつて居りましたけれども、老年になつて隱居致しましてからは、醫者ばかりやつて暮して居りました、兄があつて其兄が親の隱居後家督致しました、そこで漢法醫者でありましたが長崎に參つて色々研究し覺えて來ました、それで西洋の事も少し覺え西洋醫者の事も覺えて參つた又物理の事も知り地理の事も知りました、地球は圓いとか、天體はどうといふやうな事はざつと知つて居りました、色々飜譯書も持つて居りました、さういふ譯であるから私も幼年の頃から親に就て聞いて居りましたから、多少物理の端くれくらゐ知つて居りました、又飜譯書なども講讀しました、長崎で著はされた華夷通商考は通俗ではありますが、當時にありてはあれでずつと世界の事情が紹介されたことであつた、其他長崎で出來た譯述的のものが當時大分出て居りますが、それ等が吾邦の開化の基源をなしたものであつて、當時は醫者とか其外の人でも長崎まで行けば海外の事情も分るし、知識も大に發達するといふ次第で當時の長崎といふものは甚重をなしたものであつた、其頃に父が持つて居りました譯述的の著書を講讀しました、解體發蒙といふ解剖のことを書いたものがあり、遠西觀象圖説といふ天文書がありましたが、是等は隨分讀んだものです、又本草綱目、和語本草などを見ました、今考へて見ると、古めかしい本でありますが、併し其頃にさういふ本を讀んだ者と讀まない者とは知識の上に非常な違ひであります、それ故に私なども飜譯書などを調べて居つた爲に多少鳥無き鄕の蝙蝠であつた譯であります、又漢藥も用ひ西洋藥も使つて居つた、又外科の事も知つて居るから、或は切るとか縫ふとかいふこともやつた、其他膏藥を拵へ塗藥を拵へることも致しました、それから野山の草を採つていろ〳〵なものを造りました、今覺えて居るのは莨菪を煎じ詰め蒲公英を採つてエキストラクトを拵へるとか、罌粟を作つて阿片を採るとか、萵苣からテリダキスを製するとか草根木皮の製藥を試みました、又化學製品といふ方のこともやつて見たもので、併し器具が整て居らぬで徳利や土瓶でやつたものですが、硫酸、硝酸、鹽酸の取り方もやつた、又ランビキで桂露水や薄荷水を拵へ、亞鉛華も拵へました、今から見れば化學製品といふてもざつとしたものでありますが、其頃父がそんな事をやつたのを見覺え、又自分でもやりました、それから色々山野の植物の芽を採つて食用を試みたのはツクバネノキの新芽、コアヂサヰ、リンボウギクの葉などを採つて試食しました、巖手縣や秋田縣の地方では今日でも隨分山野の植物を採つて食べます、アケビ、カツラの新芽を採つて茶の代用品にしたり、又ノバラの花を採つて藥に用ゐた、藥屋から買ふべきものを自分の手で山から採つて來て自分で拵へるのであります、そこで私なども父の手傳をしながらに覺えたことも少なくなかつたのであります。

それからもう一つ申上ねばならぬのは、私は幼年の頃に四書五經を讀む前に父から授けられて彼の三字經を讀みました三字經は支那の宋朝の人が拵へたもので三字づゝの綴りで誦みよいやうに出來て居る、「人性善、性相近、習相遠、」といふ言ひ起しで其末の方に斯ういふことがあります、「犬守夜、雞司晨、苟不學、曷爲人、蠶吐絲、蜂釀蜜、人不學、不知物、幼而學、壯而行」云々とあります、これについて親から訓誨を與へられました、「人たる者は世の中に生れ出たからは自分相應な仕事をし世用を濟さなければならぬ」と懇々と敎へられました、それで自分も此の至極な道理を深く〳〵感得しまして、是が把柄となつて田中芳男の一生涯の精神となりました。

それから嘉永五年になりまして親が種痘を致すことを始めました、其時に初めて種痘の事を覺えました、併しそれは今の時代と違つて、勿論人から痘苗を取つて種ゑたもので種痘の日本に傳つたのは嘉永二年でありますから、父が之を始めたのは三年ばかり後であります、此頃親から四書五經を敎へ授けられたのでありますが、それでは迚も屆きませぬから他の學問を始めました、お醫者となるに付ていろ〳〵な漢書を學びました、又學問ある寺僧に就て少しばかり詩文も學びました、漢學や詩文などを少しばかり嚙つたので多少夫等の事が分る人間になりました。そこで嘉永元年に兄が歿しましたので私が家督を相續致しました、幼名は芳介と申して居りましたが其時に芳男といふ名になりまして今日まで用ゐて居ります、此嘉永元年に江戸に洋學所といふものが立つといふことが風聞されましたが、私は家に居つて頻りに飜譯書などを繙讀したもので人體生理の事を書いた醫範提綱といふ本がありました、本文は漢文で註釋が片假名で書いてありますからそれを能く讀みました、それから氣海觀瀾といふ物理書がありました、是もなか〳〵むづかしい漢文で書いてあるけれども、それを讀んで見まして大いに物理の事が分りました、又杉田先生の解體新書なども讀みました、是は西洋書を飜譯したものであるから能く分りました、それから宇田川先生の遠西醫方名物考、吉雄先生の造西觀象圖說、箕作先生の坤輿圖識なども頻りに讀んで見ました、そこで海外の事情や物理の事も、醫術の事も、藥劑の事も多少分りまして、少しばかり物を覺えましたけれども、田舍に居つては迚も仕方が無い、故に嘉永三年に名古屋に參つた、其時は漢書ばかり讀むことをやつて居りました、其翌四年に伊藤圭介翁の所に入學致して醫術蘭學其他本草學を學びました、尤も先生は醫者であつて醫者をやる片手間に敎授をしたといふ譯であるから、立派な敎育を受けたといふことでなかつた、又種痘をなされたので、我々は書生として種痘の御手傳ひを致しました、其後に蠻語箋といふ書が出來た、和蘭語を學ぶやうになつたので、それを精出して讀んだのであります、是より以前に圭介先生が洋字篇といふ書を著はされた、夫れを見て初めて羅馬字を覺えました、是は十年も前に出來たものでありました、嘉永五年五月に諸先生方が伊勢菰野山に植物等の採集に出掛けられました、其時伊藤圭介吉田平九郎先生は名古屋より出で、飯沼慾齋先生は美濃より出で、其他伊勢の人もあの邊の人も出て十何人の同志者が集つて、菰野町に十日ばかり滯在していろ〳〵の天產物を採りました、私は初めて先生方に就て山野の植物などを研究することを覺えました、其時に繪を能く畫く人があつていろ〳〵寫生の繪が出來ました、それが濟んでから記念の爲めに横に長い板の額を拵へて一行の人の風丰から顏付きを肖せて山野でいろ〳〵の品物を採る所の繪を描いた額を菰野町に記念として贈りました、其額は其時の有樣を適當に表現したもので、吉田先生が蛇を押へた所、飯沼先生が顯微鏡で見て居る樣などが書いてある、皆が山野のものを採つて研究して居る樣を寫した餘程面白いものでありました、それから嘉永五年六年頃は私は家に歸つて親の業を助けたり。或は名古屋に參つて伊藤先生に就て學問をしたり御手傳をしたりして居りました、其頃に書畫會や博物會といふものも見ました、此博物會は明治になつてからは博覽會と申して催したもので、其品物の主たるものは植物動物でありましたが、其外の物も隨分列べてあつた之れを見て大に利益を得ました、私は本草學とか博物學とかいふものが好きであつて、醫者は二の手でありましたから、一向にやらぬ、それで父から「本草學を以て一生涯を濟ませるものでない」と言つて誡められたことが屢〻ありました、萬延元年になりましては、家へ歸つて一人でいろ〳〵研究を致しました、其中にガルハニー式越列幾《エレキ》機を拵へることを覺えて、自分に製造して用ゐるまでにしました、其時分は電氣と言はないでエレキ〳〵と言つて居りました、又エレキの仕掛で金銀鍍をやりました、其時分は家に居つて用事も無いので頻に飜譯書を讀みまして、とう〳〵飜譯書に出て居る音譯文字即ち支那文字を當嵌めてあるものを澤山に書き拔て「いろは」別にして一冊の本を拵へました、それを音譯彙纂と名づけて自分の手許に置いて搜索の便に供しました、其時分に讀んだ本の數は二三十種ありました、其時代は飜譯書と首引きして智惠が付いたと云ふ時代であつて、成るべく其中の文字を書拔いて置けば研究する種になるから、とう〳〵其本を自分で拵へました、今ならば活字があつて直ぐ印刷して發行することが出來ますが、其時分はさういふことが出來ないから、自分で拵へて自分に益を得ただけでありました。

文久元年に至りまして、伊藤圭介翁が召されて江戸に出ました、私もそれに附いて初めて江戸に出ました、此年の四月に蕃書調所の頭取たる勝麟太郎、古賀謹一郎の二人から政府に向つて物產學といふものが世の中に必要であるから、是非其の巧者な人を採用して之を開く樣にされたいといふことを建白されましたが、速かに採用されました、其建白の寫は二階に陳列して置きました、あれを見ると其時代の樣子が分ります。

編者云く古賀、勝兩蕃書調所頭取の建議寫は左の如し酉年は即文久三年なり此建議採納せられて其年十月に伊藤圭介翁出役を命ぜられ翌四年五月田中芳男君出役を命ぜられたるなり。

物產學之儀者必用之學科にて國家御經濟之根本に御座候處右考究仕候者格別之面倒にて且は多年無懈怠取調不申候而者不行屆追々外國へ交易御差許相成候に付ては別而御國地內之物產調方不行屆候而者御差支に相成候に付動植金石類夫々見本取之其品之善惡高下等明白に見極爲致申度依而者其學巧者成者兩三人出役被仰付被下候樣仕度右御聞濟相成候はゞ名前御手當等取調可申上候依之此段奉伺候以上

古賀謹一郎
勝麟太郎

酉四月

伊藤圭介先生が出ました時に、丁度シーボルト先生が横濱に居られたといふことを聞きまして、氏に會はうと言つて横濱に出張しました、御承知の通り横濱はなか〳〵遠い一日掛つて横濱に行つて其晩は泊つて、それから翌日シーボルト氏に會つた、ところが五十年前に會つた時は自分に用を辨じたが、今は會つても話が出來ない、そこで通辯に依つて漸く話が出來たといふ次第で、此シーボルト氏は五十年前に長崎に居つたのであつて老年ながらなかなか矍鑠たるものでありました、其頃の肖像が石版刷りになつて居ります、其時初めてシーボルト氏の風丰に接し、また紹介して貰つて握手の禮をやりました。そこで用が濟んで圭介翁は江戸に歸られました。

さて文久二年五月に伊藤先生一人ではいかぬといふことで、我々の如き者も採用せらるゝことになつて初めて辭令を受けました、其辭令といふのは至つて粗末な鼻紙にも追付かぬ紙に書いてあつて判も無い、唯干支が書いてある位であつて今頃の辭令に比べると雲泥の違ひであります、あの頃の事を聞いて見ると大抵口達であつて辭令は無いのである、それで口達ばかりでは困るからお坊主に頼んで印した寫しを貰つたのが辭令の代りになる位の時代でありまして、私は御老中の前で口達を受けたのではない、蕃書調書所で貰つたのであるから粗末ながら書付があるのでありますが、あの時代の樣子はあれで御覽になれば分らうと思ひます。

少し談が跡戻りしますが、シーボルト先生が吾邦に來られたのは文久年間で、其後シーボルト氏が本國で亡くなられた、それから明治九年に本國で記念碑を建てるといふことがあつて、日本からも應分の寄附金をしたらドウだといふことを佐野伯爵が御周旋になつて、そこで我々も其驥尾に附いて働きました、其時に黒田老公を總裁とし、戸塚靜海、伊藤圭介の二人が幹事となつて、私共は其下に附いて働いて幾分かの金を集めて本國の方に送りました、六百何十圓集つたので六百圓だけ本國の方に送つて、跡の端金は日本に殘して、それで長崎の方に聊かの記念碑を建てることにして、ざつとしたものが長崎に建つたのであります、明治九年にさういふことをやりましたけれども、それは文久二年にシーボルト先生が横濱に來て居つたことから起つたのであります、此シーボルト氏は名高い人であつて日本に大なる事蹟のあつたことは歴史にあるから皆さんは大抵御承知でありませう、又シーボルト氏は博物學ばかりでなくいろ／＼な事をやつた人らしい、其著述の圖書に見えて居りますが夫等を見ると、日本の事は中々能く調べられたもののやうに見えます、調べた爲に長崎には大いな罪人が出來たことがあるが……其話は擱きます。

蕃書調所が文久二年五月の末に江戸の一ッ橋御門外の護持院ヶ原と稱へた所に新築して其所へ移りまして今までの蕃書調所といふ名前を洋書調所と改められました、西洋學の學校となりまして、初めて御開きになつたので、赤飯の折詰を一般に下されました蕃書調所は、外國の事を調べる爲めに出來たのであつたが、調べるだけでは其人が亡くなつた跡て續けてやる人が無い、又泰西の學問を開かねばならぬといふことから、蕃書調所は半ば生徒を敎育養成することになつた、初め蘭語を敎へたが蘭語ばかりではいかぬ、獨逸語も英吉利語も佛蘭西語も露西亞語もやるといふ樣に諸方の語學をやるやうになつて參りました、そこで今日までの有り合せの人では追付かぬから、少し出來る人は訓導とか敎授とかになつて、御手傳をして初學の者を段々導いたのであります、名前は初め蕃書調所、後に洋書調所となつて調べる方が主でありましたが、それが學校になつても尙ほ調べる方の御用はありました、以前は蕃書調書で何もかもやつたものと見えますが、其後は天文に屬するものは天文臺に行くとか、海軍に屬するものは海軍に行くとか、それ〴〵仕事が分れたに付て蕃書調所ではさうやらぬでも宜いことになりました、從つて其時分は先生方が方々へ引張凧の樣に取られた、そこで洋書調所となつて愈〻開始といふことになつたら肝腎な堂々たる先生は他へやられて仕舞つた、そこで物產學を開きて殖產興業を以て國を富まさねばならぬといふ議論で、物產所を建てましたが、敎育することは第二であつて殖產興業の途を研究させると云ふのが主でありました、ところが伊藤圭介先生は博物の大家であるけれども、殖產興業といふ方は大得意でない、それはあの先生ばかりでない、あの頃の先生方は、百姓や植木杯のことは知つて居らるゝものゝ格別研究といふことはして居られぬ、蘿蔔、胡羅蔔、牛蒡の事などに至つては存外冷淡であり、又百姓が耕作した人生の日用の品物を調べるといふことは存外迂濶である、殖產興業の方は先生は極く適當といふ方でなかつた、それから又其外の先生方が這入つて來たけれども、それは蘭學をする者とか、或は昔の本草家と云ふ方であるから、どうしても殖產興業といふ方には疎い人が多かつた、斯ういふ樣な有樣であつたけれども、やるだけの事はやらねばならぬ、そこで其時分の和蘭書は大抵調べまして、此本にはどういふ事が書いてあるといふ書物の目錄も取調べました、其目錄は展覽會に陳列してある、其年の九月に亞米利加から種物が來ました、種物が來ても始末が付かぬから物產所に渡された、之を見ると其品物は蔬菜穀菽の種子が六十餘種傳はつて來たのである、そこで先づ目錄を編成してそれからそれを播くことになつたから、早く地面を拵へやうといふことで鎌入をして空地を掘り返して其所へどうか斯うか種子を下すことを始めました、ところが中には少し暖めてやらねばならぬものもあるから、溫室を拵へねばならぬ、それで其時分の溫室は全く日本風の冬室といふものであつて、それでどうか斯うか栽培しました、文久三年二月になりまして佛蘭西から一年生の花物の種子や球根植物其他いろ〳〵のものが傳はりました、其花物の中にはムギカラハナ。キンギョサウ。ヤグルマサウ。ヒエンサウ。などが來ました、是が佛蘭西から來て日本に出來た初めでありまする球根の方はチユーリツプ、ヒヤシンス其他水仙の珍奇なものなぞあつて、それは日本人には珍らしかつた、其時にチューリップと書いた字が讀めないでキューリップと讀んだ、「チユー」と「キユー」と違つたのであつて其後にチユーリップと云ふことが分つた、是が日本に珍らしい植物が這入つた元である、水仙の種類も水仙には違ひないが、色が變つたり、形が變つたものも見ました、其外穀菽蔬菜若くは牧草の種が傳はりました、牧草の中のライグラスが日本に渡つたのは其時である、又其年に亞米利加から花物の種子や露西亞から穀物蔬菜の種子が傳はりました、其樣に方方から來るから、是も播かう、あれも播かうといふことで目錄を作り栽培を研究して、試作することになりました、其時に取扱人も居らぬので田中芳男が小使を相手にしてやつたことであるから、如何にも拙劣なものであります、さういふ譯で澤山な種子を扱ふ爲には何とかして播いて見なければならぬといふ所から、あれこれと澤山廣い場所に播き付けて見ました、其時の目錄が陳列してありますから、いつ頃斯ういふものが日本に渡つて來たかといふことは此目錄を見れば分ります。

昨年三月に漸く物產所を立てゝ伊藤圭介先生などが命ぜられて出ました、ところが世の中がなか〳〵むづかしい騷ぎとなつたから、圭介先生は江戶に居つてはたまらぬ、自分の本國に引込んで仕舞ふと云ふ考へであつた、いやになつてホウ〳〵の體で辭職して郷里に歸へられた、さうなると誰も外に相手にならぬ、聞く人も無いので我々が失望致したそれが文久三年三月でありましたが、其後は教授職の人からいろ〳〵世話を受けたり、我々の仕事を監督して呉れる人もありました、其頃高畠五郎（後に眉山と改む）と言つた人だの、今でも生きて居らるゝ杉純道（後に亨二と改む）君だのゝ御世話になつた、又故人の柳河春三といふ人は隨分才子でありまして、其上筆の立つ人であつたから、我々の仕事を注意して呉れたり、或は書いて呉れたり、添削して呉れたりしました、其他に足立榮造氏も居りました、あとは蘭學をやつた人とか、或は本草家の岩崎先生の門人とかいふ者が相手でありました、其上に田中芳男は倏々智識も無いのに相手にする人はソンな譯で、誠に閉口致したのは其時であります、併し外にやる人が無かつたと見えまして、また、九段坂上に西洋醫學所の藥草園を開いて其所に藥草を作ることになりました、今の偕行社の所でありますが、それの世話をする人が無いから、やつて呉れと云ふことで西洋醫學所の緒方洪庵先生、池田玄仲先生から御依賴を受けて其藥草園の管理をするといふことで、其所に行つて世話を致しました、藥草園と言つても知れたものであつて向ふへ注文して取寄せたものを作つたのであります、九段坂上に昔から御藥園と云ふものが幾つもあつて漢方の藥草を作りしは此九段坂の藥草園でありまして、古くから九段坂上の藥草園と云ふことは傳はつて居ります、其藥草園に栽培した植物の名前などの書いたものを私は持つて居ります、同年十月に小塚原で死んだ馬を解剖したことがあつた、其時に今申す獸醫といふ人が主になつて研究することになりました、私もそれの手傳に行つて池田多仲先生に指揮されて小刀を持つて馬の皮を剝いたり馬の臟腑などを自分で手掛けて開いて見ました、そこで初めて解剖を覺えた譯であります、其小塚原は今はどうなつたか知りませぬが、昔の仕置場の草原であつて如何にも物凄い場所でありました、其所へ雨降りの時に行つて草原で馬の解剖をしたといふ次第であります、又物産所の向に機械所とか化學所とか云ふものが立ちました、是は矢張り事物を研究する爲めであつて其化學所の方に宇都宮三郎氏が出て居りました、此先生は辯論の達者な人であるから、我等を呼んでは自分の趣意を説き付けた、そこで、元素を知らなければならぬから元素を覺えよといふことで、同君より初めて元素の名を覺えました、それから同君が火綿を拵へて見せて呉れましたことなぞもあつた、文久四年に元治元年と改元されました夫れ前に蕃書調所は洋書調所と改まりました、ところが又此年になつて開成所と名が換りました、十年も經たぬ中に四度も名前が變りました、又年號も其通りバタ／＼換つた。

さて開成所と改つた其開成所の名前は其後永く襲用したことは御承知でありませう、新政府になつても矢張り開成所と申しました、名前は變りましたけれども、仕事は元の儘であつて其時分は生徒の敎育の方に力を入れました、もと蘭學であつた時分と違つて英佛獨の學問が盛に興つて來ました、また敎授するには書物が要る、其書物も印刷して渡さねばならぬから活字機械を西洋から取寄せて官の仕事として開成所の中に活版所を建てました、それで機械も活字も備りましたから、入用の英佛獨の敎授書を拵えました、其時分のは大きな文字であつた、其書が澤山あつた先般大學に差上げました、此英佛獨の初學の本は大變出來たけれども初め紙が無くて困つたものと見えて鳥の子紙などに刷りましたが、其後外國から紙を取寄せて綺麗なるのを拵へました、今の世の中の活字で刷つたものと違はないくらゐ立派なものが出來ました。

それから大に維新に近くなり、慶應元年となりました、是は明治元年より四年前であります、其年に至りまして我々は今まで受けた俸給を倍にして呉れて官宅に住つて居りましたが、其年市ヶ谷に自分の宅地を買ふて移りました、其時津田仙君とは至つて心易かつたから、津田君がいろ／＼誘導して下され、又植物栽培に付ても津田君と打合せてやつたことが多くあります、其時分に白菜を作りましたが、其時は白菜とは言はない、香港から種子が來たから香港菜と言つて居りました、それが慶應元年の事であります、開成所に教授詰所がありました、それは長屋建であつて仕事をして居ると日が當つて困るから、木を植ゑて呉れといふことでありまして、日本の樹木三十三種を選んで其前に並べ植ゑました、其時分であるから一々和名と蘭名で其木の名前を書きました、それから又學問が盛になるに付ては辭書が無くてはならぬと云ふので、前に小さな英書の飜譯物が出來て居つたが、それでは何分不十分であるからして、其頃から改正增補のことに掛りました、ところが今日まで辭書に出て居る物名の譯字は不穩當であるから、之を挍正せよといふことで、我々が其任に當りまして增補英和對譯辭書といふ名前で、其印刷の出來たのが慶應元年の末で先づ完備したものでありました、慶應二年正月に和蘭から復た花物の種子が來ました、其目錄を作つて種子を播きました、また今言ふ平果でありますが、平果《アップル》の樹があるからそれを接びだら宜からうと云ふことで、其樹は巢鴨の越前家の邸にある、其邸は今の宮本小一君の邸であつた、そこに植ゑてあるから其樹枝を貰つて林檎若くは海棠を臺木として接いだのが慶應二年の春であります、越前公はさういふことは分つた方であつたから、外國より取寄せられたに違ひない、夫ゆへ御本國にも平果《アップル》の樹があつて實が成つたといふことでありました、江戸にも越前にも兩方に平果《アップル》の樹があつたので私が見たのは、一間ばかりの樹でありまして凡二三十種あつたのを切つて接いだ、それが日本に平果《アップル》樹を接いだ初めであります、明治になつて實が成りましたが、其樹は何處かに散亂して仕舞つた、此巢鴨の越前家の邸は私は深く存じませぬが、あすこは羊を飼つた邸で綿羊屋敷と稱へて居つた、ところが火事に遭つて綿羊が皆燒けて仕舞つた、其燒けた綿羊を埋めたからして、今でも掘れば羊の骨が出て來るといふことであります、其邸に平果樹が植ゑてありました、此年英國から花物の種子が來て段々と殖ゑて迚もあの開成所の境内では狹くて追付かぬから雜司ケ谷に元と御鷹匠の屋敷があつてそれが不用になつて居つた、其地が開成所の所轄になつて地面が廣いから、そこで致すが宜いといふことで、分園を開いて何やかや植ゑたのであります、其御鷹匠部屋の建物……今考へて見ると妙な長屋門のやうな建物でありました、其所にて管理したのであります。それから慶應二年になりまして佛蘭西から來年萬國博覽會を開くに付ては日本からも出品して吳れといふことで、政府で參同出品することになりましていろ〳〵な物を見立てゝ買集めました、ところが普通の商賣品だけでは面白くないから、是非昆蟲類を出して吳れといふことであつた、併し標本も無く又誰も引受ける人が無いから、そこで又田中芳男が引受けることになつて來た、それでいろ〳〵標本を蒐めて出すことになりました、ところが道具も無ければどうして宜いか方角も立たぬ、日本では此の頃昆蟲類の標本をどうして拵へたかといふと針を刺してやらぬければならぬといふことを知つて居つて針を刺したのではあるが鐵針などでやつたのであるから錆びて工合が惡い、がそれより仕方が無いから、木綿針絹針の古物で以て刺して見た、ところがあの針ではどうも宜しくない、其頃西洋から來て居る留針《ピン》がよいといふことで、横濱に問合せたら仕立屋で用ゐる太いものほかない、當今のやうな氣の利いた留針は無い、それで其太い留針でやることにした、その蟲を捕るのはどういふ道具かといふと此頃のやうな立派なものが無いから、魚を掬ふ網を買求めてそれで捕りました、それから箱は小傳馬町に桐の組箱を賣る家があつたから、其所で買ひました、それで段々捕り始めることになりました、ところが捕ることも乾すことも刺すことも下手であつたが、段々苦んでどうか斯うか形を拵へるまでやりました、その留針のお蔭で蟲の標本を拵へることが出來ました、ところが江戸では蟲が捕れませぬから、近國に出張して採集することになり、相模伊豆駿河の三國竝に下總邊に出掛けたのでありました、それで私一人ではいかぬから、外に手傳が二人、御供が三人都合六人連れで蟲捕御用に出掛けました、其時分に蟲捕御用といふのは面白からぬから、物產取調御用といふ立派な名義で出掛けました、地方の人は何を調べられるか分らぬ、是は調べて運上でも餘計取られるだらうといふ念慮を起した者もあつた樣なことであつた、それで此際序にあらゆる物產上の標本類を蒐めて來たら後るから、地方へ出て發見するに隨ふて、石でも木でも何でも澤山な見本を蒐めて長持に詰めて持つて歸つた、又其時溫泉を調べたいから、溫泉場に行つて到る處でビールの空壜に其處の湧き出る水を詰めて持つて來て吳れとの依賴を受けた、こういふ譯で昆蟲の採集も相摸伊豆駿河の三國を回つて餘程標本を集めては參りましたけれども、今の名和昆蟲所で集めてある標本などに較べると幾らも無かつたのであります、何にいたせ當時は蟲を捕ることも殺すことも固より知らなかつた功者でなかつた、當時採集した蟲の目錄も無く、箱數も覺えて居りませぬけれども、何でもあの店頭に並べてある硝子の張つた平たい箱…あれに五十抔ばかり出來たやうに思ひます、それだけの品物が出來たに付て之を揃へて役人方に御覽に入れることに致したのが其年の七月であります、其時に我々が蒐めたものばかりでなく、序に博覽會に出品すべき他のものも其所へ列べて閱覽に供し、續いて靴政の方々に見せましたそれから昆蟲の方ばかりといふことでなく、外の仕事もして吳れろといふことで、他の博覽會出品の御手傳を致しまして遂に佛國行を命ぜられました、其年の暮までに出品も大抵出來た、それで佛國に出向くことになつて品川から小船で橫濱に行つて一日ばかり滯在して本船に乘込みましたが、其時博覽會の掛りで行く人は男が七八人又女も二三人居つて都合十八人以上の人でありました、其時の船は買切りであるから、外の人は居らぬ日本人で品物を持つて行く者が乘つて行つたのであります、それで印度地方を通つたのであるから、隨分ゆつくりとしたものであります、それからスエズで上陸し始めて汽車に乘つたカイロにて外に出たら「ピラミツト」が見えました、アレキサンドリヤに行つて又船に乘つて出るといふ樣なことで、荷物の運送等にて大變手間を取つたものであります、スエズの掘割りが出來ないからさういふ旅をして、スエズからアレキサンドリヤの汽車に乘つたのであの土地の樣子も知れました、それより地中海を航してマルセールに着いて、マルセールから汽車で佛蘭西の首府巴里に着きまして、それから博覽會場に行つたのであります、日本の知識の狹い人がさういふ所に出會はしたので、見るもの聞くものに驚くばかりであつた……、お蔭で博覽會はどんなものである、佛蘭西巴里の都はどういふ有樣といふことを知りました、そこで博覽會の仕事は一時かたつきましたので暇があれば博覽會場を巡覽し又博物館や動物園或は植物園に行き、市街にも行つて見ました、それから種苗商に就いて種々買入れ吾邦に持ち歸りて宜いやうな植物類を蒐めました、そこで博覽會に於て出品物を見ると知識の開けて居る樣子……今日こうも知識が發達して居るかと驚き入るものが少なくなかつた、そこで、努めて見覺え、又書き付け參りました、博覽會にも長く居る用も無いから、歸朝を命ぜられて十月に横濱に歸つて來ましたが、それでも十箇月ばかり彼地に居りました、歸つた時にいろ〳〵の物を持つて來ました、それで湯島天神下に箕作麟祥先生が居られた、其邸の玄關の所に陳列して衆人に見せたことがあります、此二三年前まで活きて居られた箕作佳吉君が其時分まだ子供であつてお土産を持つて來た物といふて其品物を初めて珍らしがつたといふ話があります、其時分小さな子供であつたのが大先生になつて、此間亡くなられたのであるから、古い話であります、そんな譯で箕作家の玄關で人に見せた物は誠に些細なものであつたが、さて此度は夫等の自分の物は勿論、他の人の物も合せて見せやうといふことで其年の十二月に一つの展覽會を開いて人に見せました、其時佛蘭西から持つて歸つた品物に目錄があります此にも陳列して置きました、其當時は餘程手許にあつたのでしたが、他人に遣つたり拂つたりして、今傳へてあるものは殆ど無いかと思つて、近頃探しましたら、地球儀など三四品慶應三年時代の面影が遺つて居ります、慶應三年十月末に亞米利加から平果《アップル》の各種を澤山送つて來ました、其果實は見た所もよく味も良いので人々は驚きました、こんなものが世の中にあるかと言つて珍らしがつた、其時の平果《アップル》の種類はいろ〳〵ありましたが其目錄が殘つて居らないのは遺憾に存ずることであります、其時には平果《アップル》ばかりでなく其外の種物も來ました、そこで日本からも何か向ふに御禮に遣らぬければならぬ、その果物を蒐めて呉れといふことであつたが市中を探しても不十分のものばかりで、致方なく有合せの果物を蒐めた、其中には冬瓜もありました、十月頃であつて腐らぬ時ゆへ、それを四つの箱に詰めて返禮として送つたのでありました。

それから慶應四年の戊辰は即ち明治元年と改つた年で、世の中はなか〳〵喧ましかつたけれども、自分は引受けた仕事をして居れば宜いので、矢張り物産所に關係した植産興業の事を攷究したり、植物の栽培をやつたりして、一向世間の事に携はらなかつた、其年五月上野で戰爭が始まつた、其時なども外に出れば危險であるといふので敎授先生と共に物見で見て居つた樣なことであつた、上野の戰爭も濟んで玆に江戸の樣子も一變しました、私は六月十八日に官命を以て開成所の御用掛になりました、開成所もそのまゝ新政府で繼續してやることになりましたから、我々職員も開成所掛となりました、新政府の方から出役を命ぜられて大阪に出張しました、其時同じ出張の命を受けた方々は神田孝平君、箕作麟祥君、何禮之君、柳河春三君であつてそれ〳〵大阪神戸などに出掛けて行きましたが、柳河君は大阪に行かぬで殘つて居つて亡くなられました、そこで外の方は船で行かれましたが、我々は少し用があつた爲に信州に立寄つたり美濃に參つたりして木曾路を緩々行きまして、八月廿五日に漸く大阪に着いて大阪を初めて見ました、そこで大阪府の管轄であつた舍密局を建築する事業を引受けました、此舍密局といふものは今日でいへば化學局といふべきもので舍密の文學は宇田川先生が初めて用ゐ充てられたので「セミス」が「セイミ」となつて出來たのである、舍密開宗といふ書があり又長崎で舍密局必携といふ書物が出た、あの時分は舍密が普通の言葉になつて居つたゆへ、舍密局と云ふ役所が出來て、舍密局御用掛といふので大阪で奉職するやうになりました、抑ゝ此舍密局を立てたといふのは、幕府の末に當り世の中が段々進んで來た、そこで物理學を充分研究して掛らぬければならぬと云ふことになり物理學の書物、機械、藥品を備へ又敎師を傭聘して始めたのである、然るに江戸にそれ〴〵

の物も人も江戸の方に來た、ところがあの騒ぎになつたので大阪に持つて行かねばならぬといふことからして、江戸に來た品物一切を大阪に送り、又教師も行くことにあつた、そこで我々も言ひ付かつて大阪に參りました、其の間教師は用も無いから設計などの相談を受けた位であります、是は大阪府の管轄で、何事も大阪府のものになつて仕舞つた、其頃に是は江戸で出來たものであるから、江戸に持つて行くべきである、此所に持つて來たのは間違ひであるといふ論が起つたが、今更大阪に持つて來て始め掛けたものをどうすることも出來ぬといふことでとう〳〵、大阪でやることになりました、そこで舍密局の建築に掛つて漸く明治二年に出來上りました、此建築は教師設計した木造の建物であります、五月一日に至つて開校式を擧げました、其時に寫した寫眞が此會に陳列してありますが、其寫眞は大阪の中川親輔といふ寫眞師が寫した紙寫しであるが、今以て消滅して居らぬ、其時分は漸く硝子寫しのものが世の中に出て來たのでありますが、大阪にさういふ紙寫しが出來たのであつて今日まで遺つて居ることであります、又其時の寫眞の中の人で私一人生殘つて居るだけで跡は皆歿して仕舞つた、舍密局を開いて五月二日に舍密局開講の記といふ本が出來ました、ところが舍密局といふ文字について段々議論が起つて、是は理學化學を主として研究教授する所であるから、理化學所とした方が宜いといふことであつたが、遂に理學校となりました、兎に角舍密局といふ名は其頃專ら言ひ觸した名でありました、其年の七月に教師のガラタマ先生が生野銀山に行きたいといふことで政府から許可を得て出張されました、其時私共二三人も附いて行きました、私は其時に初めて銀山といふものを知りました、それから私が大阪に居ります間に、政府の地面で空地になつて居る處がありました、それを借りて植物園を拵へて種々の物を栽植いたしました、私は明治元年に大阪に行つて舍密局を建てるについて地面は何所でも宜いから取れといふことであるから、舍密局を建てる地面を御城の廣場に取つて其所に舍密局を建てました、それに續いて他の學校も拵へる設計であつた、其時の設計圖は今でも遺つて居りますが、随分大袈裟にやりました、又將來公園にする目的で大きな設計をやりましたが、金が無いので出來なかつたが、兎に角左樣の事を致しました、斯樣な事のある度毎に私は引張り出されまして公園の目論見までしましたことであります、是は明治二年であります、それから三年になつて最早舍密局も出來たから東京へ出て來いといふことで、三年三月に初めて大學出仕を命ぜられました、それに付て早く出て來いと言はれましたが、代りが無いので延引しまして、漸く九月になつて大阪を片付けて出ました、其時は船の方が宜いから汽船に乘つて横濱に來て東京の大學南校の官舍に住ひまして物産局へ出勤致しました、其時の物產局以前の物產所ではない、是から殖產興業の途を開かねばならぬから、其方をやれといふことであつた、それに付ては一つ博覽會といふやうなものを開かうといふことになりました、ところがこれといふ品物も無い、併し其頃開成所の方に他から引繼がれた物もあり、又西洋から來た物もある、又私が持つて居つた物もあるから、それ等を合せて博覽會といふやうなものを開かうと云ふことになりました、そこで四年五月に九段坂上の招魂社の祭りの時に物產會を開設しました、陳列品はそんなに澤山ではなかつたが、この開會について取扱御用といふことを命ぜられた、斯ういふ博覽會のやうなものを拵へたところが、是は面白い趣向だといふので、それが方々に弘がつて京都でも大阪でもそれに似寄つた事が始まりましたが、東京で私がやつたのが一番始めでありました、此の九段の招魂社の內に開いた物產會が非常に評判が宜かつたので、宮內省の方にもそれが聞えてあの會が濟んだら吹上の御庭に持つて來て陳列するやうにといふ命を受けました。そこで此吹上の御庭にはお茶屋とか馬見所とかいろ／＼の建物が散在して居りますから、其所を陳列塲として、幕張りをして此建物には活きた物を置くとか、此建物には機械を置くとかいろ／＼分けて陳列致しました、それが出來上つて遂に　陛下の御覽に供することになりまして、私も親しく御案內を申し上げました、其時內田正雄といふ人が西洋から持ち歸つた鳥獸の剝製などは既に獻納してありました、又「カメラオブスキュラ」といふ機械を拵へ暗室の戸に穴を開け、太陽の光線を中に引入れて繪畫を大きくして映した、今の幻燈の形であります、「ランプ」でなく太陽の光線を取つて映すものである、我々はまだ幻燈などゝいふものは知らなかつたが、吹上の御庭でさういふ面白いものを見ました、天覽が濟みました翌日　皇后陛下も御覽になるといふことでありました、　皇后陛下の御覽の時は男は這入られぬ、其時男の連中は悉く遠方に居つたのでどんな御方が見られたのか少しも分らなつた、それから翌日は華族方が見られるとか、地方官が見るとかして、三日四日吹上の御庭に陳列して置きまして、愈ゝ濟んで元に戻すことになりました、それが日本での博覽會といふものゝ始めをなし居るのであります、それから明治五年になりまして今度は聖堂、即大成殿に於て博覽會といふ名前で開設しました、ところが中々見る人が多く押合つて仕方が無いそれで人を入れない策を取つた樣なことでありました、其時に尾張城の金鯱を持つて來て中庭に陳列したのが評判が宜かつた、是は尾張藩から獻納したのであります、それが宮内省の物置きにあつたので、それを貸してやらうといふことで、拜借して聖堂博覽會の出品としました、其金鯱の一つは澳國の博覽會に持つて行きました、それと東京にあつたのとで一對である、其澳國博覽會に持つて行く途中で船が沈沒しましたが幸ひ金鯱は沈まなかつたので、後日一對となつて元の名古屋の天主閣に上ることになりました、今では名古屋の名物となつて居りますが我々の方では此金鯱は澳國博覽會に出品したといふので一つの記念物になつて居ります、私も其れに模した燒物を拵へて人に分配しました此にもそれを陳列してあります、此澳國博覽會は六年でありますが其前年に我々事務官となつていろ／＼な事を致しました、又聖堂で博覽會を開くとか、各種の書物を編みたり印刷物を拵へたり種々の世話をいたしました、私も當時は鳥無き鄕の蝙蝠で、外に人が無いので種々の世話をいたしました、明治五年に博物館の名を定めました、又東京市内へ並木を植ゆる事等について議した、然るに方今は町中植えるといふことであるが、四十年も前の昔を思ひ出します、澳國博覽會へは澤山な品物を持つて參つて、それを陳列して世話をして後に用も濟みて歸つて來ましたが、其の間に於て世は太陽暦を用ふるとゝなり又刀も廢せられ、頭も散髮となつて世態が餘程變つて參りました、皇城の炎燒も此頃でありました、我々は此の時代に博覽會を始め博物館を定める等の事より、博覽會の度毎にそれに携はり、博物館に從事し共進會を開設する等の事、皆前に申述べし事務に與りました、それでなかく〳〵御話盡せぬから此くらゐにして措いてあとは品物を御覽に入れる時に御話した方が宜からうと思ひます。

そこで私の考へは初め申上げた通り殖產興業の精神から成立つて博覽會をやり博物館を開くといふことに從事した故にとうく〳〵私の一生涯は博覽會とか博物館とかいふやうな品物を人に見せるといふことの方に精神を注いだものであります、それ故に陳列する事や札を書く事などは餘程今日まで研究して參りました、併し今では其邊の事も我々が彼是れ言ふに及ばぬ樣になつた、明治六年澳國博覽會に出品するといふ時分にも、又明治九年亞米利加博覽會に出品する時分にも、或は濠洲メルボルン府博覽會に出品する時分にも中々世話を致しました、其頃は出品の仕方から荷造りの仕方、植物の移植の仕方といふ事まで皆世話をしなくてはならぬ十年になつて日本に於て始めて勸業博覽會を開いた時も矢張り鳥無き鄕の蝙蝠であるから、事務官なり審査官なり何もかもやつて居りました、當時は出品を勸誘する印刷物なども餘程平易に分りよく書いて、それで以てやうやく品物が出るといふやうな事でありました、又其頃は外に出て行くことが多かつたが、それが爲めといふでもないが種々な書物を著はしましたがそれは自分が直ちに手を下したものもあり、又人に拵へさせて校閱して出來たものもある、明治十年までは其樣に隨分と著述をいたしました、それは二階に陳列してありますから御覽下されば分ります、それで二階の陳列品は古いものが主でありますが、又新しいものもあります、併し先刻申した通り、何分にも、陳列の場所が狹いので思ふ樣に歷史的に列べて行くことの出來ぬのは甚だ遺憾でありますけれども、併しあれだけ列べてあれば私の一生涯は大抵御分りになるだらうと思ひます、明治十一年より共進會と云ふものが出來ました、それから普通の博覽會と違つて水產博覽會といふものを開設されました、是は勸業博覽會と似たやうなものであるけれども、主として水產物を發達する爲に興した、水產の國家に利益あることを知らせる爲に其頃大に骨を折りました、十六年に水產博覽會をやりました時は此所に居らるゝ松原君が非常に力を盡されましたが、其頃人の無いに困りました、そこで我々は理事もいたし事務官も致し、又審查長も致すといふことであつた、十六年には水產業もまだ幼稚であつたから、我々が萬屋をやつて處理したのであります、併し今では發達して立派な水產家が出來ましたから、我々も安心する塲合になつて來ました、それから博覽會も東京で一度二度三度々やつて第四回博覽會は京都でやり、第五回博覽會は大阪でやるといふやうに順繰りに回つてやりました、是も一覽表としたものを二階に出陳して置きましたからあれを御覽になればどういふ順序に變更した斯ういふ風に進んで來たといふことが分らうと思ひます、勿論私は吾邦の博覽會の事ばかりを歷史的に書いたことがある、それは第五回內國勸業博覽會開設の時に書いたので「第五回內國勸業博覽會」といふ表題にしてありますが、內容は第五回博覽會のことばかりでなく吾邦の博覽會のことを歷史的に順序宜く書いて置きましたから、それで大抵日本の博覽會の事は分ります。

さういふ譯で我々は殖產興業といふことは甚だ不得手であるけれども、兎も角產業といふ方面を引受けた故に多少其事に力を盡して見ました、甚だ萬屋でありますが、今までは鳥無き鄉の蝙蝠でやつた事が多々あります、尙ほ明治四十五年までの間を羅列して申上げますとなか〳〵澤山ありますが、それは皆さんに對して餘り諄いやうでありますから、私は御話を此ぐらゐに止めて置きますが、もう一つ私が申さなければならぬのは、慶應三年に持つて參つた植物の中で、「イリス、フロレンチナ」今では香菖蒲《ニホヒシヤウブ》といふ名が付て居る、それがあります、又其時に覇王樹の種類を持つて歸りましたが、慥か三四十種あつたと思ひます、其時紐覇王樹といふ名を附けて栽培したものがありました紐覇王樹は今では珍らしいものではない、もつと立派なものが澤山來て居りますが、慶應三年に持つて參つた覇王樹の中にて今日まで世間に傳つて居つて、私の附けた名前で行はれて居るものはあの覇王樹である、それから珠雞《ほろくてう》といふは百年も前に日本に傳はり繪も遺つて居りますが、其後絶えました、それを慶應三年に私が持つて參つて今では廣く世間に弘まつて居る、又羽色が白に變つたものも出來ました、私が持つて參つて世の中に弘まつたのでありますから、私に取つては、大に縁故があります、それから果樹で世の中で大分利益として居るやに思はれるのは、大實の枇杷でありますが是は世に田中枇杷と申して廣く各地に栽植されて居りますが、是は私が種子を播いて作り出したものであります、それから植物學者の方で今日牧野富太郎君が持參せられた腊葉があります、それに私の田中の名前が囑名になつた植物が一種また種名となつたものが十種ばかりあります、即ち田中が屬名と種名になつて居る、田中芳男が盲探りで致したのが遂に斯樣な名譽を得たるは私の大に喜ぶ所であります、今日牧野富太郎君の厚意で「田中」の名前の付いたのが斯くまで澤山あるかを初めて知りました、日本に初めて見出したものや、我々の名前を附けて世間に紹介せらるゝになつたのは面白いことゝ思ひます、此くらゐで御話は止めまして、あとは實物に就て御話致します。

大正二年（一九一三）

四　中山龍次「明治天皇紀念新博物館設立私議」

（『太陽』第十九巻第十號）

紀念事業の大方針

明治天皇《めいぢてんわう》に對《たい》し奉《たてまつ》る紀念事業《きねんじげふ》は、第《だい》一之《これ》に依《よ》りて國民《こくみん》の精《せい》神教育《しんけういく》に資《し》す可《べ》き事《こと》、第《だい》二に鴻業《こうげふ》の一端《たん》を後世《こうせい》に傳《つた》ふ可《べ》き事《こと》、第《だい》三に將來帝國《しやうらいていこく》をして益ゝ《ますます》隆盛《りうせい》ならしむる爲《た》め國民《こくみん》を鼓舞奬勵《こぶしやうれい》する事《こと》の三大趣旨《だいしゆし》の下《もと》に計畫《けいくわく》する事《こと》を以《もつ》て最《もつと》も當《たう》を得《え》たるものなりと信《しん》ず。

然《しか》らば予《よ》の指示《しじ》せる右《みぎ》三ヶの趣旨《しゆし》に對《たい》し之《これ》に適合《てきがふ》すべき方《はう》法如何《はふいかん》と顧《かへりみ》るに、今日迄既《こんにちまですで》に幾多《いくた》の方法《はうはふ》の提起《ていき》されたるを記《き》憶《おく》せり、就中昨年實業《なかんづくさくねんじつげふ》の日本《にほん》社《しや》に於《おい》ては百六十有餘《いうよ》の名士《めいし》の意見《いけん》を叩《たゝ》き其結果《そのけつくわ》を發表《はつぺう》せり、其《そ》の中最《うちもつと》も贊成《さんせい》の多《おほ》かりしものゝ考案《かうあん》を擧《あ》げんに、

一、御銅像を建設し奉る事

二、科學研究所を設け學術工藝の發達の淵源たらしむる事

三、明治殿又は紀念館の如き大建築を興し維新以來の功臣、若しくは民間勳功者の肖像を揭ぐる事

四、各府縣市町村ともに植林事業を斷行する事

五、明治史を編纂して先帝の鴻業を永久に記錄する事

六、帝國議事堂を建設して先帝の創始し賜へる立憲政治を永久に紀念する事

此他《このた》幾多《いくた》の提案《ていあん》ありしも要《えう》するに前《ぜん》六項《かう》は最《もつと》も多數《たすう》の贊同《さんどう》ありし方法《はうはふ》なり。然《し》かも予《よ》は之等《これら》提案中第《ていあんちうだい》一案《あん》に對《たい》して更《さら》に識者《しきしや》の講究《かうきう》を待《ま》つものとし尚其他《なほそのた》の案《あん》に對《たい》しては直《たゞち》に贊成《さんせい》を表《へう》すること能《あた》はざるものなり、其理由《そのりいう》は言冗漫《げんじようまん》に渉《わた》るを虞《おもんばか》り今《いま》一々之《これ》を說《と》かず。

新博物館設立の議

然《しか》らば乃《すなは》ち如何《いか》なる方法《はうはふ》を以《もつ》て先帝《せんてい》の鴻業《こうげふ》を紀念《きねん》し併《あは》せて國民《こくみん》を鼓舞指導《こぶしだう》するものたらしむ可《べ》きか。予《よ》は「新《しん》」博物館《はくぶつくわん》の建設《けんせつ》を以《もつ》て最《もつと》も時宜《じぎ》に適《てき》し且《か》つ穩當《をんたう》の計畫《けいくわく》なりと信《しん》ずるものなり。而《しか》して予《よ》の所謂《いはゆる》「新《しん》」博物館《はくぶつくわん》なるものは其經營方針《そのけいえいはうけん》、內容《ないよう》、目的《もくてき》は大《おほい》に在來《ざいらい》の博物館《はくぶつくわん》と其趣《そのおもむき》を異《こと》にするものなるを以《もつ》て茲《こゝ》に私見《しけん》を述《の》べ、大方《おほかた》の敎《をしへ》を請《こ》はんと欲《ほつ》す。

惟《おも》ふに我國民《わがこくみん》は特有《とくいう》の長所《ちやうしよ》を有《いう》すると同時《どうじ》に幾多《いくた》の缺點《けつてん》をも有《いう》するは世上《せじやう》の公論《こうろん》にして、就中健全《なかんづくけんぜん》なる常識《じやうしき》と世界的進運《せかいてきしんうん》に必要《ひつえう》なる商工的《しやうこうてき》、科學的新知識《くわがくてきしんちしき》の缺乏せるは最《もつと》も普遍的《ふへんてき》にして、又《ま》た最《もつと》も根本的《こんぽんてき》の缺點《けつてん》なるべし。勿論專門的高等敎育《もちろんせんもんてきかうとうけういく》を受《う》けたる所謂學者《いはゆるがくしや》と比較《ひかく》する時《とき》は、日本《にほん》も泰西《たいせい》も著《いちじる》しき逕庭《けいてい》を認《みと》めざるものにして、例《れい》せば高峰《たかみね》、秦《はだ》、北里《きたざと》、木村《きむら》の

識博士の如きは要《えう》するに世界的大學者《せかいてきだいがくしや》と謂《い》つ可《べ》く、本邦《ほんぱう》の誇りとすべき所《ところ》なるも、之《こ》れに反《はん》し一般國民《いつぱんこくみん》の常識《じやうしき》は泰西諸國《たいせいしよこく》の國民《こくみん》に比《ひ》して、著《いちじる》しく劣《おと》りたる傾向《けいかう》を有《いう》せり。然《しか》り如是《かくのごとき》實狀《じつじやう》より見《み》る時《とき》は、即《すなは》ち國民《こくみん》に穩健中正《をんけんちうせい》なる常識《じやうしき》と世界的新《せかいてきしん》知識《ちしき》を附與《ふよ》する事《こと》は、國民《こくみん》を指導《しだう》し文化《ぶんくわ》を開發《かいはつ》し進《すゝ》んで列國《れつこく》競爭《きやうさう》に加《くは》り所謂《いはゆる》一等國《とうこく》の實力《じつりよく》を贏《か》ち得可《うべ》き最善方法《さいぜんはうはふ》にして、刻下《こくか》の急務《きふむ》なりと信《しん》ずるが故《ゆゑ》に、予《よ》は常識教育及《じやうしききやういくおよ》び新知識開《しんちしきかい》發《はつ》の最新機關《さいしんきくわん》を以《もつ》て目《もく》せらるゝ博物館《はくぶつくわん》を設立《せつりつ》し以《もつ》て先帝景慕《せんていけいぼ》の紀念《きねん》とし明治鴻業《めいぢこうげふ》の一端《たん》を後世《こうせい》に傳《つた》へ併《あは》せて國民《こくみん》を鼓舞奬《こしやう》勵《れい》せんと欲《ほつ》する者《もの》なり。之《これ》を列强《れつきやう》の事例《じれい》に徴《ちやう》するに偉業比類《ゐげふひるゐ》なき先皇《せんくわう》に對《たい》する國民紀念《こくみんきねん》として博物館《はくぶつくわん》を建設《けつせつ》したる適切《てきせつ》なる例《れい》は英及獨《えいおよびどく》に之《こ》れあり、即《すなは》ち

英國に於ける例

英國に於てはヴイクトリヤ女皇及びアルバート親王博物館にして、此博物館はヴイクトリヤ女皇在世の砌、既に計畫され千八百九十九年に故女皇御臨場の上起工し、爾來十年の歳月を費し千九百九年に開館せられしものにして、實に世界第一の博物館と謂つべきものは此の紀念博物館なり。(圖參照)

獨逸に於ける例

獨逸に於ける先帝紀念の博物館は即ち「フリードリツヒ皇帝紀念博物館」にして伯林市に在り、千八百九十八年に起工し千九百三年に竣成し、翌年之を開館せるもの是れなり。(圖參照)

以上博物館《いじやうはくぶつくわん》の內容《ないよう》に就《つい》ては其梗概《そのかうがい》を下《しも》に敍述《じよじゆつ》すべきも、要《えう》するに列强諸國《れつきやうしよこく》に於《おい》て知識《ちしき》の泉源《せんげん》と謂《い》つ可《べ》き博物館《はくぶつくわん》を設立《せつりつ》し以《もつ》て先皇景慕《せんくわうけいぼ》の一紀念《きねん》とするの趣旨《しゆし》は採《と》りて以《もつ》て我邦《わがくに》に適用《てきよう》するに足《た》るべし。

外國博物館の完備

最近《さいきん》十年乃至《ねんないし》二十年間《ねんかん》に於《おい》て歐米各國《おうべいかくこく》が博物館事業《はくぶつくわんじげふ》に對《たい》し多大《ただい》の注意《ちうい》を拂《はら》ひ、上下協力《じやうげけふりよく》して其完備《そのくわんび》を計《はか》るに汲々《きふ／＼》たるは本邦人《ほんぱうじん》の意想外《いさうぐわい》とする所《ところ》なるべし。

例せば伯林市には大小三十二(内公立二十二)倫敦には二十八の博物館ありて、是等數十の博物館は各々專門的に發達し一面に於ては國民の健全なる常識を發達せしむると共に專門家の參考に資する機關となれり。而して國民は晝夜の別なく此の機關を通じて世界の最新事實を見聞し、且世界の進運を目擊して新知識を得るの利便を享有するものなり。即ち伯林市に於てはフリードリツヒ皇帝紀念博物館を始めとして美術博物館、鑛業博物館、郵便博物館、工藝博物館、學校博物館、建築博物館、殖民地博物館、世界民族博物館、海洋科博物館、交通博物館其他種々なる方面の博物館は。市内到る處に設けられたり。又た倫敦にはヴイクトリア女皇紀念博物館を始めとして、大英博物館、美術博物館、建築博物館、森林博物館、衛生博物館、印度博物館等の如きあり。而して是等博物館は單に伯林、倫敦の如き大か會のみに存在せずして、地方の主なる都會にも、勿論種々の博物館を見るものなり。

試に足を動物に關する博物館に入れんか、古今東西の種々なる動物の變遷及棲息の狀態など一目の下に了解せられ、又工藝に關する博物館に到れば其國の工藝發達を示すべき歷代の製作品を陳列して其發達徑路を明かにし、世界各國の作品を羅致しては世界的知識の吸收に資し、嶄新なる發明の現はるれば直ちに之を收容して世人の注意を喚起し、就中巧妙なる機械類は實地活動せしめて觀覽に供する等、洵に周匝遺憾無き設備と感ぜざるを得ず。又交通に關する博物館には自國に於ける運輸通信事業の發達は勿論世界各國の種々なる運輸通信交通の狀態、事業上の器具機械材料等を蒐集し、汽車、汽船、港灣の設備の模型を備へ、中には實物を以て實際之を運轉し觀る者に實境に在るの感を與ふ、又ミユンヘンの獨逸博物館には凡ゆる工業に關する機械を陳列して參觀には隨意に之を動かす事を許し、就中最近發明の電話自働交換

機の如きも陳列せられ、其の場に於て試驗もし說明をも與へ居れり、又飛行機の如きは發明の順序を追うて之を陳列し殆ど實物と差違なき程完全にして大規模なる標本をも見ることを得べし。

如是歷史、地理、美術、工藝、機械、通信、交通其他何れの方面の事物現象にても一度博物館に赴けば何人も一通の知識を求め得可き利便の趣向なるを以て學者、學生、官吏、實業家、職工、勞働者等如何なる階級たることを問はず皆之れに赴き單に見物すると云ふのみに非ずして、知識を啓發し實際に應用せんが爲め熱心に之を硏究するもの極めて多數なるが、現に學校敎師の學生を引率して、陳列場の前に實物敎授をなすが如き、將た職工徒弟の如きものが機械の前にノートを開き何物をか記入し居るが如きは屢々予の見たる所なり。殊に羨むべきは、其の開館時刻にして本邦の如く日中に限らず、職工勞働者の如き日中暇を得がたき者の爲め便利を主とし、夜は午後九時或は十時頃迄盛に電燈を照して開館するもの其例頗る多し。

各外國博物館の日本美術工藝品

歐米《おうべい》に於《お》ける博物館《はくぶつくわん》の設備《せつび》は前述《ぜんじゆつ》の如《ごと》く極《きは》めて實用的《じつようてき》、現代的《げんだいてき》なるを以《もつ》て、余《よ》は何《いづ》れの土地《とち》に於《おい》ても好《この》んで先《ま》づ博物館《はくぶつくわん》の觀覽《くわんらん》を爲《な》すを怠《おこた》らざりき。蓋《けだ》し土地《とち》の人情風俗《にんじやうふうぞく》は勿論工業《もちろんこうげふ》、美術《びじゆつ》の發達徑路《はつたつけいろ》を知《し》り併《あは》せて現在發達《げんざいはつたつ》の程度《ていど》を察知《さつち》する上《うへ》に於《おい》て、旅行者《りよかうしや》は眞先《まつさき》に博物館《はくぶつくわん》を見《み》る事最《こともつと》も必要《ひつえう》なる旅行日程《りよかうにつてい》なるべし。歐米《おうべい》の博物館《はくぶつくわん》を縱覽《じうらん》して予等日本人《よらにほんじん》の特《とく》に注意《ちうい》を惹《ひ》くは他《た》ならず、日本國有《にほんこくいう》の美術品《びじゆつひん》にして、有名《いうめい》なる博物館《はくぶつくわん》には大抵日本部《たいていにほんぶ》の特置《とくち》無《な》きは無く繪畫《くわいぐわ》、刀劍《たうけん》、印籠《いんろう》、象牙細《ざうげざい》工《く》、絹織物《きぬおりもの》、漆器《しつき》、陶器等多數《たうきとうたすう》此《こ》の日本部《にほんぶ》に陳列《ちんれつ》せられたるを見《み》る。◎然《しか》るに予《よ》は歸朝匆々上野公園《きてうさう〳〵うへのこうゑん》の博物館《はくぶつくわん》を參觀《さんくわん》せしに、意外《いぐわい》にも日本固有《にほんこいう》の美術品《びじゆつひん》は其《そ》の陳列《ちんれつ》の少《すく》きに一驚《いつきやう》を喫したり。

ヴイクトリア、アルバート博物館

現に刀劍類は到底ハンブルヒの博物館に及ばず、象牙細工其他美術品の如きは倫敦のヴイクトリア博物館又はボストンの博物館に比し遙かに少數なり。殊に余の注意を惹きたるは獨逸ドレスデン市の陶器博物館にして、洽れく世界の陶器が蒐集せられたる中に、日本器は其約八割を占め而も其日本器の中には古代よりして今日に至る迄の優品を時代別に整列せられ、就中當業者の一見垂涎措かざるべき足利時代の逸品にして、本邦に於てすら容易に見る能はざる陶器の多數陳列を見るとは門外漢たる予の漫評に非ずして、斯道には最も鑑識ありと稱せられたる名古屋日本陶器會社の大倉氏の直話なり。如是日本の美術品が今日歐米に於て珍重せらるゝを見れば吾人は一方に意を強ふするもの有るやも知らざれども、同時に歷史的遺品や參考品の漸次外國に流出し本邦に於ては遂に影を絶つの虞あるを憂ひ、胸裏一片の感慨に禁へざるものなり。又倫敦の「ヴイクトリア、アルバート」紀念博物館に陳列の明珍作巨鷲の彫刻は天下一品の傑作にして斯る名品の海外に渡りたるは誠に惜しむべき事なりとは本邦知名美術家の定評なるが、予は此の名作を一見せし所、高さ二尺許りの作品にして眼光爛々たる巨鷲の岩頭に立ちて翼を充分に張りたる姿勢を現はし其名作たるは一見にして知られたるものなり。是れは今より約五十年前一萬圓にて購入せる冒の證明を付したるが、聞く所に依れば此の名作は元と誠實の畫名家より僅々三百圓にて賣拂ひしものとの說なり。

右《みぎ》は一例《れい》を示《しめ》すに過《す》ぎざるか如是《かくのごと》く漸次《ぜんじ》歴史的優品《れきしてきいうひん》の散逸《さんいつ》するは國家《こくか》の大損失《だいそんしつ》にして又《また》一種《しゆ》の恥辱《ちじよく》に外《ほか》ならざるを以《もつ》て、予《よ》は新博物館設立《しんはくぶつくわんせつりつ》の上《うへ》は出來《でき》得《う》る限《かぎ》り一層是等《そうこれら》美術品《びじゆつひん》の散逸《さんいつ》をも防止《ばうし》せんことを庶幾《しよき》するもの也《なり》。

尙ほ一言すべきは我上野の帝室博物館に赴きて予の特に注意を喚起せしものあり、外ならず彼の漆器蒔繪細工中目覺しきは米人クインシー、ショー氏の蒐集寄贈せられしものなること是なり。氏は生前遠く二百五十年前より近代に至る迄の品を蒐集したるが氏は此の蒐集を世界の何れの國に於ける博物館に寄贈するよりも日本の博物館に陳列するを以て最も有效なりと信じ特に我帝室博物館に寄贈し來りたるものなりと謂ふ斯く我邦古來の美術工藝品が外人に依りて蒐集、寄贈せられ、我帝室博物館中に我同胞に依りて之れに比適すべき寄贈又は出品なきは我國民の大に反省すへき點なりと信す。

商工業と博物館

近年列強各國《きんねんれつきやうかくこく》が商工業發達《しやうこうげふはつたつ》を助長《じよちやう》する爲《た》め博物館《はくぶつくわん》の完備《くわんび》に力《ちから》を用《もち》ふる事《こと》の甚大《じんだい》なるは、刻下《こくか》の時勢《じせい》に於《おい》て本邦人《ほんぱうじん》の最《もつと》も模範《もはん》とすべき點《てん》なりと信《しん》ず。

例せば陶磁器製造地なる佛國のセーブルの如き又獨逸のドレスデンの如き土地には、いづれも陶器博物館あり、又印刷業の盛んなるライプチヒには印刷博物館の設置あり。此他織物業の盛なるリオンには織物博物館の在る如く何れも世界各國より參考品を蒐集し事業の參考に資するは前述せるドレスデン博物館に於ける本邦足利時代の陶磁器の蒐集せられたる例に依りて其一斑を推知するを得べし。就中米國ヒラデルヒヤ市には商業博物館ありて專ら最近の世界貿易品等を蒐集陳列し以て商工業者の參考に資せり。故マッキンレー大統領の所謂米國の商工業を發達指導する原動力と稱揚せし程ありて、世界各國の種々なる貿易品は遺憾なく蒐集陳列せられ、之れに依て商工業者に多大の便益を供し、世人に世界的知識を與ふる事は甚た大なるものと信ず。

カイセル、フリードリヒ博物館

之《これ》を要《えう》するに、最近《さいきん》に於《おい》て博物館《はくぶつくわん》の目的《もくてき》は單《たん》に歴史的《れきしてき》の興味《きようみ》、美術的《びじゆつてき》の趣味《しゆみ》を喚起《くわんき》するものに非《あら》ずして、飽《あ》く迄《まで》も最近世界《さいきんせかい》の最新事實《さいしんじじつ》を具體的《ぐたいてき》に見聞《けんぶん》せしめて、國民《こくみん》の智能《ちのう》を啓發《けいはつ》し、國民《こくみん》の常識《じやうしき》を發達《はつたつ》し國富《こくふ》を增進《ぞうしん》するを以《もつ》て主《しゆ》たる目的《もくてき》とするものにして、即《すなは》ち其《そ》の經營《けいえい》の方針《はうしん》の如《ごと》きも凡《すべ》て如上見地《によじやうけんち》より來《き》たるものなり。然《しか》るに今本邦《いまほんぱう》に於《お》ける博物館《はくぶつくわん》は如何《いか》なる狀態《じやうたい》に在《あ》るかと言《い》はんに、前述《ぜんじゆつ》の如《ごと》く我《わ》が民族《みんぞく》の過去《くわこ》の文化《ぶんくわ》を代表《だいへう》すべき美《び》術品《じゆつひん》の蒐集《しうしふ》すらも猶且外國《なほかつぐわいこく》の博物館《はくぶつくわん》に及《およ》ばざる程度《ていど》のものたるのみならず、更《さら》に甚《はなは》だしきに至《いた》つては幾《ほと》んと現代《げんだい》の文明《ぶんめい》と何等交涉《なんらかうせふ》を有《いう》せざるものゝ如《ごと》き觀《くわん》あり。博物館《はくぶつくわん》を通《つう》じて列國《れつこく》最近《さいきん》の進歩《しんぽ》を窺《うかゞ》はん等《とう》の利益《りえき》は到底豫期《たうていよき》する所《ところ》に非《あら》ず。此《こ》の點《てん》に就《つい》ては農商務省《のうしやうむしやう》の設立《せつりつ》せる商品陳列館《しやうひんちんれつくわん》は唯《ゆゐ》一の機關《きくわん》なるが如《ごと》し、然《し》かも予《よ》は同陳列館《どうちんれつくわん》を參觀《さんくわん》して甚《はなは》だ殘念《ざんねん》に思《おも》ふ點《てん》の尠《すくな》からざるを惜《をし》む。

列國皇室及國民の熱心

博物館《はくぶつくわん》の目的《もくてき》が歴史《れきし》に關《くわん》する思想《しさう》及《および》美術《びじゆつ》に關《くわん》する趣味《しゆみ》を養成《やうせい》し國民《こくみん》の常識《じやうしき》を發達《はつたつ》せしむるのみならず、最近《さいきん》に於《おい》ては國民《こくみん》に世界的新知識《せかいてきしんちしき》を與《あた》へ、就中商工業《なかんづくしやうこうげふ》の發達《はつたつ》に資《し》する爲《た》め最《もつと》も有力《いうりよく》なる機關《きくわん》として認《みと》めらるゝに至《いた》りたるが故《ゆゑ》に列強各國《れつきやうかくこく》に於《おい》ては上《かみ》は皇室《くわうしつ》より下國民《しもこくみん》に至《いた》る迄熱心《までねつしん》に其完備《そのくわんび》に力《ちから》を用《もち》ふるは前述《ぜんじゆつ》せし所《ところ》に依《よ》り推知《すゐち》するを得《う》べし。

今其の例を擧げんには伯林の交通博物館の起工式及開館式に當り獨逸皇帝、皇后兩陛下が親しく御臨場ありたる或はミユンヘンの獨逸博物館が皇帝の特別の御思召に依りて設立せられたるが如き、更にミユンヘンの美術館の如き主としてバイエルン王家の奬勵に依り又墺國ウイン府に於ける美術館の如きは主として皇室の珍什美術品を陳列するに依り欧洲に重きを爲すが如き、更に英國に於ては彼の大英博物館にはジヨージ三世より埃及の古器物又ジヨージ四世より幾多の古代典籍を下賜されたるが如き、又故ヴイクトリヤ女皇が親しく博物館の起工式を擧げられたるが如きは孰れも各國皇室に於て博物館の爲めに深く意を用ひらせらるゝ實例なるべし。又一般國民に於て博物館の爲めには力を盡す實例を擧ぐれば、大英博物館は千七百年にサー、ジヨン、スコツト氏の寄附せられたる圖書を基礎として創立せられ、爾來幾多篤志家の寄贈により蒐物及内容を擴張し遂に今日の盛大を來したるものなり、又ロンドンのテート繪畫館はテート氏の寄附にかゝり、該館中のアーレス氏の寄贈に成れるアーレス室の如きは 其價格四千萬圓以 上の評價ありたる 名繪集なり、佛國のギメー博物館はギメー氏の日本、支那及東印度にて蒐集せし宗教に關するもの及び種々なる工藝品の寄贈に成り、更に米國紐育市のメトロポリタン博物館にはウルフ夫人の蒐集したる獨逸佛國の名畫の寄附あり。又ボストンの美術館の如きは、大部分寄附によりて成立し、倘ほ英國の女皇紀念博物館内の機械館の如きミユンヘンの獨逸博物館の如き、其他多くの工業博物館に於ける最近の工業機械類は主に機械製造業者の寄附に係れり。如是外國にては國家事業として、一方皇室より御物の出品又は下賜品あると共に熱心なる民間有志者の寄附を得て、益博物館の光彩價値を發揮すると共に、一層其の實效利用の增大を致しつゝあるを見るべし。

結論

之《これ》を要《えう》するに予《よ》の提唱《ていしやう》する紀念事業《きねんじげふ》は上掲《じやうけい》せるが如《ごと》く單《たん》に歴史《れきし》又《また》は美術《びじゆつ》に重《おもき》を置《お》くものに非《あら》ずして、一度《たびこ》之れが觀覽《くわんらん》を經《へ》ば何人《なんぴと》も之《こ》れに依《よ》りて獲得吸收《くわくとくきふしう》する知識《ちしき》が直《たゞ》ちに現代活社會《げんだいくわつしやくわい》に應用《おうよう》するを得《う》べく卽《すなは》ち國民《こくみん》の常識《じやうしき》を發達《はつたつ》せしむると共《とも》に國威《こくゐ》の發揚《はつやう》と國富《こくふ》の增進《ぞうしん》を齎《もたら》すべき活教訓《くわつけうくん》を提供《ていきやう》する博物館《はくぶつくわん》の建設《けんせつ》を主張《しゆちやう》するものに外《ほか》ならざる也《なり》。

（い）設立場所　次《つぎ》に來《きた》る可《べ》き問題《もんだい》は紀念博物館《きねんはくぶつくわん》を設立《せつりつ》するに適當《てきたう》なる場所《ばしよ》の選定《せんてい》なるべし、元來《ぐわんらい》博物館《はくぶつくわん》は衆人《しうじん》に觀覽利用《くわんらんりよう》せしむる便宜上《べんぎじやう》、成《な》る可《べ》く市中繁華《しちうはんくわ》の土地《とち》に建設《けんせつ》するを主眼《しゆがん》とす、外國《ぐわいこく》に於《おい》ても、博物館《はくぶつくわん》は市民《しみん》の多數集合《たすうしふがふ》する街巷《がいかう》にも成《な》るべく市街鐵道《しがいてつだう》の如《ごと》き交通機關《かうつうきくわん》に接近《せつきん》したる土地《とち》に建設《けんせつ》せられたるを以《もつ》て多《おほ》しとす。勿論本邦《もちろんほんぽう》に於《おい》ては火災《くわさい》の關係上《くわんけいじやう》市街地《しがいち》を避《さ》くる必要《ひつえう》あるべしと雖《いへど》も予《よ》は紀念博物館《きねんはくぶつくわん》を、若《も》し事情《じじやう》の許《ゆる》すを得《え》ば宮城前《きうじやうまへ》の廣場《ひろば》に設置《せつち》するか、然《しか》らずんば民《みん》の交通《かうつう》運行《うんかう》に利便《りべん》なる三菱原頭《みつびしげんとう》の如《ごと》き場所《ばしよ》に建設《けんせつ》するの適《てき》當《たう》にして且《か》つ甚《はなは》だ必要《ひつえう》なるを認《みと》むるものなり。

計畫發表の時機　更《さら》に紀念博物館《きねんはくぶつくわん》建設計畫《けんせつけいくわく》確立《かくりつ》又《また》は起工《きこう》式《しき》の時機《じき》は明年《みやうねん》を以《もつ》て擧行遊《きよかうあそ》ばさるゝ今上陛下《きんじやうへいか》御即位《ごそくゐ》式《しき》の折《をり》を以《もつ》て最《もつと》も適當《てきたう》と信《しん》ず、其《そ》の理由《りいう》は茲《こゝ》に詳言《しやうげん》するの必要《ひつえう》なきも要《えう》するに此曠古《このくわうこ》の盛典《せいてん》に際《さい》し先帝《せんてい》の紀念事業《きねんじげふ》を起《おこ》すは我々《われ〳〵》臣民《しんみん》の最《もつと》も熱望《ねつばう》する所《ところ》なればなり。

實行方法　進《すゝ》んでこれが實行方法《じつかうはうはふ》の一端《たん》を言《い》はんに建設及《けんせつおよび》維持《ゐぢ》に關《くわん》する資金《しきん》は民間《みんかん》より寄附《きふ》を求《もと》むるも而《し》かも經費《けいひ》の一部《ぶ》は國庫《こくこ》の負擔《ふたん》たる事言《ことい》ふ迄《まで》も無《な》し。而《しか》して陳列品《ちんれつひん》に關《くわん》して は表慶館《へうけいくわん》を一層大規模《そうだいきぼ》にしたる形《けいくわん》觀を以《もつ》て上皇《かみくわう》室《しつ》よりも御《ぎよ》物《ぶつ》の御下賜《ごかし》又《また》は御出品《ごしゆつぴん》を仰《あふ》ぐと同時《どうじ》に主《しゆ》として華族《くわぞく》、富豪《ふがう》其《その》他《た》有志《いうし》の方面《はうめん》より勸誘《くわんいう》蒐集《しうしふ》せば紀念事業《きねんじげふ》としての博物館《はくぶつくわん》の内《ない》容《よう》は頗《すこぶ》る豐富《ほうふ》のものとなるべし。

更《さら》に一言《ごん》すべきは新博物館《しんはくぶつくわん》と表慶館《へうけいくわん》及《および》帝室博物館《ていしつはくぶつくわん》との關《くわん》係是《けいこれ》なり。予《よ》の私見《しけん》を以《もつ》てすれば表慶館《へうけいくわん》は主《しゆ》として本邦固有《ほんはうこいう》の美術《びじゆつ》を奬勵《しやうれい》する目的《もくてき》を以《もつ》て、新古《しんこ》の書畫《しよぐわ》を蒐集《しうしふ》し、帝室博《ていしつはく》物館《ぶつくわん》は主《しゆ》として歷史《れきし》、宗教等《しうけうとう》に關《くわん》するものを陳列《ちんれつ》し紀念博物《きねんはくぶつ》館《くわん》は明治《めいぢ》年間《ねんかん》の出來《でき》事竝《ごとならび》に進歩《しんぽ》に關《くわん》するもの及新知識《およびしんちしき》を與《あた》ふべきあらゆる物件《ぶつけん》を蒐集《しうしふ》すべきものなり。

如是《かくのごとく》にして一面《めん》には過去《くわこ》の事蹟《じせき》を一眸《ぼう》の下《もと》に展開《てんかい》し以《もつ》て國民《こくみん》の愛國心《あいこくしん》を涵養指導《かんやうしだう》するの用《よう》に供《きよう》すると共《とも》に、他面《ためん》には最近科學《さいきんくわがく》に就《つ》き實物敎育《じつぶつけういく》を施《ほどこ》し以《もつ》て國民《こくみん》の健全《けんぜん》なる常識《じやうしき》を發《はつ》達《たつ》し、世界的新知識《せかいてきしんちしき》を養成《やうせい》し、延《ひい》て社會萬般《しやくわいばんぱん》の活事業《くわつじげふ》に應用《おうよう》することを得《え》ば輙《すなは》ち明治《めいぢ》の鴻業《こうげふ》を萬世《ばんせい》に輝揚《きやう》し先帝《せんてい》の盛德《せいとく》を永久《えいきう》に景慕《けいぼ》する適切《てきせつ》なる紀念事業《きねんじげふ》たるに庶幾《ちか》からんか。

新《あら》たに「生活《せいくわつ》」が發行《はつかう》された

本月一日《ほんげつじつ》に第一號《だいがう》を發刊《はつかん》した
紙數《しすう》は一部《ぶ》百四十四頁《ページ》、半《なか》ば奇拔《きはつ》な新《しん》意匠《いしやう》の挿畫《さしゑ》を以《もつ》て埋《うづ》めてある
記事《きじ》は解《わか》り易《やす》きを旨《むね》として、人間《にんげん》の生《せい》活《くわつ》に關《くわん》する事《こと》は、何《なん》んでも掲《の》せてある
通俗《つうぞく》ではあるが野卑《やひ》に流《なが》れず、何處《どこ》へ持出《もちだ》しても恥《はづ》かしくない
蓋《けだ》し日本《にほん》では未曾有《みぞう》の新形式《しんけいしき》の雜誌《ざつし》で、他《た》に類《るゐ》がない
老人《らうじん》にも向《む》く、小供《こども》にも向《む》く、女《をんな》にも向《な》く
毎號趣向《まいがうしゆかう》に富《と》む懸賞《けんしやう》がある

大正二年（一九一三）

五　吉田熊次「第五章第十一節　博物館・動物園・植物園」（『社會教育』）

第十一節　博物館、動物園　植物園

社會教育のことを論ずる者は、以上述べ來りました事項に止まつて居つて、博物館等の設備を論ずる者は極めて少い。即ち文書及び講演に依る知育に關する事柄が、知育に關する社會教育の總てと看做されて居るのが普通である。けれども一般世人の知識を開發する上に於て、以上の二つのものよりも、

歐米に於て此問題の注意せられざる理由

更に直接的なるものがあることを忘れてはならぬ。それは即ち實物に依りて得る所の知識であります。即ち博物館、動物園、植物園等の設備に依つて、實物又は模型標本等を見、それに依つて人知を普及開發することが重大なる事柄である。

何故に是等の設備が、特に社會教育の手段として注意せられないかと申しますれば、其の一つの理由は、歐米に於ては是等の設備は、昔から具はつて居りまするので、特に社會教育の爲にそれを設くると云ふことが極めて稀であるからであると思ふ。歐米の大都會は申すに及ばず、中小の都市にありましても、博物館等の設備に依つて、一般人知を開發することが普通のことになつて居るのである。然るに我國にありては、此の方面の設備が甚だ乏しい。本邦人が一般普通の知識に缺けて居り或は確實なる知識を日常生活に關する事物に就て有つて居らないと云ふことの一つの原因は、博物館等の設備が不完全であつて實物に依つて確實に知識を得るの機會が少いからである。殊に本邦の學生生徒が、確實なる常識的知識に乏しいと云ふとも社會教育に關する此の種の設備が不完全であるからであると思ふ。故に本邦に於ける社會教育を論ずる者は、知育に關する第三種の設備として、博物館、動物園、植物園等のことを攻究する必要を見るのであります。

歐米諸國と本邦とを比較しまするならば、幾多の點に於て優劣を見るのであります。其の中に於て我國の特に劣つて居る點と思はるゝものは、富の量が少くして固定資本に乏しきことにある。即ち博物館、動物園、植物園等の如き、多大なる費用を要する建築物、並に備品に缺けて居ると云ふのは、我國の一大缺點であります。これ一般に我國に於ける經濟事情が、未だ潤澤ならぬものあるに依るでありませうけれども、亦一般國民が此の方面に向つて、意を用ふることが少いからであると思ふ。歐米に於ける此の種の事業は、政府の設計に係るものが固より多くありますが、富豪の手に依り、又は貴族の施設に依つて出來て居るのも少くないのであります。我國に於ける富豪貴族も、若し無益に費す所の遊蕩費等があるならば、それを割いて此の方面の社會教育に關する設備の爲に盡されたいものと思ふ。

植物園は地理に關するもので、氣候風土に關係を有つて居るものでありまするが故に、歐洲大陸には比較的少い。けれども全くそれがないと云ふのでは無論ありませぬ。獨逸のライプチッヒは人口五十萬ほどの都市でありまするが、そこには立派な植物園があり、中には廣大なる硝子造の温室がありまして、熱帶地方の植物をも其の中に於て培養し、一般市民をして親しく、各地方の植物を見ることの機會を與へて居る。フランクフルトは人口三十萬ほどの都市でありますが、殊に見事なる植物園を有つて居るのであります。其の中には熱帶地方の植物は申すに及ばず、種々の草木を培養し、誠によく整頓して居りまして、獨逸第一の植物園と稱せられて居るのであります。佛蘭西のリヨンは人口四十五萬ほどの都市でありますが、是亦見事なる植物園を有つて居り、硝子造の温室を有つて居るのであります。ことに見事にして又有名なるものは、英國倫敦の附近にある、キウガーデンの植物園でありまして、其の大仕掛にして完全なることは、專門學者をして驚かしむるものがあるのであります。是れ等の植物園は、入場料として一回五十錢内外を徴するのでありまするが、又中には日を定めて或は割引をなし、或は無料觀覽をも許して居る。キウガーデンの如きは全く無料であります。

以上の植物園は私が親しく觀覽をしましたものゝ中の、重なるものに過ぎない、細かに數へ來れば、尙ほ外にも澤山あるのでありまするが、兎に角是等の設備に依つて、一般人民が直觀的に植物に關する知識を攝むると云ふ利益は多大なるものである。我國の如きは、寧ろ熱帶地方に緣の近い國柄であるにも拘らず、尙ほ熱帶の植物を見ること、以上の都市の如き便利を有つて居らぬのは遺憾とする所であります。以上の都市の中最も南に位するのは、佛蘭西のリオンでありまするが、尙ほ北緯四十六度に近く、フランクフルトは、北緯五十度以上、ライプチッヒは北緯五十一度を超え、倫敦は北緯五十二度に近いのであります。而して其の中で最も南方にあるリオンは、我國の北海道の北端宗谷岬よりも尙ほ北にあるのである。斯の如く獨逸、佛蘭西、英吉利等の土地は、我國の北海道よりも尙ほ北方にあるにも拘らず、完備せる植物園の設備がある爲に、親しく熱帶地方の植物をも見ることが出來る。諺に百聞一見に如かずと云ふこともあるが、一般人知を開發する上に、是等の植物園がどれ程の利益を與へて居るか、卽ち社會敎育に如何なる貢獻をなしつゝあるかは、略々推察することが出來るのであります。

次には動物園である。動物園は我國に於ても、處々に其の設けのあるのは喜ぶべきことであります。殊に見せ物興業師の中に、珍らしき動物を連れて田舍廻りをなし、地方の人知を開發しつゝあることも亦社會敎育上喜ぶべきことゝ言はねばならぬ。けれども動物園の設備に關しては、我國は尙ほ遙に彼國に劣るもののあることを自覺しなければならぬ。私の見ました動物園の中で、殊に立派なる設備を有つて居ると感じましたのは、先づ伯林の動物園でありあす。伯林の動物園は千八百四十一年より千八百四十四年に亙つて、株式會社組織で造られたるものでありますが、今日に於てはなか〳〵立派に出來て居る。其の中に飼はれて居る動物の種類は、一千三百種以上あると云ふことであります。其中には獨逸の海外殖民地々方より送り來るものあり、いろ〳〵珍しき動物に富んで居ります。入場料は普通の日は、一マーク卽ち五十錢てありまするが、毎月の第一日曜日は十二錢ほどに割引をして居るのでありまず。獨逸の中でもハンブルヒのハーゲンベック氏の動物園の如きも名高きものでありまず。次に大仕掛なる動物園として私が見ましたのは、和蘭のアムステルダムの動物園でありまず。此の動物園は千八百三十八年に起されたものでありまするが、其の中にはいろ〳〵珍しき動物に富んで居るのみならず、動物を養ひ置く場處に關する注意が、なか〳〵面白く出來て居る。例へば膃肭臍を飼つて置きまする場處は、北海の摸樣に形取りまして、大なる池の廻りに氷山形の岩を築いたり、雉を飼つて居りまする場處は、林に摸して自然の狀態に於て、雉が棲息して居るような有樣に作つてあるが如きことは、如何にも自然的であつて、見る人をして一層其の知識を確實ならしむること思つたのでありまず。又次には倫敦の動物園である。是は動物學會の附屬になつて居るかと承知して居りまするが、私の見たる動物園中に於ては、最も大仕掛なるものであつて、其の中には凡そ二千五百種以上の動物が居ると云ふことでありまず。此の動物園の中の名物と言はれて居るものは、猿に關するいろ〳〵の種類が集つて居るとてありまして、私共が書物の上では久しく知つて居りましても、未だ曾て見たことのなかつた類人猿の如きは、此の動物園内に於て初めて見ることを得たのであります。其の他印度地方に棲んで居る珍らしき動物も、澤山其の中にあつたのである。此の外珍らしく見ましたのは、伊太利のナポリーにある水族館であります。此は海産動物の研究所として、世界に名高き動物實驗所の附屬でありまして、海中に棲んで居る各種の動物を、其の儘見ることの出來るやうになつて居るのであります。此の科の動物園、水族館等が、如何に人知の開發に裨益する所あるかは、植物園と同じく容易く何人も了解することが出來ることゝ思ふ。

以上は動物園及植物園の設備が、如何に歐羅巴の土地に於て完備して居るかと云ふことを示す爲に、其の一班を述べたのであります。併ながら私の殊に羨ましく感じましたのは又殊に我國に於て其の設備の缺けて居るとを感じましたのは博物館であります。我國にも博物館がないと云ふのではない、東京の如きは立派なる博物館を有つて居るのであります。けれども之を歐羅巴文明諸國に於ける博物館に比較しますれば、尙ほ遠く及ばざるものがある。況んや彼地に於ける博物館は、獨り中央の大都會に限らず、地方の都會に通じて設けらるゝに至つては、其の効果の愈々大なることを思はざるを得ない。我國に於ける博物館の多くは、雜然として各種の物品を陳列して居る。其の中には美術品もあり、歴史、風俗に關する物もあり、又自然科學に關する物もある。然るに彼地に於ける博物館は、是等の一つ〳〵が全然區別せられ或は全く建物を異にし、或は之を一つの建物の中に納むるにしてもそれ〳〵獨立のものと看做すべき程に完備して居るのであります。而して其の博物館は、啻に美術、歴史、風俗、動植物等に關する、ものに止まらず、純然たる專門學術に關する博物館も多く、又經濟に關するものも少くない。我國に於て文化の未だ充實せざることの一つの證據は、確に我國の博物館の未だ彼國の如く完備せざるに依つて證明せられて居ると思ふ。

歴史的博物館

歴史的博物館、卽ち歴史、風俗に關する材料を蒐集して居りまする博物館の最も大仕掛なるものは、倫敦のブリチシ・ミユジヤムである。其の創立は遠く千七百年頃に始まり、中には古文書もあれば、圖書もあれば、希臘、羅馬以來の歴史的風俗的材料もあり、又埃及其の他の東洋地方に於ける彫刻等にも富んで居る點に於て、世界屈指のものであります。此の外倫敦には、處々に博物館の設けがありますが其の大さに於て倫敦に遙に及ばない所の獨逸の伯林は割合に博物館に富んで居ることに、私は一驚を喫したのであります。先づ伯林に於ける博物館の數だけを數へて見ても、甚だ多いのである。第一アルテス・ムゼーウム、卽ち舊博物館とも云ふべきものがある。其の中には、希臘、羅馬、中世等の彫刻美術等を集めて居る。有名なる娘子軍の兵隊の像なども、其の中にあるのであります。次にはノイス・ムゼーウム、卽ち新博物館とも名づくべきものもありまして、多くの彫刻、繪畫等を集め、其の中には埃及地方のものも集まつて居ります。第三にはペルガモン・ムゼーウムと云ふものがあり、同じく種々の物品を陳列して居る。第四にはカイゼル・フリドリッヒ・ムゼーウムと云ふものがあります。是も亦いろ〳〵の物品を澤山陳列して居る。

併ながら以上の博物館は、美術風俗等に關する一般的の博物館でありましたが、此の外に尙ほ專門的の博物館が多々あります。　伯林にも獨逸國民の風俗に關する特別の博物館がありまして、古代の風俗變遷を示して居ります。而して獨逸のミュンヘン市に於ける、バイエルン國立博物館は、歷史に關する專門の博物館として、殊に立派なるものであつたと思ふ。　即ち階下の部屋より文明史に關する材料を澤山に竝べて居ります。　第一第二室には歷史以前の古代の遺物、例へば石器時代の武器、裝飾品等より、靑銅時代、太古の器具竝に羅馬帝政時代に於ける、獨逸古代の器具裝飾品等を歷史的に細かに分類をして竝べて居ります。　第三室より第十九室までは、中世の彫刻、美術等に關する遺物を集め、第二十室より第四十八室に至るまでは、文藝復興時代竝に近代の遺物を陳列して居る。　二階にはそれ〳〵專門的に分類を致しまして、各種の工藝品を年代別けに陳列をしまして、其の發達を一目瞭然たらしめて居る。斯の如くにして太古より現時に至るまでの文明の發達を、目の前に見ることの出來るやうに設備をして居るのであります。　是等の博物館は、日曜日は多く無料にて觀覽を許し、一般人民の開發に資して居るのであります。

此の種の博物館の設けは、倫敦伯林、ミユンヘンの如き大都會にのみ限られて存在するのではなく小都會にもある。特に獨逸には其の設が多い樣に思ふ。獨逸のニユルンベルヒの如きは、人口二十五萬に過ぎぬのであるが、有名なる獨逸國立博物館の設けがありまして、獨逸の文明史的研究の寶庫と呼ばれて居る。瑞西のバーゼルは、人口僅に十萬に過ぎぬのであるが尙專門の歷史博物館を有し、又チユリヒは人口十五萬の都市でありますが、有名なる國立博物館を有つて居りまして、歷史風俗の研究に助けをなし、同時に一般人民の觀覽を許して居る。其の他獨逸の各都市には、必ず何等かの博物館があり、佛國のリオン或は巴里等にも、此の種の博物館が設けられて居ります。

更に驚くべきは、伯林に設けられて居る人類學に關する博物館である。人類學に關する材料は、諸方の博物館に陳列せられて居ります。殊に倫敦のブリチシ・ミユジヤムは豐富なる材料を有つて居るのであります。けれども伯林の如く特別に人類學博物館を設けて居らぬ。伯林の人類學博物館は、如何にも大仕掛なるものであるが、而も創立はさう古くはないので、漸く千八百八十三年に開かれたのであります。階下の部屋には、歴史前の器具を澤山に陳列し、歐羅巴に於ける太古の遺物より、ペルー、ペルシア、トルキスタン、シベリア等の土人の用ゐたる器物等をも集めて居るのであります。二階には亞弗利加、太洋洲、ニユージーランド、ポリネシア、ミクロネシア、ニユーホルランド、メラネシア、フヒージー、ニユーギニア、中部及北部亞米利加、北亞米利加土人等の、風俗に關する人類學的材料を陳列し、三階には印度、ビルマ、ニコバーレン、アンダマーネン、マラッカ、シヤム、スマトラ、ボルネオジヤバ、テモール、モルケン、フヒリツピン、モンゴーレン、支那、日本等に關するものを陳列して居ります。而して材料の豐富なる、又其の陳列の整然たる實に驚くべきものがある。其の館長とは有名なる人類學者、バステヤン教授であります。獨逸が日に月に膨脹し、世界に其の勢力を擴げんとしつゝあることは、世人の多く氣が付いて居ることてありますが、其の原因の一つは、國民に全世界の事情を能く紹介する所の、博物館の完備するあつて、知らず識らず人民に社會教育を擴張し、以て茲に至らしむるものがあるやうに思ふ。我理科大學などにも、多少は人類學に關する材料が集つて居るのでありますするからして、之を一般人民に開放したならば、多少此の種の社會敎育を實行することが出來るであらうと思ふ。

工藝に關する專門の博物館も、亦諸方に設けられて居る。伯林には工藝博物館と云ふのがありまして、千八百六十七年に創立せられて居ります。其の中には古今東西の工藝品を集めて居る。而して其の內部は獨逸式に系統的に時代を逐ひ、種類を別けて井然と整理をして居るのであります。又それらも出來るだけは自然の狀態に陳列をし、見る人をして深く其の實狀を感じさせるやうに出來て居る。伯林の工藝博物館は人類學博物館と軒を竝べて建てられて居る、堂々たる一大建物でありまして、獨逸が工業上に於て世界に雄飛する所以の潛勢力を養ふ一機關であると思ふ。此の工藝博物館は、伯林に於ける注意すべき見ものゝ一つに數へられて居るのであります。

此の種の博物館の中に於て、もう一つ私の感心したものは、佛蘭西のリオンに於ける織物博物館であります。リオンは有名なる機業地でありますが、其の商業會議所の二階に、各種の機織機械竝に織物に關する種類を、歷史的に分

自然科學に關する博物館

類陳列し、一目機織業竝に織物の沿革と、現在の世界の狀況とを有り〳〵と知らしむるやうに出來て居るのであります。各種の標本等もありまして、實に明瞭に工藝の有樣を知らしめて居る。實に有益な設備であると感じたのであります。之に類似のものは、各都市にありますので、巴里に於てもゴブランに關する特別の博物館のあるのを見ました。

專門科學に關する博物館も、亦其の設けに乏しくない。伯林には自然科學に關する博物館と云ふのがあります。是は千八百八十三年より千八百八十九年に亙つて出來上がりました近代の建築物でありますが、伯林の高等農學校に隣して居り、又それと密接なる關係を有つて居る。此の建物の中には、地質學研究所、鑛物學研究所、生物學研究所等もありまして、それ〳〵別々の長官を有つて居ります。其の中の標本材料の部は、純學術的の研究の爲に使用せられて居りまするので、一般の人に公開せられてない部分もありますが、世人に公開せられて居る部分にも、地質學部、鑛物學部、古生物學部、生物學部等の區別がありまして、それ〳〵專門科學の標本材料等を陳列して居ります。又伯林には國立地質學研究所、及鑛山專門學校の設けがありまして、それに附屬して地質鑛物に關する博物館の設けがある。又同じく伯林に衛生研究所及大學博物館がありまして、其の中には衛生に關する材料を集め、一般公衆の觀覽に供して居る。斯の如く大學の標本を開放するの類は、獨り伯林に止まらず、各地方に於て行はれて居るのでありまして、ストラスブルヒ等に於ても、生物學、地質學及衛生學等に關する大學の標本類等を、一般公衆に日を定めて開放して居るのであります。

自然科學に關する專門の博物館の中で、最も大仕掛なものは、倫敦のサウス・ケンシングトン・ミユジヤムの一部分をなして居る機械陳列館であります。此の陳列館は、自然科學及美術に關する敎育の委員會に附屬して居るものでありまして、此處には又自然科學の專門學校が設けられて居る。而して其の中の自然科學陳列にありましては、各種の機械並に發明品等を、順序良く陳列して居るのみならず、其の中に或るものは、親しく機械の運轉をしまして、實際の有樣を觀覽者に示して居ります。又中には澤山の鑛業に關する機械類の

交通、殖民及陸海軍に關する博物館

模型等を造り、坑夫の用ひるランプなどの種類をも、いろ〳〵と集めて居り、採鑛冶金に關するもの、或は印刷に關するもの、或は農業に關するもの、其の他各種の機械類を澤山に陳列いたしまして、さうして之を公衆に觀覽を許して居るのでありますず。是等の陳列館を一通り通りますれば、工業界に於ける各種の機械の實物、又は模型を親しく見ることが出來、又其の活動の有樣をも知ることが出來るのであります。此れが如何に多く世人に科學的智識を普及する上に貢獻して居るかは、言はずして明かである。

交通、殖民及陸海軍に關する特別の博物館も、亦處々に設けられて居る。倫敦のサウス・ケンシングトン・ミユジヤムの中には、インデヤ・ミユジヤムと云ふものがありまして、印度の風俗美術等を集めて居ります。併ながら特に殖民博物館といふもの丶設は、倫敦にはなかつたやうに思ふ。然るに伯林にありましては、獨逸殖民博物館の設けがありまして、其の中には獨逸の殖民地及其の附近の民族の生活狀態、人種の特質等を、實物及繪畫等に於て、一目瞭然に示して居るのであります。又伯林には帝國立郵便局に附屬しまして、郵便博物館なるものがある。現今の交通機關に關する各種の事物を、直觀的に一般公衆に示し、又其の沿革を歴史的に知らしむるやうに出來て居る。其の中には獨り獨逸國内に於てのみならず、海外諸國に於ける交通の有様、電話電信等に關する各種の機械を陳列して居るのであります。又伯林には海軍博物館とも名づくべきものがありまして、海軍に關すること、並に一般航海に關することを實物及模型に依つて知らしめ、冬期になりますと云ふと、海軍に關する通俗講演を、此場處に於て開くのであります。私が伯林に居りました際に、此の博物館の開館式があり、獨逸皇帝陛下は自働車に乘つて臨席せられたことを目撃したのであります。

最近に於ける博物館の一つは、社會博物館と云はるゝものである。これは主として勞働者保護の目的の下に立てられ、勞働者の食物居住に關する衞生狀態、又は勞働者の不慮の天災を避くるに必要なる用意等に關する材料を集め、さうして一般工業界に於ける危險を避けしめようと云ふのが目的であります。其の中の摸範的のものと云はれて居るのは、千八百九十五年に公開せられました所の、巴里のジューゼー・ソシャルであります。此の社會博物館は、チャンブラン伯が二百萬フランを費して設立したものであると云ふことであります。此の社會博物館に於ては、獨りいろ〳〵の物品を陳列して居るのみならず、又時々勞働者保護に關する問題を提出いたしまして、諸方に質問書を發し、勞働者竝に社會改良に關する研究をなして居るのであります。亞米利加などにも、社會政策に關する博物館の設けがあると云ふことである。

以上は歐洲に於ける植物園、動物園及博物館の一斑を述べたものである。而して之を我國の狀態に比較いたしますると云ふと、實に其の進歩の著大なるに驚かざるを得ぬのであります、而して彼地に於ける旅行者は、好んで行く先毎に博物館を見巡るのであります。一般社會の人知を開發する上に於て、斯る設備のあると無いとが、如何に關係を有つかは、多辯を須ひすして明かなること〻思ふ。經濟關係に於て殊に困難を感じて居る我國が、今急に是等の設備を全うせむことは、望み難いことであらうと思ふ。併ながら是等の設備の有ると無いとが、一般人知の開發の上に於て、影響することが事實である限り、我國の社會教育は、是等の設備を須つて初めて、歐米の社會教育に追つくことが出來ると云ふことを自覺しなければならない。又斯る設備の出來ざる限り、我國の一般人知が、彼國の如く高まることが出來ぬと云ふことも覺悟しなければならぬと思ふのである。我等は徒らに是等の缺陷を座視すべきものではない。是に對する策は、先づ出來るだけ學校敎育と、一般社會と關係を有たせ、各學校殊に中等以上の學校に備へて居る標本なり機械なりを、適當の機會に於て一般公衆に觀覽を許し、場合に依つては、それに關して講演を開き、而して一日も早く、一般人民の知識を進歩せしめることを努めなければならぬと思ふ、それと同時に學校敎育に關する設備を一層善くしまして標本機械等を多く購入して、これを社會敎育に利用し、中等敎育を受くる人が有つだけの知識なりとも、確實に一般人民に普及せしむるの策を講ずべきであると思ふ。學校は學校、社會敎育は社會敎育と、各々自己の活動範圍を限り高い城壁を設けて孤立するが如きは、今日の場合我國に於て殊に許すべからざることである。特に國家の公設物たる學校を、我が物顏するが如きは、事理を解せざるの甚だしきものである。宜しく心を大にし、擧國一致の精神を事實に示し、各學校各官廳民間の各團體が協力して、以上の缺點を出來るだけ少くし、我國の文化の後れて居る所を、一日も早く補ふことに努むべきである。

大正三年（一九一四）

六　石井柏亭「博物館の設備に就て」

（『太陽』二、三月号〔昭和七年『石井柏亭集 上』より抜粋〕）

今議す可き時事の論壇に途切れたのを幸ひに、博物館に關する私が平生の持論を述べることも無用ではなさゝうに考へる。

博物館乃至美術館の建設整備と云ふやうなことは、これ迄も種々の人々によつて唱へられたには違ひないが、今だにそれが實現されず、また此まゝに放任して置いたのでは何時になつて實現されることだか、前途茫漠として見當さへつかないのである。何を云ふにも貧乏國の悲しさと云ふことに歸してしまへば至極簡單であるが、國威發揚と云ふやうな見地から少し聰明に考へて見ると、これは決してさうさう後廻しにさる可きものではないと思ふ。生計《くらし》をつめて軍艦をこしらへると同時に苦しい思ひをして博物館の設備をすることは日本將來の發展上止むを得ぬことであらうと思はれる。

私の觀察する處によると、勿論日本の貧乏なことが博物館の完全な設備を妨げて居るのでもあるが、一方また國民、特に爲政者の間に博物館完備の必要が充分自覺されて居ない爲めと、熱心な獻身的運動者の出ない爲めでもあると思ふ。

博物館が普通教育上專門家の研究上また一國の誇りの上から如何に必要であるかは誰でも承知して居ることであらうが、

日本が差向きどれ程の種類の博物館を有たなければならぬかに就いて一定の見識を具へて居る人は存外少い様に思はれる。

私の要求する處の博物館は控え目にしても次ぎに列擧する位の數である。

一、國立美術館（東洋美術古代の繪畫と彫刻とを收む）

二、美術工藝、歴史、宗敎、考古學、人種學等の博物館

三、近代美術館（日本近代の繪畫及彫刻）

四、都市の發達沿革を示す可き博物館

五、科學博物館

六、地方的博物館

以上列擧したうちで現在日本にあるのは大凡其第二に該當する處の帝室博物館一種丈である。他の諸博物館はまだ皆我國に出來て居ない處のものである。英國の例を取つて曰へば、上野博物館はブリチッシュ・ミューゼアムとサウス・ケンシントン博物館とを一緒にしてそれを恐ろしく小規模にした樣なものである。けれども其うちから繪畫彫刻を國立美術館に分與し、今本館の四分の一を占むる博物標本を科學博物館に送りつけてしまつて、あれ丈の館を純粹に美術工藝、歴史、宗敎、考古學、人種學等の列品に充てることにすれば可なりなものになることが出來やうと思ふ。帝室博物館には平常陳列せぬ處の藏品が可なりにあると聞くから、其位な場處は多分塞がるのであらうと思ふ。

最も困難であると共に我々にとつて最も大事なのは第一に擧げた國立美術館である。而して日本帝國の飾りとなり、日本國民の誇りとなるものは、先づ此國立美術館でなければならぬ。これは建物も立派に内容も豐富にしなければならぬので、費用のかゝることも大したものであらうと想像される。和蘭でさへ、アムステルダムにあの宏壯なライクス・ミューゼアムを有つて居る。日本でもせめてあの位なものを有たなければ幅が利かない樣な氣がする。歐洲漫遊中日本人に出會つて國立美術館建設の必要を說いたとき其或者は日本に一體大美術館に收むる程の美術品があるかと私に質問した。斯う云ふ人は歐洲美術と比べての東洋美術の眞の價値を知らないので、斯う云ふ人が多いから美術館設立の機もまだ熟さない譯である。

新しく設ける以上此美術館の陳列は學術的に整頓したものであつて欲しい。日本部を主としてそれに支那部と朝鮮部とを加へてよい。陳列はすべて年代別流派別にして繪畫と彫刻とは同室に按排するとも別室に列べるともやり方一つでそれは何れでもよい。ベルリンのカイゼル・フリードリッヒ・ミューゼアムでは繪畫と小彫刻とを巧く配列することによつてよく時代の空氣を出して居た。

此美術館を何處へ立てるかと云ふに、それは矢張美術的中心たる東京に置くのが當然であらう。從つて現在の京都及奈良の博物館列品中から美術史の大系を示す上に缺く可からざる代表的作品を東京に移すことは必要となる。諸所の寺院に散在する佛像なども主《おも》なるものは成る可く此新設美術館へ收容する樣にしたいものである。寺院の本堂に安置された本尊四天王の類を動かすことは其廢寺でない限り愼む可きことであるが、本尊ならざる同居佛居候佛の類を採光のいゝ博物館に移住させるのは少しも憚りのないことであらう。例へば奈良三月堂に重複した梵天帝釋（日光佛月光佛と俗稱されて居るが）や法隆寺金堂内の百濟觀音の類は外へ持つて行つても決して建築其物から裝飾を剝ぎ取る意味にはなるまいと思ふ。推古朝から平安朝鎌倉時代に至る代表的彫刻が斯樣にしてずらりと並んだ感じはどうであらう。想像して見る丈でもそれは堂々として立派なものである。

繪畫の陳列に至つては彫刻よりも一層の難事である。舊風に未練のある人達から抗議を受けることは覺悟の前であるが、私は一大英斷を以て掛軸のすべてを額面風に仕立替へて硝子をかけることを主張する。それでなくば到底常置的に系統的に陳列することは不可能である。今表慶館でするやうに掛軸を卷いたりかへしたりして屢ゝ陳列替へすることは繪畫其物の保存にも惡いし、また研究者にとつても甚不便である。硝子入額面仕立で永遠に曝す時は日本畫の弱い顏料は忽ち變色を免れないと云ふ人もある。けれどもそれはカイロー博物館の卷物や、近いものではロンドンの畫堂に於けるターナーの諸作に被らさるゝやうな幕の被ひだにあらば、充分に避けらる可き筈である。卽ち最も變色の恐れある華麗な著彩に於ける貴重な畫の上には平時幕を垂れて置き、篤志の研究者が其幕をはねて畫を觀るやうな裝置にすればよいのである。

繪卷物の類も矢張埃及の卷物同樣長く引延ばして額面仕立てにす可きである。陳列品が少い處ではない、繪卷類だけでも随分廣い壁面を塞ぐことにならう。版畫及畫稿の小品は兩面硝子の額へ入れて廻轉的裝置にすれば場所を取らずに澤山のものを陳列することが出來る。版畫などは數も多いことだから到底すべてを陳列し切る譯には行くまい。陳列外のものは帙入にしてウインのアルベルチーナのやうに別室で篤志者に見せるやうにすればよい。

斯くして若し私の理想に近い國立美術館が成立つた曉には我々日本人は大威張りでそれを外國へ吹聽することが出來る。東洋美術を本當に知らうとするにはどうしても日本へ渡つて國立美術館を見舞はねばならぬと云ふことが世界の評判となれば、日本へ渡る歐米人の數が增加するのは眼に見えたことである。而して其結果は貧乏な日本の經濟事情を良くすることにもなる筈である。金を掛けて國立美術館を建てることは決して空しき費えではなく、永き將來に於て日本の利益とならねばならぬ。

博物館の建設と同時に行はれなければならぬことは完備したる目錄の調製である。今日の表慶館のやうに狹い處で陳列替へばかりして居たのでは、何時になつても目錄調製の機は來る筈がない。私の曰ふやうに額面仕立てにしてすべての畫が歷史的系統的に列べられた時目錄の用もあり、また目錄も出來易いのである。目錄には各作者の小傳と作品の解說とが記されて、落款印譜の類が挿まれゝばなほ便利であらう。さうして勿論それは別に英譯位出來て居なくては外國旅客に對して親切を缺くことになる。奈良京都の博物館には假令充分でないにしても目錄は出來て居る。それにも拘はらず最も古い上野の博物館が今以て目錄を刊行しないのは不行屆千萬のことで、恥辱の至りでもあり、また研究者にとつて非常の不便である。

第四に舉げた都市の發達沿革を示す可き博物館と云ふのはどう云ふものを指すのであるか。それは例へば巴里のカルナヴレー博物館の如きものである。ウインの市廳の樓上にあるウイン市の歷史的博物館、ロンドンのギルド・ホール博物館の如きも皆此類に屬する。巴里やウインのに比べてロンドンのは其規模甚狹小である。それは主としてたゞロンドンに於て發見されたる羅馬、サキソン、及び中世頃の遺品の蒐集と云ふことに留まつて、ロンドン市の沿革發達を示す可き材料に富んで居ない。

然るに巴里のカルナヴレーあたりになると、巴里市古代の遺品もあるが、それよりも市其物の沿革を表はす可き資料に豐かである。巴里市古來の地圖の種々から市中の小部分建造物等の古圖もあるし、また市區改正の爲めに取壞たれて今は無くなつた場所の記念的寫生畫の類が夥しく集められて居る。佛國革命に關するもの、奈翁帝政時代の記念品、千八百七十、七十一兩年に渉る巴里包圍の記念品と云ふやうな風に區分されて陳列されて居る。

私は日本も是非此種の博物館を有たねばならぬと思ふ。先づ東京府市でさう云ふものを計畫することは極めて至當であらうと思はれる。眞の勸業と云ふ意味にも適はぬやうな下劣な勸業展覽會などに出費するの愚を止めて府市は斯う云ふ實のある事業を計畫した方が遙に增しである。此博物館は專門歷史家の參考として役立つばかりでなく、一般普通教育上非常に有效なものである筈だから、所謂教育家の側からも此儀は起つて然る可きものである。

巴里や倫敦と違つて東京には羅馬の遺品と云つたやうな古物は無い。有つた處で貝塚土器とか云ふもの位に留まるであらう。それで東京のカルナヴレーの重なる興味は太田道灌の江戸城創始から德川三百年の治世に關したものとなる。

塚が埋められたり見附の桝形が取壞たれたりして江戸城の外郭は今殆ど舊形を失はんとして居る。市區改正の都合上交通の便利上さう云ふものを壞して了ふことに必ずしも不服を唱へる譯ではないが、せめては其舊形を模型かなどにして遺して置きたいものであるに、さう云ふことは果して行はれて居るであらうか。今の東京のやうに變化の激甚な土地に於てはさう云ふ用意は特に大切である。日本橋の魚河岸もつひ此間迄故のまゝであつたのが橋の架け替はると共に全く違つたものになつてしまつた。上野公園の如きも隨分變遷を經て居る。黑門が山の入口にあつて中堂が燒けなかつた前の東叡山の模樣なども若し今模型に作られて一目瞭然たることを得れば幸である。さう云ふ地理的方面をはじめとして、幕府の法令に關するものも集められねばならず、市民の風俗に關した材料も蒐められなければならぬ。また市の生んだ主なる人物の史料も寄せられてよい。幕末の政變から上野の戰爭に關しても可なりの材料は集まるであらう。

此博物館は例へば大槻如電氏とか戸川殘花氏とか、物知りの故老の居る間に創めた方が便宜があるので、あまり遲くならない方がよい。建物さへあつたら陳列品はそれ程金を費さずに集め得るものゝやうに思ふ。若し都合がつくなら最初は東京府廳と云ふやうな處の幾室を以て之れに充てゝもよいのであるが、それは多分出來ない相談であらう。

第三の近代美術館と云ふのは、私の考へでは倫敦のテート・ギャレリー、巴里のリュクサンブール畫堂、ベルリンのナショナル・ギャレリーと云ふやうなものを指して居るのである。どの時代からのものを近代美術館に容る可きかは一つの疑問であるが、私は先づ幕末から現代に及ぶ期間のものを集めてよからうと考へる。泰西繪畫が日本に輸入された系統を司馬江漢亞歐堂高橋由一と云ふ様な順序で示すと同時に近代の日本畫の諸家を網羅することは素よりである。

文展創められて以來文部省で年々幾つかの優作を買上げることになつて居るが其等は空しく文部省内に置かれたり、また假に各學校に分置されたりして居る。段々其數も殖えるに從つて是等の作品を常置的に陳列す可き美術館は極めて必要となる。さう云ふ館があつて其處に各家の代表作が纏められゝば比較研究上に少からぬ便宜が出來る譯である。

これが若し歐洲諸國であるとすれば、歿後幾年を經過した淺井忠の諸作の如きは既にさう云ふ美術館の一室を占めて居なければならぬ。死んだ人ばかりとは限らぬ。既に定評ある河村清雄氏黒田清輝氏等の諸作も相當に優待されて其處の壁面を塞がねばならぬ。雅邦室芳崖室と云ふ様なものも出來て居可き筈である。それが今だに無いのは、まことに遺憾である。

これは無論大體に於て內國的なる可きものであるが、附屬として外國部が加はるのも差支あるまい。殊に日本の洋風畫發達に關係のあつたワーグマン、フオンタネージ等の諸作を始めとしてラフアエル・コラン、チヤン・ポール・ローランス等のものが列ぶのは面白いであらう。其他外人の作品を所有するものは成る可く割愛して、それを公共の美術館に捧げ（寄附せずとも預けて置けばいゝのである）るやうに勧めたい。遠く離れて西洋畫を窺ふことの出來ぬ日本の畫家にとつてそれがどんなに役に立つかは多言を待たずして明かである。

第五の科學の博物館の完備したものは英吉利や獨逸などにある。其等を參酌してやつて貰ひたいと思ふが、これは私の専門外のものであるから其道の人達の詮議に委ねる。

第六に擧げたのは地方的博物館である。歐洲の小市を歩いて見ると其等が皆小さいなりに各自の博物館を有つて、美術品其他土地の沿革變遷を物語る資料を集めて居る。日本でも隨所にさう云ふものがあつて欲しい。大阪の如きあれ程の大都でありながら單なる骨董品の交替的陳列所に過ぎぬ一博物場を有するのみであるはまことに心細き次第である。京都奈良の二博物館は現在のまゝの建築でもよいが、たゞ今一層土地に因縁の深いものにした方がよいと思ふ。染織陶磁の土地として京都の博物館には其等土產の美術工藝品がもつと列んで然る可きである。

今迄擧げ來つたもの丶外になほ武器の博物館があつてよいが、これは九段の遊就館で間に合ふ筈である。それから今一つ追加したいのは皇室の博物館と云ふやうなもので、命名はどうなつてもよい。私は今爲渡伯林のホーヘンツオルレン博物館を想ひ浮べて斯う曰ふのである。

日本の事情としてさう云ふものが出來得るかどうか分らないが、歴代天皇の御肖像御宸筆御服飾御調度其他記念となるもの丶一切御事蹟を說明するに足るもの丶一切を包含してそれを庶民に觀せしめるやうにしたいのである。明治記念博覽會と云ふやうな雜沓の場處にさへ明治天皇の御所持品の下賜されたものが所藏者によつて貸出されて居た位であるから、若しさう云ふ立派な館が出來るとなれば、其等所藏者は其材料を提供するに吝であるまいと考へる。これは皇室と臣民とを親密ならしむる役にこそ立て、決して皇室の威嚴を損する等の憂なきものと信ずる。

今一つ附加へたきは彼正倉院御物に關する問題である。宮内省の管内にあるものは兎角手をつけにくいことであらうが、正倉院御物の如きも暗い校倉内に置いて極めて稀れなる機會に極めて少數者に拜觀を許すことを何時までも繼續す可きものではあるまい。校倉は校倉として保存すると共に、別に不燃質の材料を用ゐたる一部館を起して、適當なる裝置と採光とのもとに是等の實物を置くやうにしたいものである。古錦裂の如き現に蟲干の度毎に其幾分は粉末となつて散逸するとか聞いて居る、是等は速かに硝子に貼附するやうにしなければならぬ。さうして大事の實物である以上濫りに觀覽せしめないことは尤であるが、或證明書かなどを所持する特殊の專門的研究者に今少し便宜を與へらる丶位のことはあつて然る可きものと思ふのである。（大正三年二、三月「太陽」）

大正三年（一九一四）

七　黒板勝美『日光寶物陳列館に就いて』

本日は寶物陳列館の起工式に御招待を受け之に參列するを得ましたのは光榮と存ずるところであります、さて此の寶物陳列館の建立の計畫に就ては、昨年七月に荻野仲三郎君と當地にまゐりました節から御相談に與かるやうなことになりまして、それ以來其建築設計の任に當つて居られまする大江技師の御相談相手となり、幾度か熟議を遂けました結果それ〴〵設計が出來まして、今日の起工式を行ふ迄に至りました次第でありますので、豫て阿知和宮司から、此寶物館に就き、本日御來會の方々に一場の御話しを致すやうにとの事でありましたし、其大體の事を御話し致して措くことは、またこの起工式をして意義あらしむることゝ考へ、簡單に述ぶることにいたします

今日迄日本の諸所に、寶物館又は博物館と申しますものは可なりありますが、それは果して如何なる現狀でありましやうか、私は我が國の博物館と云ふ物が、果して博物館として實効を得て居るかどうかと疑問を有して居るのであります、彼の上野公園内の帝室博物館を初め、伊勢の徴古館にしましても、また諸方の神社附屬の寶物館を見ますのに、何れも骨董屋的と申しても差支ないやうな感が致しまして、どうも私の意を得たものはありませぬ、一體それはどういふ譯かと申しますと、それは第一建物と内部の陳列品との調和を缺いて居る爲と思ひます、即ち今迄の此種の建物は、唯技師が任意に設計をして、内部の陳列擔任者と沒交渉

なりしが爲であります、元來博物館と申すものは如何なるものでありますか、歐羅巴の博物館を見まして私の感じましたところでは、或る品物を見せるには、外部の建築を見て、或は其館に入る刹那に於て大體の感じを得させるやうでなければいけない、又陳列の品物に中心即ち纒りがなければいけない、申さば風景の如きものであります、唯散漫たる風景では畫になりません、また美しいとか壯大とかいふ感じを與へられません、矢張それに中心がなければ、良い風景とは申すことは出來ぬと同樣、兎に角博物館なるものには、中心が必要なのでありますが、其中心を初めから見るだけではならぬ、次第に其中心に至らしめ、段々に感に打たれ高潮に達せしめてその中のものであるかのやうに同化せしめられて後、其館を出るやうにさせなければいけない、そして此等の陳列品殊にその中心となつて居るものと建物とが調和しなければ、前に申しましたやうな譯にはまゐりませぬ、是には先づ其陳列品を十分研究しまして、その陳列の方法を定め、然る後建物の設計に移らねばなりませぬ、普通の住宅でも中に住む人々の生活狀態でその家屋の設計が異なるのと同樣であります

本日起工式を擧げられました寶物館は、實に此方針で設計を致すことになつたので、いはゞ我國では最初の試みであります、それで其設計に就きましては、大江學士の苦心は並大抵ではありませんでした、即ちその樣式から出來るだけ内部の陳列品と調和せしむるやうにせねばならぬと同時に費用豫算の制限をも考に加へて、非常な苦心の結果であります

こんな次第でありますから、實は既に内部の陳列品の大體の目録も出來致して居りますし、また建物が出

來上りさへすれば、何時でも陳列が出來るやうにそれ〴〵準備が進行されて居るのであります、されば本日の起工式は、たゞ單に建築そのものゝ起工式と申すべきでなく、或は既に寶物陳列館が半ば出來した御祝といつてもよいので、博物館建築に於てこゝに我が國に新起原を開いたと申しても宜いのであります、第一建築としては、大江技師の苦心の結果、東照宮を初め日光に於ける他の建築物と良く調和をさせる事が出來、其建築の外部から見たばかりで、こゝには日光山關係品、三百年時代のものが主として陳列されて居るのであると云ふ事が直覺さるゝやうになつて居る、從つて日光山の寶物に就ての感じが寶物を見る前に既に起り、深く印象を與ふべきは今日より豫言して置きます

次に寶物館なるものは、たゞ陳列して人々に觀せるばかりでなく、保存の點を考へて置くことが必要であります、この點も大江技師の苦心の存したところで濕氣その他十分注意がしてありますのみならず、建築物の防火設備など出來るだけ意を用ゐてあります、又前に申しました通り陳列品に就いて、館に入る刹那印象を強めさせる必要があるのでありますから、此の寶物館に於ても、此の點に充分注意を致してあります、例せば第一館の方に入る前に、先づ入口の部屋に東照宮の神輿を置きまして、それから神祭の行列を示し、これに依て此館の一方に主なる部分を東照宮關係のものが占めて居る事を不知々々自然に誰も感得し得らるゝやうにし、併せて敬神の念を起さしめる事に勉めてあります、そしてこの日光山の御祭禮神事行列關係品を陳列してありますのは、一年に一回か二回の參詣者に其祭典の有樣を知らしむるには必ずなければならぬ陳列で、東照宮に參詣して、その祭禮の有樣を知りたいのは誰しも同樣の事でありますから、先づこの行列の廊

下からして、いよ〳〵第一館に入り舞樂關係のもの即ち大太鼓大鉦鼓のやうな樂器類と舞樂の實演せらるゝところを示される筈であります、今日では日光に舞樂が殆んど絶えましたけれども、もとは關東の随一で、德川氏が威力を以て作りました立派な樂器裝束類は今日尚多數に、東照宮及輪王寺に遺つて居ります、依つてこれを陳列して過去に於ける日光舞樂の盛んであつた事を示す爲であります

又此舞樂の室から進んで東照宮の男女兩神體の裝束を陳列し、かくて次第に東照宮の御神體に近かよるやうな感じになし、いよ〳〵其の東照宮の御本陣と云ふ室となります、中央を神殿風に作り、又神前に於て如何なる方法で祭を致すかを示す爲に神饌具を陳列し、又其左右には寶物類を陳列致すことに致しました、そして神殿の前には東照宮御在世品を陳列して、神としての東照宮のみならず、また人としての東照宮が如何に大きな人物であつたか、如何なる事功をなされたかを示すことにし、次の部屋には、東照公の餘威を示す爲に行はれました、强飯に關する品物を陳列致し、其隣に當山の一名物に數へられて居る延年舞の關係品を陳列致すことにしてあります、これが第一號館に主として東照宮に關するものを陳列致す概略であります

第二號館階下には、三代大猷廟家光公に關するもの又その時代の文物を觀るに足るべきものを陳列致すことになつて居ます、次に德川氏歷代の關係品を陳列して、其子孫の方々が日光東照宮と如何なる關係を有して居つたかを知らしむるに勉めました、又同時に德川氏ばかりでなく、同時代の工藝品をも陳列して當代の文化を連想させる方針を取りました、それにはその室々の設備もすべて江戸時代の座數の樣式を取つてあります、これ等の品物は今日その大部分が輪王寺に傳はつて居るのでありますから、これから引き續いて佛敎關係品

の室となります、即ち第一號館の奥の室が神殿となつて居るのに對して、第二號館階下の奥の室は、維摩居士像を須彌壇上に安置してその周圍に、勝道上人天海僧正關係品をはじめ、佛教關係品を陳列致す考であります、尤も此等の中には二荒山神社の寶物も多少交つて居ますが、一寸こゝに申して置きたいのは、同社は東照宮や輪王寺に比較致しますと寶物の分量に於て劣つて居ます、それには理由があることで、輪王寺はもと二荒山神社の神宮寺ともいふべきお寺の主なるものゝ場所に出來たので、二荒山神社と關係深き勝道上人以來のものが多くこの輪王寺の寶物中に發見されます、また東照宮と輪王寺と關係の深かつたこともこゝに申す必要がありません、故に寶物の上に東照宮輪王寺二荒山神社と劃然區別する必要がないのみならず、この二社一寺が一處になつて居るところに日光の價値があり、またこの寶物陳列館の價値があります、たゞ二荒山神社の方で特に別室を要するものは神輿でありまして、歷史上から申しても工藝史の上からいつても大切なものでおります

それから階上には二社一寺の國寶及宸翰類及び現今慈眼堂に陳列されてある、北白川宮の御遺物を、宮家の御許可を得て陳列したいと思つて居ります

兎に角此寶物館は、館それ自身が日光の主なるものを集めて日光の歷史を知る事の出來るやうにしたい、國民教育上からしても、神社佛閣に對する尊敬の感を深く起させるやうにしなければいけない、これが國民の信仰心を增す所以で、又國民の精神を强固にする所以であると思ふ、從つて尙此寶物館即ち寶物陳列館に對して何かよい名前を考へて戴きたい、祖先の信仰が寶物にかはつて居る事を示す意義ある名前、それを私は

是非附けたいと思ひます、唯今別に名案もありませんが、試に申さうなら日光靈寶殿などとしてはどうであ
りましやうか御考へを伺ひたいのであります

最後に一寸附け加へたい事は阿知和宮司の御話に、此寶物館を建てる計畫を立てるに就いて、或方面に相談をしたところ、日光には左様に多額の費用を投じて迄、寶物館を建てるほど、果して價値ある寶物があるかと尋ねられたことがあるが、何と返答したらよいかとの質問がありました、成程日光にまゐる人は、其建築と山水とを見る人はあります、はじめから寶物を見やうと思つて日光に遊ぶ人は殆んどないといつても差支ありますまい、私自身も日光には寶物が多少あるにしても、それは江戸時代に於ける普通の工藝品に過ぎぬだらうと思つて居りました、然るに昨年の七月及年末に荻野氏とまゐつて調べて見ると、其の從來の考の全く誤つて居つた事を感じました

凡て物の價値を考へて見ますと、その物の價値は研究の如何に依て價値を増減するものであります、普通のものでも、研究の方法によつては非常な價値が出る、連城の壁も卞和が出て非常に尊ばるゝことゝなつたので、よく調査もせず、たゞその年代の新しいがためにツマラない、古いから良いと考へる人があるなら、學術上に物の價値を知らぬといつてよい、新しくても非常によいものがあり、古くても多少その同種のものが少く遺つて居るために、非常に價値あるものと考ふるのは間違つて居る、加之工藝などの方面からいつても、却つて近き時代のものが現今と密接の關係を有して居るのである

先づ東照宮には、裝束類及祭具の類を多く保存されて居る、これは皆德川將軍の威力に依つて當時代はじめて出來たもので、又其威力に依つて今日迄保存されて來たので、江戶時代の最善《ベスト》を盡した製作品であります、即ち江戶時代工藝品の代表といつて差支ありません、殊に其分量の多いので有難いものであります、若し東照宮の建築其物が大切なれば又此の裝束類も大切に保存する必要があることはこゝに申すまでもありません、建築を保護建造物とするなれば、此裝束類も國寶として保存する必要がある、兎に角金錢的の價値上ばかりでなく、これ等の品物は、充分に保存しなければいけない、而して、其保存には東照宮ばかりでなく、日光町の人も又これを保存するの義務があると考へます

德川時代のものがかくの如く保存する必要が多いばかりでなく、私は德川氏以前のもので又保存すべきものが多いのに驚いたのであります、勿論其品物は美術上の眼から申せば奈良京都のものに劣るかも知れませんが、歷史上から云へば優るとも劣ることはない、近く國寶に編入されるだらうと思はれる、瀧尾神社の緣起は、緣起中の最古のもので、書風と云ひ出來工合と云ひ殆ど他に見ることが出來ないものであります、又後醍醐天皇の延元元年に出來た佛具があります、其銘文は

奉施入干
日光山中禪寺
妙見大菩薩
御寶前御器
一具十枚

年延元丙子
六月晦日
世
當今皇帝
還城再位預
用以
後醍醐院自
號焉
常上人大現
大工彥三郎入道
施主比丘道賢
爲傳於不朽
自筆耳

とありまして、後醍醐帝御再位ありし後、院と申された由が見える、然るに御在世中に院號を用ゐられたとの記錄はない、故に此佛具は歷史上から見て新らしき注意を與ふべき材料であります、又二荒山の神輿には

野州小山天□□寶寺　　願主佛藏坊能応

康應元己巳八月日

又　銀細工彼家彥四郎行光

又　銅細工比氣彥左衞門尉行久

沙彌正通　沙彌乘運

などの銘がありまして、單に其の作られた年月が分るばかりでなく、當時の銀細工、銅細工の工人の名前が見えまして、當時の工藝の有様が分る誠に面白いものであります、又二荒山新宮の社前にある所謂化燈籠には

奉冶鑄

新宮御寶前　御燈籠一基

右志者爲二世悉地成就圓滿也

利益普及群類矣

正應五年壬辰三月一日

願主鹿沼權三郎入道教阿

清原氏女敬白

大工常陸國三村三郎六郎守季

と云ふ銘文がありまして、一體鎌倉時代の燈籠は少ないのに、其の寄附者は此の附近の豪族である事及び其の燈籠は常陸で作つて持つて來た事が分る、又宇都宮氏と日光山との關係を示すものに、今輪王寺の寶物に

なつて居ります、宗版の觀自在菩薩坦嚩唎隨心陀羅尼經の奥書に

奉渡唐本一切經內

建長七年二卯十一月九日於鹿島社遂供養

常州笠間

前長門守從五位上行藤原朝臣時朝

とあるものがあります、又殆んど人の顧ないものとなつて居りますものに、瀧尾の多寶塔があります、此の塔には

奉新造

瀧尾山　　　文明二天

鐵　塔　　　庚寅三月十五日

光明院　　　大工宇都

法印昌宣　　宮仕人

願主　　　　大和太郎

文日坊宗弘

とありまして、中々精巧の作であります、法印昌宣は、當山三十五世の座主にして、延德四年八月十三日入滅と日光山志に見えます、尙昌宣の名前は、今板挽町の淨光寺にあります、長祿三年の鐘銘にも惣政所西本

坊昌宣の名が見えて居ります、又輪王寺の什物の寶德の銘ある、錫杖にも、其木柄に奉納西本坊昌宣行者康正元年正月日とありまして、又昌宣の名前が見えて居ります、それから塔の鑄工大和太郎は常陸淸音寺所藏であつた、長祿二年在銘の經筒にも、大工下野國宇都宮住人大和太郎の名前が見えて居りますから同一人かと思はれます、但此經筒は博物館にある拓本で見たのでありますから今尙其經筒は同寺にあるかどうかは不明であります、又常陸鹿島の神宮寺の多寶塔の銘文中にも、大和太郎景重の名前が見えて居る由新編常陸國誌卷十三に見えて居りますが、此の大和太郎は前記の大和太郎と同一人であるかどうか、かく其關係を調べて來ると中々面白いのであります、此の瀧尾の鐵塔は今度の寶物館中に陳列する計畫であります、其他家康公時代の貴重品が東照宮及輪王寺に保存されてあります、輪王寺にあります、和蘭陀國から送られました、玉石を嵌入してある箱は、伊太利亞復興美術を見る立派なものであります、又支那との關係を見るに參考すべきものには、詔勅を書く爲に作られてある織物の一部分が二荒山神社にあります、其の裏面に

永祿九年丙子五月七日

奉納本宮御寶前施主

糟尾神山十郎兵衞敬白

とありまして、糟尾は當國上都賀郡にある村名であります、これはどうして神山氏が入手したのでありましやうか、或は倭寇などの持つてまゐつたのではありますまいか、其他東照宮にある天球儀、時計の如きは何れも海外歐洲との交通關係を示す必要なものであります

要するに當山の寶物は各種方面から見れば其方面々々に又種々の參考事項がある、私は只今は主として歴史の方面から見た結果を申したので、美術の方面の價値は彼の探幽が一世の作たる東照宮縁起をはじめ他に觀るべからざる逸品がありまして、既に國寶の指定を受けて居る分もあり、又これから指定されるだらうと思はれるものもいろ〳〵あります、事は餘り時間が長くなりますから、本日はこれだけに致して置きますが、寶物館を建てるには十分の理由があることを明言するに、私は憚るものでありません、たゞこの寶物館を利用活用して社會を益する事は其の任に當る人及日光及びその附近に居らるゝ人々の任務であり責任であると思ひます、これで御免を蒙ります

（大正三年三月二十一日日光寶物陳列館起工式式場に於ける演說筆記）

大正四年（一九一五）

八　N・S・生「話の種（十四）：東京自然博物館設立の意見」

（『動物學雜誌』第二七卷三二五號）

●話の種　十四 ——

東京自然博物館設立の意見

○近頃　亞米利加のスタージといふ博士が　御大典の御祝品獻納の爲、

日本に來ての話に、東京の市役所の建物などはもう少し體裁を整へたものにして貰いたい。外國人の目から見ては、日本に對する印象を損じて、間接に日本の不利益となる事を恐れるといつたと新聞に出て居る。併し乍ら、それは何も市役所の建物に限つた事ではない。財政に餘裕のないせいからでもあらうが、公共の教育機關に金をかけぬ事に於て、東京市は、文明國の何れの都會にもひけを取らない。

○といふ根據は、其美術館・博物館・動物園・植物園・水族館等に、未だ僅ばかりの補給の計畫すらも發表して居ないのに基くのである。然らば東京の其等公共教育機關は、所謂『日本に對する印象』なるものを强める程度に完備して居る爲なのであるかといふと、仲々そんな所ではない。其唯一の動物園の、帝室の保護の下にあり乍ら、絶えず外人の『印象』なるものを損ずる奇觀を示しつゝあると同時に、其唯一の水族館は、花屋敷の動物園同樣、如何にしても見世物以上に出でゝは居ない。但し其唯一の植物園丈は吾人の商賣以外のものとして、批評の限りではないとするも、若夫れ、是も其唯一の博物館に至つては、吾人をして長嘆息せしむるものが甚少くない。

即ち第一は其建築であるが、そんな事は門外漢たる自分等の、評論を敢てするを避くべき事として、深入りするを差控へるとしても、其經營法の陳套無意義なるに至つては、吾人は其スタージ博士の所謂『間接』に日本の不利益になるばかりでなく、實は、直接に、日本の甚しき不利益を釀しつゝある事と確信するの故を以て、遂に默視する譯には行かぬ。就中、其天産部なるものを侮蔑・虐待して居る事に至つては、其、『帝室』の名を冠らして居る丈に、簡單に苦笑する位の事では濟まされぬ事柄たるを斷言し得る。是などは、元來、土俗部と共に、『自然』博物館として、美術部・歴史部などから獨立せしめるか、然らざるも、後者よりも寧ろ優待する事、外邦の博物館に於る如くであらねばならぬのである。

○といつて吾々は、一足飛びに、歐米の、第一流の博物館の眞似をせよといふのではない。單に財政上の立場からいつても、その不可能なのは、初めからわかり切つて居る。

○即ち、巴里の『植物園』博物館の建築費、動物標本館丈が、器具代共二百八十萬圓、比較解剖並に化石標本館丈が器具代共百二十五萬圓、倫敦の大英博物館所屬自然博物館、建築實費四百萬圓(器具代は別であるが、戸棚一つに五百圓位かけて居るのもあるといふから、全體では餘程のものであらう。)、華盛頓の國民博物館博物部用新館、計畫の二分の一が竣工した丈で建築實費三百萬圓 紐育の米國自然博物館計畫の四分の一が竣工した丈で、建築費器具代合算大約八百萬圓。だから、自然部丈の博物館を造るとしても、それを第一流たらしむるには、其容れ物丈に、少くも五六百萬圓はかゝる計算になつて居るのである。まして其中味を充實し、更に維持して行く爲には、それ以上、莫大な金額を要する事は申す迄もない。

○即ち其經費として每年の所要額、巴里のは動・植物園の分も合して四十萬圓に過ぎぬさうであるが、倫敦のは五十萬圓、華盛頓のは八十萬圓(但し此內には美術部並に歴史部の費用も含まれて居るが、其代りに、別に多額の探檢費用は含まれて居ない。)、紐育のは平均百萬圓だから、自然博物館として第一流たるには、擴張費以外に、先づ年々百萬近の金を費す必要がある事と思はればならぬ。

○右の、同じく第一流で、且つ自然部丈の博物館であり乍ら、倫敦のと紐育のとの間に、年五十萬圓の經費の差がある原因の一つは、仕組の相違によるのである。即ち倫敦のは、動・植・鑛・地質の四部に分れて居る丈であるが、紐育のは、次の十二部に分れて居るばかりでなく、普通教育の爲に大分餘分の金を投じて居るのである。

○(一)地質及無脊椎化石部、(二)鑛物部、(三)山林部、(四)無脊椎動物部、(五魚及爬虫部、(六)哺乳及鳥類部、(七)有脊椎化石部、(八)人類部、(九解剖及生理部、(十)衞生部(十一)教育部、(十二)圖書部。

○右の內、衞生部といふのは、斯學の研究も其目的の一つとして居るものではあるが、主として公衆に衞生思想の普及を計る所のもので、例へば各種の精密な模型を用いて、昆蟲と傳染病との關係を示したり、七百種近くの細菌を培養して、研究並に觀覽の材料に供したり、又學校に、無料で、細菌實習の材料を供給したりする分科なのである。それから教育部といふのは、博物學の普及を計るのを目的として居る所で、博物館內に通俗講演會を開いたり、學校に係員を出張せしめて講演をやらしたり、團體見物人の爲に講演をやつて見れたり、盲人の爲めに特別な模型を具へ、特別講演を開いたり、小學校に博物標本や幻燈種板の無料貸出をやつたりして居る部なのである。

○つまりは　上記兩部は、圖書部で出版する色々の通俗的な學藝書と共に、專ら、普通教育の任に當つて居る譯なのであるが、併し乍ら、其他の各部と雖、其庶民教育機關を以て任じて居るに於て、一歩も讓るものではない。即ち一面に於ては、標本の蒐集に研究に、而して外來の研究者の便宜を計るに於て、學術の進歩を圖る事を忘れないと同時に、他面に於ては、其陳列に、有意義な系統的の方針を立て、而も確實な學術上の基礎の上に、或は模型を活用し、或は說明に背景に趣味と實益とを加へて、博物學には全くの素人でも、多大の興味を以て其等標本を通覽すると同時に、容易に博物學の智識を得る事が出來るやうにして居るのである。其等の總ての點に於て、日本の博物館は、竟に、學術研究所として無意義なばかりでなく、又陳列所としても無系統なる骨董供覽所に過ぎぬ譏を免れない。勿論それは、其、所謂天產部に就てのみいふのではない。

○是に於てか、純粹なる學術研究上の理由からばかりでなくも、東京に於て、其種の有意義な自然博物館建設の必要が起つて來る。勿論、美術・工藝・歷史博物館も、現在のもの〻樣に、蕪雜な陳列を試み、有名無實の說明を加へて滿足して居る樣では、同じく、もつと科學的な經營者の監督の下に立つ博物館開設の必要を唱へられる事になるであらうが、此方は、材料蒐集の關係があるから、新規の設立はかへつて不利益でもあらうが、併し、『自然』博物館の方は　必ずしも、現在の博物館を核子とする方針を固執する必要がない。且つ初めの規模は小さくも差支がない。

○然らば日本の富力から、打算して、又其體面を傷けぬ程度に於て、自然博物館を建てる事にしたならば、どれ位の金をかければよいかといふと、先づ最初の建築並に設備費に、大約五十萬圓である。

○といつても、西洋を覗いた事もない吾々が、空論を吐く樣にも聞えやうが、右は、最も經濟的に、且科學的に建築せられたといはれて居る白耳義の自然博物館を標準としての見當である。（同國を最近に見廻つた人に、八田博士があるから、同博士に伺つたなら、それに關する委細の事がわからう）。

○併し右の五十萬圓には、標本代が這入つて居ない。右も萬事に大袈裟な紐育の博物館の如く、一九〇三年現在標本見積、五百六十萬圓（して見れば、本年頃は八―九百萬圓位になつて居る譯である。）と誇稱して居る樣なのがあつて、其半分を集めるとしても、餘程の金額を要する譯ではあるが、これも、一時に使つては、却つて集めた標本の整理に骨が折れるばかりである。それよりも、漸進の方法を採る事とし、費用も年々に割當てれば、幾何もかゝるものではない。現に、上記紐育の五百六十萬圓の標品も、一八六九年から三十四年間もかけて集めたもので、一年に割當てると、平均十六萬四千圓分しか集めて居る譯ではない。併しそれは、勿論、維持其他の經費を合算して居ないのであるから、それを以て、年々の所要費用を計算する基礎とする譯には行かぬとしても、上記白耳義の博物館は、年額六―七萬圓位の經費でやつて居るさうである。されど是亦、前々から集めた標品が山積して居るのであるから、新規開設の場合の標準にはならぬとして、假に其倍額をかける事にしても約十二―三萬圓に過ぎぬ。

○併し乍ら一口に十二―三萬ではあるが、官立として、それ丈の金があれば、專門學校を一つ經營して行けるといふ議論になる。それで結局、該博物館、東京市營若くは財團法人經營論を提出せねばならぬ事になるのである。其一例として紐育自然博物館を引合に出す。

○即ち是は、其創設以來、全然、紐育市、並に、主として其市民によつて組織されて居る財團によつて擴張維持して居る所のものであつて、最近の報告によると、過去十二年間丈の經常費臨時費合計千四百萬圓、其内市補給六百四十萬圓、財團負擔七百六十萬圓、但し右の內には臨時費が含まれて居るので、市支出丈の中、更に正味の經常費丈を計算すると、四百二十萬圓にしかなつて居ない。之を一年に割當てると、年三十五萬圓。而して此割合にすると、紐育の恰度半分丈の人口を有する東京市は、正に一自然博物館の經常費丈に、年々十七萬五千圓を投ずべき筈なのである。勿論市支出臨時費はそれ以外で、是も、紐育市が、現在の該博物館建築起工の一八七四年から、昨年末迄に補給した總計から割出して見ると、東京市の負擔、毎年平均十萬圓でなければならぬ。

○特に注意せねばならぬ事は、紐育市は、右の自然博物館以外にも、同種の公共事業に、多額の費用を投じて居る事である。卽ち一九一〇年の調査によるに、圖書館費を除いて、博物館四、動物園二、植物園一、水族館一、の維持費として支出して居る金額、市民一人當り一七仙だといふ事である。卽ち右の割合から計算すると。東京市は、圖書館を除く其等公共事業維持費として、元來ならば、年々六十八萬圓を支出すべき筈になるのである。而も、それでも、金を贅澤に使つたはいはれぬ。

○といふ譯は、右の割合に、紐育市の上記の諸機關に投じて居る金額は、圖書館費と共に合算して、之を市民一人當りに割當てゝ見ると。米國都市中低位に在るに過ぎぬといふからである。されば紐育の『自然博物館年報』記者は、『世界の何れの都市にても、公共の教育機關に費用を投ずる事右の如く少く、而して市民一人當りの負擔の右の如く低き所あらんや』といふ樣な意味の事をいつて居る。併し乍ら該記者と雖、吾東京市の現狀を聞いたならば、以上の慷慨はせずに濟んだのであつたらう。卽ち、是は、一國の首府であり乍ら、上記諸機關に對し、六十八萬圓は愚か、日比谷公園の鳥小舍に對し、いふに足らぬ些細の金を投じて居るに過ぎないのである。

○されば東京市が、年五十萬圓內外の金は、之を一自然博物館に費してもよい理由のあるといふ事は、甚明かであるといはねばならぬ。而も財政緊縮の理由を以て、其一部分の外負擔が出來ぬといふならば、第二策としては、該博物館を財團組織にし、一切の經營を其理事會に一任し、市は是に幾何かの補給をするといふ仕組にすればよいのである。上記紐育のものは卽ちそれで、學問の自由の上からいへば、その方は、市營よりも更に理想的である。

○そこで該財團組織の方法としては、種々の考案が提出される事と思はれるが、紐育のは、各人の醵金額を、最低年額二十圓から、最高一時金十萬圓迄、色々に定め、約三千七百人の有志を得て、經營して居るのである。而も右の小人數から集め得た金額は、一部は積立金として其利息を使用し、一部は經常費として年々支出する事にして、毎年平均六十萬圓以上の負擔に堪へて居るのである。併し、これとても、東京市の財政同樣、日本では、其半分の成績を擧げる事も甚覺束ない次第ではあらうが、全く集まらぬといふ譯がなく、假令又それが小額でも、市の補給金と合併したならば、相當の金額に達しない譯でもあるまい。其上、是に對し、國家も亦、必ずや保護を加ふる必要を認めねばならぬ理由もあるのである。

○それは、文明國の自然博物館數、米國二百五十、獨逸百五十、佛國三百、英國二百五十、而も吾邦には一國を代表するに足る一館もなく、大學や專門學校などの標本室を所謂博物館として計算するも、尙其全數が十か二十に過ぎぬのに基くのである。然らば吾人は、何が故に、先づ其國立を主張しないで、自治機關たる市若くは財團の經營を希望するのであるか。是、一には、現今の日本に、其方が寧ろ速に成立の見込があると信ずるからであつて、二には、政府の方針によつて、其事業の上に動搖を來さゞらんが爲、三には、其內部の空氣が沈滯して、活用の期し難くなるのを防がんが爲、四には、財政上其他の處置に、煩雜な手數を要せざらんが爲である。其內、最後の一條は、此種の博物館の性質として、特種の興味から色々な寄附寄贈並に附帶條件の申出があつた場合や、外邦に探檢隊を派出したり、標本の交換や買入をやつたりする場合などを豫想するのである。

○結局、確かなる財源を供給するものとして、吾人は、市と財團と政府とを擧げる事が出來る。而して中規模の自然博物館ならば、一東京市若くは一財團と雖毫も其維持に苦む理由がないといふ結論に到達するのである。而して其最初の建物と設備の如きも、五十萬圓位のものならば、其出所を見出す事がそれ程六ヶ敷い事ではならうと信ずるが、例へば、新聞紙傳ふる所の、明治神宮外苑建造費四百萬圓中の八分の一を割いて貰ふ丈でも出來得べき筈なのである。さればスタージ博士の所謂日本に對する不利益なる印象なるものを打消さんと思はゞ、而して市民を自然學に對する現在の無智から救はんと思はゞ、更に、それよりも根本的にいつて、學術的に全日本國が、有ゆる不便と不利益とを被りつゝある救境から助け出さんと思

八　N・S・生「話の種（十四）：東京自然博物館設立の意見」

はば、其日本の、政治的に又學術的に中心なる東京市民は、他の日本國民に先つて、深く考慮する所がなければならぬ筈なのである。昨今、明治神宮外苑記念建造物並に大典奉祝事業に關し、色々な議論を聞く折柄とて、無名の一書生も、敢て、本誌讀者諸氏の注意を乞はんが爲に、卑見を開陳して置く事右の通りにしたのである。

○附記一）學術的に、自然博物館設立の目下の急務なるに就ては、別に説明の必要がある。併し吾等弱輩な者の陳述では、遺憾ながら、社會の一人をも動かす事が出來ない。

○（附記二）動物園に就ても、吾人に幾多の希望がある。併し、其一端は、予輩と同感の一人が「本誌第二百八十二號（明治四十五年四月號）第二十六頁に説述して居るから改めては述べない。併し、其時提案された、目黒から、洗足、池上を經て、大森に至る電氣鐵道は、今度、實行者が出來て、愈敷設される事になつたさうだが、肝腎の、洗足池を中心とする動物園の方は、當分賛成者さへ出さうにもない。

○（附記三）序に、水族館に對する吾人の空想を聞かしめば、場所としては羽田を選ぶ。これは將來東京灣築港の場合を豫想して、其他の場所では、港内になつて仕舞ふ虞があるか、又海水・淡水の供給、並に動物運搬の便が悪いかであるによるのだが、一つは、上記の洗足動物園と、六郷川を利用する乘合船、並に上記電氣鐵道の延長によつて結び付けたい考があるからである。それのみならず、羽田ならば、東京ばかりでなく、横濱の市民に取つてもよい遊び場所になるし、又近所に名高い寺と神社とがあつて、其參詣旁々といふ便宜もある。

（N・S・生）

大正四年（一九一五）

九　大江新太郎「日光山寶物館」

（『建築雜誌』第三四五號）

日光に一宇の寶物館を建てゝ社寺に散在せる寶物類を一所に蒐め、管理と保存と觀覽との諸便利を計らうといふことは長い間の宿題であつたが、此目論見が今度の東照宮 一百年祭を機會として、其盛典を紀念すべき紀念事業の一つに數へられ、遂に實現さるゝことゝなつた、此目論見が愈々具體的に着手されたのは去る大正元年冬の事である、初め社寺の依賴に依て、これ位ならば現在社寺所藏の寶物類が一通り收容陳列されるであらうといふ極めて大摑みな調査の下に建坪百 一十坪總 一階建、江戸初期樣式の設計考案を樹てたのであつたが、着手するに及むで、黒板文學博士並に萩野文學士から誠に剴切な注告を得たのが動機で設計をやり直すことゝした。

兩氏の注告は斯うである、寶物館は寶物を容れる箱である、凡そ箱を作るには先づ中に容るべき品物の分量大きさを知らねばならぬ、之に依て箱の大さ寸法が自づから決まつて來る、次に品物の性質素性を究めねばならぬ、之に依つて箱の作り若しくは好みが決まつて來るそこで初めて中味に適應した見た目の見良い箱が出來るのである、それをさはなくて、中へ容るべく品物の分量、大さ、素性も究むることなく、大概これ位ならよからう位な處で漠然と箱を拵へたとしたら如何、僥れあたりでない限りは、或は小さかつたり或は大き過ぎたり或は中味に不似合であつたり結局實用に疏い鈍なものが出來上るに違ひない、今我邦にある各地の博物館の多くは此出來損ひの箱である、折角造るものならば、出來損ひを拵へて、貰ひたくないとこういふのである、此平凡なる――餘り平凡すぎて常識判斷からさへ閑却されたる、そうして言はれて見れば成程至極尤もな此注告に基いて、既に着手するばかりになつて居た設計をやり直すことにした、出來上つたのが即ち今度落成した晃山寶物館である。

其後約一箇年半に亘つて、一社一寺の寶物類が兩氏の手で巨細に調査探究された、其間に從來社寺自身も知らなかつた歷史上價値なる掘り出し物の現はれて來たことも少なくなかつた、此の如くして、漸く、社寺寶物の盡くを網羅した尨大なる一冊の 寶物臺帳 が出來上つた、此一切臺帳は、其後に亘つて、實に數回の精選陶汰を重ねられた揚句、遂に或る一つの目錄が仕上つた、此目錄の品物こそ即ち今日館内に陳列されて居る處のもので、遠く神護景雲の昔から幕末維新に至るまでの日光山特有の歷史を有ゆる方面から比較的簡潔に又面白く物語つて居るのである。

其當時は、いつになつたら決する事やらと、少々小焦れつた氣味の數回の精選陶汰は、建物の落成期限に背水の陣を布いた建築技師を尠なからず弱らせたが、技術の立場から言へば、設計考案は却て簡單なるものとなつて來た、建坪を何程にして、間取をどう配置するか、壁と窓と陳列箱との關係は如何等の問題は「なければならぬ」「あつてはならぬ」必要上から少しも迷ふ所なく決まつて往く、殘る處は唯内外の容貌體裁と構造方法とである、之れとても中味の素性が盡く明白になり、建てらるゝ場所が確定して居る以上は、考案も比較的氣安くはなつて往く、かくして出來上つたのが卷末寫眞に掲げたもので即ち其容貌の一部である。

建築の由來話が思はず長くなつた、以下建築其のものゝ解説に移る、

一、建築場所

山内浩養園内下新道に沿ふた場所、杉の森を隔てゝ東照宮社殿の側面に對し東北に面す、

防火用電働喞筒（南庭の分）

一、建坪

地坪約一百一十坪、外に一階約六十坪、計延坪數約一百八十坪

一、總工費

建築工費、電氣乾燥装置費、防火用電働喞筒設置費、陳列箱、其他設備費一切を合して約九萬圓

一、構造

木骨内外漆喰塗、瓦葺（廊下屋根網入硝子張り）床「アスファルト」敷、（一階床は木梁「コンクリート」各出入口窓防火「シャッター」篏込、

一、主要材料

木骨は日光街道並木杉の枯損木及會津産杉材併用、屋根瓦は會津産薬掛暗赤色耐寒瓦、階上床及屋根瓦下葺地は石炭殼「クンクリート」、勾欄、袴腰、破風板及唐破風屋根は木骨銅板張り。

一、形式

元和寛永頃に行はれた桃山期手法混和の様式に據る、

隅楼は重層打抜天井、屋根寶形造、初層正面軒唐破風、東館は（寫眞左方に見ゆるもの）重層切妻造、階上周圍椽勾欄、南館は單層屋根入母屋造り廊は腰折屋根網入硝子張り、

一、着手及竣工

大正一年五月着工、同四年五月竣工、工期滿　ヶ年

本來は建物の性質上絶對耐火構造となすべき筈のものであつたが、經費の都合上到底斯くすることが出來なくなつたので、準防火構造ともいふべきものとなつた、即ち木骨構造の内外を悉皆厚手の漆喰塗となし漆喰のかゝらぬ處は銅の厚板を以て張り包むだので、建具を除く外は一切木部を露はさぬやり方である、何の事はない在來の土藏造り塗屋である、依て木製建具の嵌まる窓や出入口は側廻りの分六十五ヶ所に鐵の防火鎧戸を設備した、階上床と屋根葺地に「コンクリート」を用ひたのも防火の爲で其石炭殻を砂利に代用したのは言ふまでもなく重量を輕くする爲である、要するに長時間非常に大きな焰に煽られぬ限りの準防火構造といふつもりである。

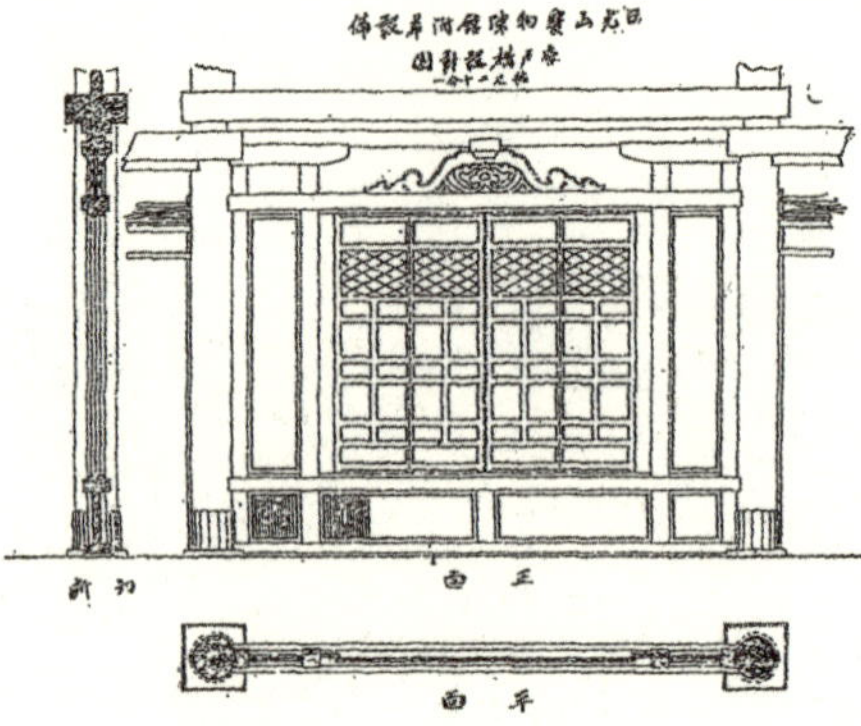

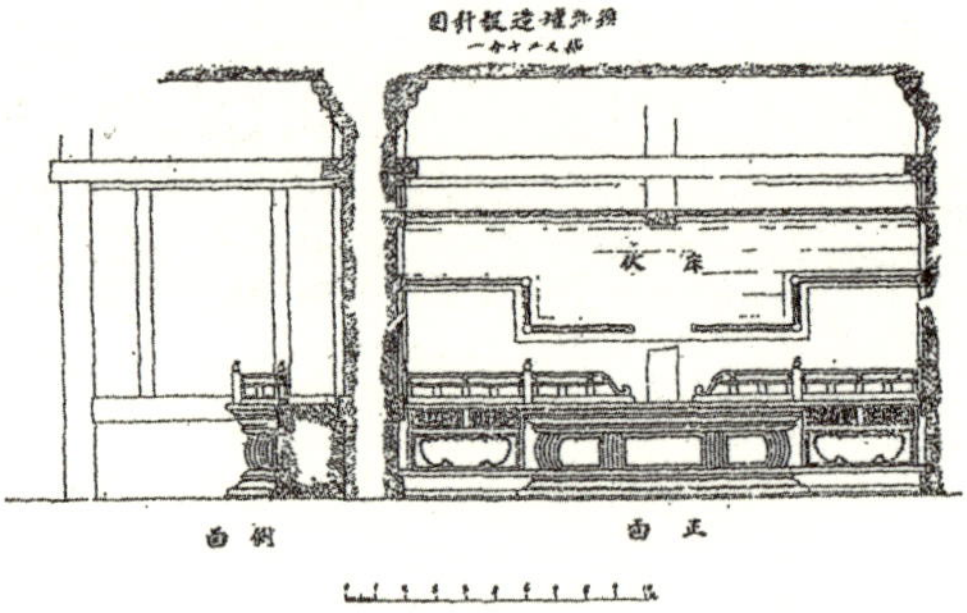

日光山寶物陳列館附帶設備設計圖

防火電働喞筒は、規矩の手に並むだ二棟の凸角に五馬力のものを　ヶ所、一棟の包擁する中庭に十馬力のもの　ヶ所を設置して周圍の森火事防禦にも備へたのである、五馬力のものは筒先六分、水管經一寸一分、筒先水壓每平方吋　十封度、軟風に於ける有効水柱高さ四十一尺、水柱全高五十五尺、吐水量毎分三石、又は百一十一「ガロン」、水槽容量は四千「ガロン」又は百石即ち喞筒運轉　十分間を支ふる丈の水量を貯ふ、十馬力のものは筒先七分、水管一寸一分、筒先水壓每平方吋六十五封度、軟風に於ける有効水柱高さ七十九尺、水柱全高九十尺、吐水量每分四石五斗又は百八十一「ガロン」、水槽容量は六千「ガロン」又は百五十

石即ち喞筒運轉三十分時を支ふる丈の水量を貯ふるものである、

電氣乾燥裝置は三棟の館內を一巡引き廻はされて居る、元來日光の土地は冬乾いて夏濕るところである、其濕り方たる尋常でない依て此裝置を設備したので、夏は大方每晚、其他の季節は必要に應じて、閉館後大抵は暮から曉方まで館內に電流を通じ、室內を暖めて空氣中の濕氣を退治する趣向である、之れは實驗上相當の效果を奏して居る

防火喞筒も乾燥裝置とに電氣を應用したのは、好きな場所へ、至つて簡單に、從て安價に施設し得ること、使用方法の頗る輕便簡易であること、及山內に自家用發電所があつて、非常に安價な電流の持合はせがあることゝの諸便宜から起つたことである、工作が容易で最初の工費が安價で、使用法が簡便即ち人手を要せず而も效力の相當價値あることは、電力使用の最も有利な特點ではあるが、高い料金を拂つて電流を買はねばならぬといふ樣なところでは經常費の上から無論考へものである、

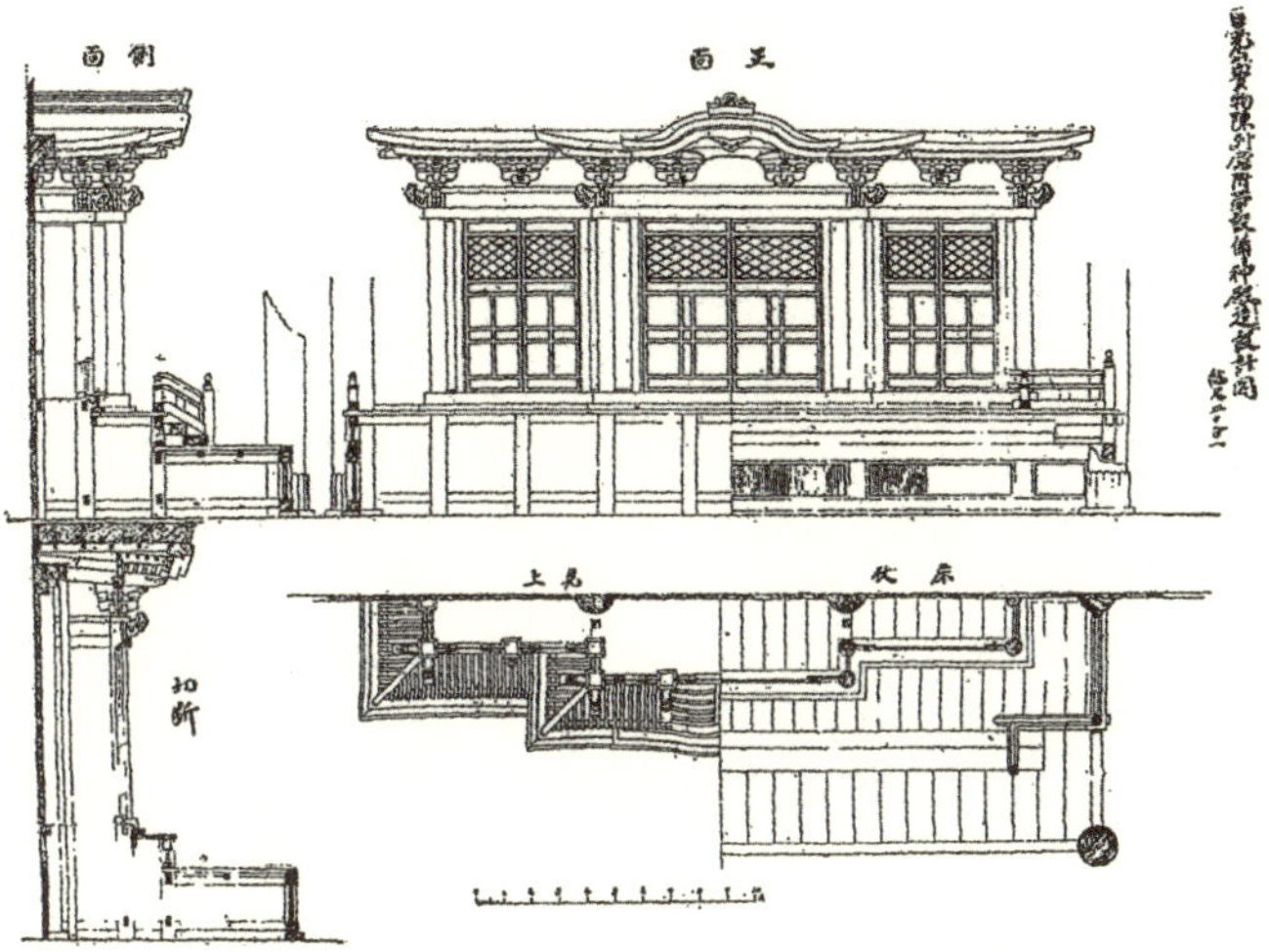

日光山寶物陳列館附帶設備神殿造設計圖

最後に建築に屬したもので一つ附加へて置きたいのは、隅樓と南館との間を連絡する一間幅廊下兩側の長押下大壁長廻百尺の壁書である、題目は維新前の東照宮御祭行列を描いたもので、初めは純日本風で往かうといふのが終に油繪になつた、筆者は和田英作氏である顧ふに純日本風の壁面に昔風の御祭行列―油繪の具―周はりの陳列品これ等の間に、如何なる色彩の諧調を取つて、どんな書法を擇ぶべきかといふ事は隨分至難の問題であるにも拘らず氏の工夫は巧妙に此難問を解決した事を小生は大に愉快に感ずる。

晃山寶物館の建築に關した大要はザットこんな事である。

（大正四年九月）

大正四年（一九一五）

十　黒板勝美「明治神宮寶物殿懸賞競技審査批評」

寶物殿の性質上より見たる批評

（『建築雜誌』第三四七號）

寶物殿懸賞競技を批評する前に先づ明治神宮寶物殿として當然備へねばならぬ性質を明かにして置かねばならぬ。

今度新設されんとする明治神宮寶物殿は、或る意味に於て普通の博物館であるやうに思はれて居るかも知れない。然し寶物殿と博物館とは全然區別せねばならぬばかりでなく、自分の考では、多くの神社、寺に存在せる、寶物殿とも判然區劃すべきものであると思ふ。博物館は學術的、或は藝術的に價値あるものを、系統を正して配列し、公衆に觀照せしむ可きもので、觀る人は出來得ることなら帽を頂き杖を携へながら、心寛かに鑑賞し得べく、いはゞ自由なものである。

社寺の寶物館は、或は祭神の在世中に持つて居たものや、或は寺院の開山又は中興の高僧が特に大切にして居たものや、若しくはその肖像など、特別に拜觀する性質の、寶物と云ふ、一部限定したものも含まれて居るがその他、尙美術的に價値あるものや、歷史的遺物などを配列し公衆の鑑賞に任かすべきものが、館中に存在する、例へば、永い歲月の間に、諸方から寄進した美術品や、珍奇のもので直接にその祭神などゝ關係のないものも少くない。先頃出來上つた日光の寶物殿は特に東照宮に由緣あるもの、卽ち家康の所持品のみならず、　代將軍家光の所持品もあるが、大部分は日光の開かれた時代から江戸時代に至るまで、自然に集つたものを、秘藏し來りて今日に及べるもので、古い時代の價値ある美術品もあり、江戸時代の風俗を徵す可き遺物や、精巧なる工藝美術も少なからず含まれて居る。從つて其の設備や建築にもこの兩樣の意味が現はれて居るやうに思ふ。

然るに明治神宮寶物殿は、明治天皇及び照憲皇后兩陛下に御由緒ある御遺物のみを蒐めて、陛下の御聖德を永く後世まで國民に仰がしむるもので、必ずしも美術的價値の存するものでもなく、歷史上の參考に資するやうな學術的の意義もない、卽ち公衆をして鑑賞的に見物し、或は研究的に參觀さする性質のものでなく、謹んで拜觀す可き性質のもので、明治神宮の主神としての御寶物には、神宮內の神寶殿あるに對し、現人神として御在世中の御遺品を奉安せるのがこの寶物殿である。

故に今度の懸賞競技は今述べた、寶物殿の性質を充分理解して、夫の寶物殿たるの目的を表現し、耐震耐火の構造を以て、社殿と調和すると云ふ、難かしい條件の下に意匠を凝らさねばならなかつたのである。

寶物殿懸賞競技は全體として、其應募者の極めて眞面目に且つ熱心なる態度と共に、頗る好成績を示して居る、大に當局の參考となり今後の實施上至大の利便を得たものと信ずる。然し之を部分的に見ると、多少批評の餘地が存するのである。

先づ當局が指示した線圖は、單に房室の數や坪數を示したものに過ぎなかつたが、應募者は凡べて、夫れを直ちに與へられた平面圖として、餘りに重大視し、務めて其の平面圖を變更せざらん事に苦心したやうな形跡が認めらるゝ、從つて大膽なる獨創ある配置を示したものは殆んど無いばかりでなく、建圖の型式も幾分制限を來し、殆んど類似のものが多い結果を見るに至つた、この點に於て、第一等一席が中庭を配しなどして傍ら採光に注意し、この線圖を多少變化せしめたゝめに、その構造等に非難ありしに係らず、比較的構造の完美したる第二等第一席に贏つたといつて可い。

されば概して應募者の苦心は平面圖にあらずして、其の全力を擧つて社殿との調和、耐震耐火構造に集注された傾向がある、從つて時には採光の事さへ全く忘れたかの如き圖案もないではないが、またその結果の大に見る可きものが少くなかつたのは、第一等や第一等一席などでよく證明されて居る。而して從來實行せらるべくして來た殆んど實行せられざりし、日本式の建築で而かも耐火耐震に適す可き寶物殿的建築がまづ滿足に出來るといふ事を、この競技でまた立派に證明した、自分はこの競技の成功を祝すると共に我が建築界の爲めに賀せざるを得ぬ。

併し明治神宮寶物殿として、最も必要なる條件、即ち明治天皇皇后兩陛下御在世中の御物を、如何に陳列すべきか、從つて拜觀者の通路を如何にすべきか、と云ふこと、前以て十分研究したものが少なかつたのは、大に遺憾である、尤も當局者はこの陳列せらる可き御物の如何なるものか、又たどれ程の點數であるか等を少しも應募者に示さなかつたのは、應募者にとつて少なからず迷惑の事であつたに相違ないであらうが、既に明治神宮寶物殿として競技を發表せられた以上、建築家としては前にも述べたやうに、先づ寶物殿なるものゝ性質から研究し、拜觀者をして明治天皇皇后兩陛下の御聖徳を偲び奉り、忠君愛國、敬虔等の念を起さしむ可きやうに御物の陳列方法(これは當局としても必ず考へつゝあるべきことである)從つて室の取り方や、拜觀者の通路を、その次の問題となして、こゝに始めて寶物殿に特有なる平面圖が出來べき筈である。然るにこの寶物殿が普通の博物館や寶物館と其の撰を異にせるものに係らず、室の取り方や拜觀者の通路など普通の博物館と殆んど異つて居らず、大抵與へられた線圖に捉はれて何等この點に苦心した跡がない、その建圖、構造等に、この競技の結果が餘程成功せるに反し、この必要なる條件に對する缺點の、殆んどすべてに通有なりしは、この種の寶物殿建築が、たとへ最初の試みとして宥恕すべきことゝはいへ、自分は如何にも殘念であつた。

此の寶物殿の性質は斯く平面圖に及ぼすと共に其の建圖にも、自分として尙多少の意見がないではない、應募者の大多數は社殿との調和には實に全力を傾倒した、そして割合によい結果を收めたが、明治神宮の寶物殿として必然の風格を十分に備へしめたものであるかは疑問である。大英博物館の入口にパルテノン式の破風彫刻が飾りある、此の希臘のクラシックの彫刻を見れば、未だ博物館に入らぬ先きに、其の博物館中主要な陳列品が、クラシックな希臘の彫刻なるを心の中に畫かしめ、エルジン室にフイデアスの傑作を見るや、身はアテネなるアクロポリスの上に在るの如き感あらしむるのである。即ち寶物殿に入るに先立ち、先づ其の風氣に打たれる樣に、建築を設計せねばならぬ。上野公園の博物館が西洋建築で、陳列品と建築と何等の連絡を有せず、また美術部と歷史部とが何等感を異にせぬ樣なものは、博物館の建築として無價値であるのみならず、却つて陳列品に對する感を減くしてしまうものである。明治神宮の寶物殿も此の點に於ては、普通の博物館と同樣な心持が必要である。第一に如何にも大切な明治天皇皇后兩陛下の御物が其の中に奉安されて居ると云ふ事を、まだ殿内に入らぬ先に、拜觀者をして感ぜしめねばならぬ、第一に拜觀者が神宮の參拜を終へて步をこゝに向くるや、遠くよりだん／＼近く寶物殿の風格に打たれてすが／＼しき心持となり、敬虔の念を以て拜觀せしむる樣にせねばならぬ。今度の當撰圖はほゞ社殿と調和し、實に立派なものであるとしても、寶物殿が單獨孤立して居るのは、何んとなく吹き晒しの中にある普通の博物館又は寶物館のやうな感を起さしめ、多少威嚴が缺けて物足らぬ心地がする、若しこれに築土か廻廊かを配し、如何にも大切な御物が奉安されて居り、且つすが／＼しい感じを起さしむる設計が望ましかつた、奈良の正倉院は土塀を廻して居るだけでも他の校倉よりはどれ程、莊嚴であるか分らぬ。尤も今度の應募にも正倉院のやうな校倉式を應用したものも大分あつたが、皆單獨に孤立して居るばかりでなくそのデテイルが多くは莊麗華美で、校倉そのものゝ質實素朴なのと調和せぬもので、多く失敗に歸したやうである。又明治天皇が剛健に且つ質素に坐せしことは我々國民が永く忘るべからざるところで、その御物等までの御美德が必ず現はれて居るに相違ないとすれば、餘り華麗な建築は神宮の寶物殿として望ましくないと思ふ。寧ろ莊重にして典雅なそして質素な、申さば明治天皇皇后兩陛下の聖德を建築的美化せしめたものが最も望むところである。自分はこの點に於ても、今少しく應募者に苦心するところがあつたらばと思ふ。普通の博物館に於て考へねばならぬことゝなつて居る入口のつけ方は、この寶物殿にも甚だ大切なことである。正面よりすべきか、側面よりすべきか、將た裏の方にすべきか、前にいつたやうに拜觀者をして寶物殿の風氣に打たるゝといふ點からも、設計者の大に苦心せねばならぬところであるが、應募者の中に殆んど之を問題にせぬやうなものもあつたのは感心せぬ。

社殿との調和に就ては應募者の尤も全力を注いだ所丈に何れも精巧な出來榮えである、其の樣式も建築家としての考案は此の邊に歸着するものと思ふ。　體調和の意味は廣義である、必しも社殿と類似の型式に則らねばならぬ筈のものでなく、其の意味の解釋に依つては色々に解し得て社殿の樣式と異つたものも亦建築家の手腕によつては亦對照の調和として考へ得られぬでもない、斯かる大膽な試は、一二の應募に見られなかつたではないのみならず、或は西洋式、或は支那式を取つた苦心の跡大に同情すべきものがあつたけれど、皆失敗に終つた。

構造に就ては他の審査委員特に專問の御方が詳しく談らるゝ所であると思ふが、地下室の採用は濕氣の多き日本に於て何れ丈の好果あるかは自分には疑問であるし、常に濕氣のないやうにするには經費問題も考へねばならぬ。そして又其處を修繕室に當てるなどは大切ではあるまいか。氣候風土の異なる地に西洋建築の夫れと果して同一視する事が出來やうか、其の點から見て二等一席の意匠は多少成功したものである。

終りに附帶設備として下足所の設備が殆んど皆不完全なものであつた事を云ひたい、修學旅行其の他の團體が第一に參拜す可き處として明治神宮に詣でるとすれば、多人數が一時に寶物殿を拜觀するも混雜せざる樣充分の設備を必要とするは甚だ肝要な事であると思ふ。

（談文責在記者）

大正四年（一九一五）

十一　執筆者不明「大典記念美術館建設建議書」

（『美術週報』二巻三七號）

大典記念美術館建設建議書

國民美術協會にては、屢々記したるが如く、今秋の大典を記念すべき。美術館建設建議書を起草中なりしが愈々脱稿し、去る十七日奥田新市長に提出せり。

恭シク惟ミルニ叡聖文武ナル
聖上陛下ニハ今秋ヲ以テ御即位ノ大典ヲ擧ゲサセラル、是ニ實ニ擧國臣民ノ等シク慶賀禁セザルトコロ生レテ、此昭代ノ盛儀ヲ拜スル者、誰カ感激セザランヤ、宜ナル哉各地競ヒテ御大典ヲ祝シ奉リ併セテ之ヲ永久ニ記念セントシテ種々ノ企劃ヲ爲スコトヤ、臣民ノ至情素ヨリ當ニ然ラザルベカザルトコロナリ、我東京市ハ輦轂ノ下、帝國ノ首都タリ、宜シク奉祝ノ誠意ヲ表シ全國ノ標範タルニ足ルベキ一大事業ヲ起シ以テ此盛典ヲ永遠ニ記念セザルベカラズ。

思フニ東京市當局ニ於テモ必ズヤ既ニ幾多名案ノ議題ニ上レルモノアラント信ズルモ我等國民美術協會會員ハ敢テ自ラ揣ラズ玆ニ我美術界ノ希望ノアルトコロヲ建議シ之カ遂行ヲ請ハント欲ス、ソハ御大典ヲ奉祝スベキ絶好ノ記念トシテ大其記念美術館ヲ我東京市ニ建設セラレン事即チ是レナリ、蓋シ此昌盛ノ機運ニ際シ單ニ市ノ爲ニ有利ナル事業ヲ興サント計ラバ或ハ此他倘便益アルモノナシトセザルベキモ眞ニ能ク斯ノ御大典ヲ謹祝シ奉ラントスル市民ノ熱誠ヲ表明スルニ足ルモノヲ選ババ美術館建設ノ如ク適切ナル意義ヲ有スルモノハアラズ。

夫レ美術ハ國民文明ノ精華ヲ發揚シ時代精神ノ特相ヲ象徴ス、サレバ國民ノ赤誠ヲ披瀝シ心藝ノ收獲ヲ捧ゲテ皇恩ノ渥キヲ頌シ德化ノ洽キヲ讃セントスルニハ美術ノ隆興ヲ計ルニ如クハナシ、乃チ大典記念美術館ヲ建設シ昌代文華ノ精粹ヲ集ムルハ豈ニ
陛下乾德ノ洪大ナルヲ欽仰シ奉リ更ニ之ヲ萬世ニ傳フル所以ニアラズヤ。

之ヲ國家ノ體面ニ鑒ミ帝都ノ品格ニ省ミルニ我東京市ガ未ダ一ノ美術館ヲ有セザルハ不名譽ノ至ナリ、見ヨ歐米諸國ノ首府ハ皆必ズ莊麗ニシテ豐富ナル美術館ヲ有セザルハナシ我國ハ既ニ世界第一等國ノ伍班ニ入レリ宜シク其品位ヲ傷ケザルノ設備ヲ整ヘザルベカラズ、況ンヤ我國ハ美術ノ優秀ナルヲ以テ夙ニ内外ニ著ハルルヲヤ、然ルニ未ダ一ノ美術館ヲ有セザルハ大ナル缺陷ト謂フベシ、現ニ時々來遊スル觀光ノ外客等ニ對シテモ我美術作品ヲ系統的ニ觀覽セシムベキ場所ハ一モ之ナキニアラズヤ、我東京市ハ帝國ノ正堂ナリ之ニ美術的施設中最肝要ナル美術館ヲ缺クハ啻ニ東京市民ノミナラズ延イテ日本國民ノ品性ノ粗野趣味ノ低劣ナルニ因ルモノト觀察セラルルモ辨解ノ辭ナカラン、近來動モスレバ我國民ガ蠻勇好戰ノ民族ナルガ如ク誤解セラルル傾アリ、若シ我文運ノ發達ヲ證シ平和ノ氣象ニ富メルコトヲ示スニ便ナル美術館ノ如キ施設ヲ整備セバ前述ノ如キ誤解ヲ釋クニ最モ有利ナラント信ズ。

抑モ國民ノ敎育ヲ盛ンニシ或ハ道義ヲ振作シ或ハ理智ヲ開發シ或ハ產業ヲ勸奬スルハ皆是レ國家ノ緊切ナル要務ナルガ一面美術ヲ皷吹シ國民ノ趣味ノ向上ヲ計リ其情性ヲ醇化スルハ亦之ニ讓ラザルノ要道ナリ、然ルニ刻下最モ閑却セラルルハ此方面ナリ、人若シ我邦文化ノ結晶タル美術作品ヲ歷史的ニ研究シ、之ニ依テ祖先ノ優秀高雅ナル風韻ヲ學ビ其襟懷ヲ清新ナラシメント欲セバ果シテ何處ニ往テ滿足ナル陳列ヲ觀ルコトヲ得ベキ、乃チ知ル市民乃至國民ノ趣味敎育上必須ノ機關タル美術館ヲ設立スルハ方今ノ急務ナルコトヲ、況ンヤ美術ノ隆興ハ以テ國光ヲ發揚シ明治以來連戰連勝セル我國ノ赫々タル武威ヲ韞ムニ藹然タル和氣ヲ以テスルコトヲ得自ラ環睹ノ列國ヲシテ我ニ對スル信望ヲ厚クセシムルコトヲ得ベキニ於テヲヤ、美術館ヲ建設シテ市民乃至國民ノ品性ヲ高雅醇美ナラシムルハ洵ニ要務ナリト謂フベシ。

歐米ノ諸國ハ夙ニ美術ノ尊重スベキヲ知リ之ガ奬勵保護ニ努メタルガ近來益々國民ノ道義上將タ國家ノ產業上美術ノ重大ナル效益アルコトヲ悟リ各國競ヒテ美術政策ニ腐心シツツアルナリ、我東京市ハ實ニ帝國現時ノ美術及美術工藝ニ於ケル中樞地ニアラズヤ、美術竝ニ工藝ノ振興奬勵ハ一日モ忽諸ニ付スベカラズ、單ニ勸業ノ點ヨリ之ヲ見ルモ美術工藝ノ奬勵ハ緊要ナル時務ノ一タルヲ失ハズ、蓋シ美術工藝ノ振興ハ唯々手指運用ノ習練ノミヲ以テ效果ヲ擧ゲ得ベキモノニアラズ、實ニ美術的精神ノ養成ヲ以テ之カ根本的要件トナスナリ、而シテ美術的精神ノ養成ハ獨リ學校敎育ノミヲ以テ之ヲ完フスルコト能ハズ美術館ヲ設置シテ古今ノ名品傑作ヲ蒐集展觀シ其薰化ヲ享ケシムルハ最肝要ノ事ニ屬ス、是レ即チ美術ヲ經濟上ニ利用シ美術工藝ノ發展ヲ計リ一大富源ヲ開拓スル所以ナリ、飜テ美術的ノ效用ヲ社會的ニ觀ルモ、國民ノ審美的性情ヲ薰陶シ彼等ヲ物質的文明ノ餘弊ヨリ救ヒ其超利的氣風ヲ存養セシムルニ利アリ、又之レガ鑑賞者ヲシテ暫ク經濟的壓迫ヨリ脱出シ、或ハ過勞ノ疲弊ヨリ休息シ、以テ心機ヲ一新シ氣力ヲ恢復スルコトヲ得シムベシサレバ美術館ハ民心ヲ緩和シ民力ヲ更新スベキ社會ノ慰樂機關トシテモ都市ニ必要ナル設備タルハ論ヲ竢タズ況ヤ物質的文明ノ餘弊タル趣味ノ墮落ヨリ都會人ヲ救濟セントスルニハ美術館ノ如キ高尙ナル慰問機關ヲ完備シテ之ニ誘致スルコトノ效力甚ダ多キニ於デヲヤ。

更ニ現今美術界ノ狀況ヨリ之ヲ言ヘバ年々奬勵ノ爲ニ文部省ガ美術展覽會ニ於テ買上ゲタル代表的作品ハ適當ナル陳列場ナキガ爲ニ空シク何レカニ埋藏セラレ

テ殆ンド見ルコトヲ得ザルノ憾ミアリ、此等ハ美術館ノ建設ヲ得バ陳列シテ公衆ノ觀覽ニ便シ後進ノ參考ニ供スルヲ得可キナリ。

又我東京市ハ未ダ適當ナル美術展覽會場ヲ有セズ其構造完全ニシテ採光其宜シキヲ得陳列竝ニ觀覽ニ便ナルモノヲ建設スルハ美術ノ健全ナル發達ヲ期スル上ニ於テ必要ナル急務タラズンバアラズ

夫レ斯ノ如ク美術館ノ建設ハ啻ニ吾人國民美術協會々員等ノ希望ナルノミナラズ實ニ我美術界多年ノ宿望ナリ、加之東洋ノ美術國ト稱セラルル我日本帝國ノ首都トシテ東京市ノ體面ヲ保ツ上ニ於テモ市民一般ノ熱望スルトコロタルヲ疑ハズ、若シ夫レ美術館ノ建設成リ其施設運用宜シキヲ得バ市民ノ趣味ヲ涵養シ人心ヲ緩和シ民力ヲ振作シ更ニ國富開發ニ資スルコトヲ得ン、況ヤ此事業タル今回ノ御大禮ヲ奉祝シ併セテ之ヲ永久ニ記念スルニ於テ其意義最モ適切ナルコト前述ノ如クナルニ於テヲヤ。

市長閣下　請フ前述ノ事由ヲ諒トシ之カ實現ニ盡力セラレレコトヲ、參考ニ供スル爲別紙實行ニ關スル希望案件ヲ具シ敢テ建議ス

國民美術協會

會頭理事　中條精一郎

（以下理事連署）

東京市長法學博士　奥田義人閣下

大典記念美術館建設に關する希望案件

一該美術館ハ近代美術ノ陳列館トシテ明治以降ノ代表的作品ヲ陳列シ、世人ヲシテ今日ノ我美術ノ基礎ヲ築キタル歷史ヲ尊重セシメ系統ノ觀念ヲ養成セシメタキ事

右ニ就キ文部省ノ文展買上品等ハ寄託ヲ受ケテ陳列シタキ事

一臨時特別陳列トシテ古代又ハ外國ノ作品ヲ展觀スルコトアルベキ事

一常設陳列場ノ外ニ展覽會場及講演會場（便宜其他ノ集會ニ使用シ得ベキモノトス）ヲ附屬スル事

一建物ノ外觀ハ相當ノ美觀ヲ備フベキハ勿論ナレドモ決シテ華麗ヲ欲セズ虛飾ヲ去リ陳列館トシテ實用ニ適スルモノトシ採光其他陳列竝ニ觀覽ニ便ナル樣充分ノ注意ヲ用ヰタキ事

一當初ヨリ强テ宏大ヲ期セズ小ナリトモ堅實ナルモノトシ漸次增築シテ終ニ大陳列館ト成シ得ル樣ニ設計スル事

一新智識ト鑒識トヲ有スル美術家及美術學者中ヨリ美術館評議員若干名ヲ依囑シ名譽職トシテ設計ヨリ經營（物品ノ選擇、鑑別、其他）等ノ事ニ當ラシメタキ事

一評議員ノ選任ハ最モ愼重ニセラレタキ事

一鑑別ヲ嚴ニシ陳列品ハ我美術史上ノ代表作タルト同時ニ該作家ヲ表彰スルモノトシタキ事

一陳列品ハ寄託、寄附、購入（若シ能フベクハ）等ニ依ル事

一建築設計ハ懸賞ヲ以テ募集シ評議員會ニ於テ審査、決定、又多少實際ニ當リテ修正スル事

但募集金額僅少ニシテ懸賞費ノ餘裕ナキトキハ適當ナル技師ニ囑托シ評議員ト協議ノ上實行セシムル事

一美術館敷地ハ日比谷公園內ノ事

一建坪　凡七百坪

一建物ハ三階建トシ

階上ヲ常設陳列室トシ

階下ヲ臨時展覽會場トシ

地下ヲ事務室、倉庫等トス

別ニ附屬講演場ヲ設クル事

一建築費豫算　凡百萬圓

一募集金額　凡百五十萬圓

內譯概算

百　萬　圓　建築費

拾　萬　圓　設備費

五　萬　圓　募集費、懸賞費、諸雜費

參拾五萬圓　維持基金

一募集金實額ニ依テ設計其他共多少變更スベキ事

一當初可成維持基金ヲ殘シ置キ且ツ年々市ヨリ幾許ノ補助金ヲ加ヘテ經營スルコト

一觀覽券料及展覽會場貸代料收入ハ經常費ノ補トスル事

一可成ハ別ニ後援會ヲ組織シ備品蒐集、購入ノ費用等ニ補助ヲ與ヘタキ事

大正六年（一九一七）

十二　内田嘉吉「安全博物館設置の急務」

（『安全第一』）

安全博物館設置の急務

吾々《われ〳〵》が安全第《あんぜんだい》一主義《しゆぎ》を鼓吹《こすゐ》する目的《もくてき》は、日《ひ》に月《つき》に倍々《ます〳〵》増加《ぞうか》せんとする各種《かくしゆ》の災害《さいがい》を防遏《ばうあつ》するにある。蓋《けだ》し國運《こくうん》の進歩《しんぽ》に伴《ともな》ひ、將《しやう》來災害《らいさいがい》の數《すう》を增加《ぞうか》することは、自然《しぜん》の成行《なりゆき》を以《もつ》てしては、避くべからざることである。故《ゆゑ》に豫《あらか》じめ博《ひろ》く其原因《そのげんいん》を調査《てうさ》し、根本的《こんぽんてき》に災害防遏《さいがいばうあつ》の方法《はうはふ》を講究《かうきう》するにあらざれば、終《つひ》には悔《く》ゆるも及《およ》ばざる狀態《じやうたい》に陷《おちい》るのであります。

災害《さいがい》を防遏《ばうあつ》せんとするには、先《ま》づ第《だい》一に災害《さいがい》に關《くわん》する統計《とうけい》を明《あきらか》にし、第《だい》二に其統計《そのとうけい》に現《あら》はれたる事實《じじつ》に就《つい》て、仔細《しさい》に原因結《げんいんけつ》果《くわ》の關係《くわんけい》を尋究《じんきう》せねばなりませぬ。單《たん》に一二の事實《じじつ》に就《つい》てのみ研《けん》究《きう》するも、統計的《とうけいてき》に全局《ぜんきよく》に渉《わた》る形勢《けいせい》を明《あきらか》にするにあらざれば、一般的《はんてき》に災害防遏《さいがいばうあつ》の手段《しゆだん》を講《かう》ずることが不可能《ふかのう》であると同時《どうじ》に、單《たん》に數字《すうじ》を羅列《られつ》するのみにて、原因結果《げんいんけつくわ》の關係《くわんけい》を明確《めいかく》にするにあ

安全博物館設置の急務

らざれば、是れ亦《また》災害《さいがい》の防遏《ばうあつ》を計《はか》ることが出來《でき》ないのであります。要之《これをえうするに》繁多《はんた》なる災害事故《さいがいじこ》を統計的《とうけいてき》に分類《ぶんるゐ》して、其各部《そのかくぶ》に渉《わた》り、一《いち》一原因結果《いちげんいんけつくわ》を明《あきらか》にすることに由《よつ》て、始《はじ》めて世人《せじん》の注意《ちゆうい》を喚起《くわんき》し、災害《さいがい》の防遏《ばうあつ》を庶幾《しよき》するを得《う》るのであります。

而《しか》して一層深《そうふか》く世人《せじん》の注意《ちゆうい》を喚起《くわんき》するには、災害《さいがい》の原因結果《げんいんけつくわ》を實物的《じつぶつてき》に解説《かいせつ》するに如《し》くはない、近年諸外國《きんねんしよぐわいこく》に於《おい》て、安全博物館《あんぜんはくぶつくわん》を設置《せつち》し、災害防遏《さいがいばうあつ》の手段《しゆだん》と爲《な》しつゝあることは、最《もつと》も其當《そのたう》を得《え》たるもので、我國《わがくに》に於《おい》ても、速《すみやか》に其例《そのれい》に倣《なら》ひ、博物館《はくぶつくわん》を設置《せつち》するの必要《ひつえう》あるは論《ろん》を俟《ま》たぬのであります。

安全博物館《あんぜんはくぶつくわん》は、我安全第一協會《わがあんぜんだいいちけふくわい》が極力其施設《きよくりよくそのしせつ》を慫慂《しようよう》せんとする

安全第一

ところであります。抑々《そもそも》災害《さいがい》の防遏《ばうあつ》に關《くわん》しては、北米合衆國《ほくべいがつしゆうこく》は勿論《もちろん》、其他《そのた》の諸外國《しよぐわいこく》に於《おい》ても、種々《しゆしゆ》なる方法《はうはふ》に由《よつ》て努力《どりよく》を拂《はら》はれつゝあることは、前《まへ》に屢々《しばしば》説述《せつじゆつ》せるところの如《ごと》くで、即《すなは》ち其方法《そのはうはふ》としては講演會《かうえんくわい》を開《ひら》き、活動寫眞會《くわつどうしやしんくわい》を催《もよほ》し、或《あるひ》は圖書《としよ》を印刷《いんさつ》し、又《また》は掲示書類《けいじしよるゐ》を頒布《はんぷ》する等《とう》、殆《ほと》んど至《いた》らざるはない有様《ありさま》であるが、就《なかん》中《づく》最《もつと》も効果《かうくわ》の完全《くわんぜん》なるは安全博物館《あんぜんはくぶつくわん》であります。

現《げん》に歐米諸國《おうべいしよこく》に於《おい》て、安全博物館《あんぜんはくぶつくわん》の設置《せつち》せられたるものは二十三ヶ所《しよ》以上《いじやう》に及《およ》び、即《すなは》ち左《さ》の諸都市《しよとし》に於《おい》ては其設置《そのせつち》を見《み》て居《ゐ》るのであります。

アムステルダム　　バルセロナー

安全博物館設置の急務

ブカレスト
ブルツセル
コツペンハーゲン
フランクフルトマムマイン
ヘルシングフオールス
ニユレンブルグ
モントリール
紐育
ペトログラード
ウヰーン

伯林
ブタペスト
ドレスデン
グラツ
倫敦
ミラン
ミユンヘン
巴里
ストツクホルム
ウルツブルグ

チユリヒ

右《みぎ》の内《うち》巴里《パリー》に於《おい》ては安全博物館《あんぜんはくぶつくわん》と衛生博物館《ゑいせいはくぶつくわん》の二者《しや》が分設《ぶんせつ》されて居《を》り、又《また》アムステルダムに於《おい》ては工場災害及疾病防遏博物館《こうぢやうさいがいおよびしつぺいばうあつはくぶつくわん》と社會事項顧問局《しやくわいじかうこもんきよく》とがある。而《しか》して此等《これら》の博物館《はくぶつくわん》は何《いづ》れも災害《さいがい》を研《けん》究《きう》し、其原因《そのげんいん》を解説《かいせつ》して、之《これ》が防遏《ばうあつ》の方法《はうはふ》を講究《かうきう》するを目的《もくてき》とし、概《おほむ》ね官設《くわんせつ》に係《かゝ》るものであります。尚《なほ》前記《ぜんき》の外《ほか》にブレーメンに市《し》民社會博物館《みんしやくわいはくぶつくわん》があり、シヤロツテンブルグにも工場衛生博物館《こうぢやうゑいせいはくぶつくわん》がある。以《もつ》て諸外國《しよぐわいこく》が如何《いか》に安全博物館《あんぜんはくぶつくわん》に重《おも》きを置《お》きつゝあるかゞ知《し》り得《え》られませう。

今《いま》二三の安全博物館《あんぜんはくぶつくわん》に就《つい》て、其内容《そのないよう》を説明《せつめい》せんに何《いづ》れの博物館《はくぶつくわん》

安全博物館設置の急務

も、其《そ》れ〳〵有益《いうえき》なる材料《さいれう》を蒐集《しうしふ》して居《ゐ》るが、殊《こと》に工場衞生《こうぢやうゑいせい》に關《くわん》しては、ウヰーン・巴里《パリー》・ミラン等《とう》に設置《せつち》してあるものが、最《もつと》も注《ちゆう》目《もく》に値《あたひ》するのであります。

工場《こうぢやう》に従事《じゆうじ》する職工《しよくこう》に對《たい》する危害《きがい》は、其發生《そのはつせい》する原因種々《げんいんしゆ〳〵》ありと雖就中《いへどなかんづく》、塵埃《ちんあい》、毒煙《どくえん》、過勞《くわらう》、神經衰弱《しんけいすゐじやく》、飲酒《いんしゆ》、及《および》機械運轉速度《きかいうんてんそくど》の超過等《てうくわとう》に由《よ》るものが最《もつと》も多《おほ》いのである。而《しか》して前記《ぜんき》の各博物館《かくはくぶつくわん》に於《おい》ては、此等《これら》の原因《げんいん》を研究《けんきう》して、其《そ》れ〳〵救濟法《きうさいはふ》を講《かう》じて居《ゐ》る。例《たと》へばミランの安全博物館《あんぜんはくぶつくわん》の如《ごと》きは。高層《かうそう》なる建物《たてもの》に最新式《さいしんしき》の實《じつ》驗室《けんしつ》、病室《びやうしつ》、講義室《かうぎしつ》、圖書室等《としよしつとう》を設《まう》け、特《とく》に鉛《なまり》、水銀《すゐぎん》、亞砒酸等《あひさんとう》より生《しやう》ずる害毒《がいどく》に關《くわん》して調査《てうさ》し、又疲勞《またひらう》より生《しやう》ずる毒素《どくそ》、筋肉《きんにく》の活動《くわつどう》より生《しやう》ずる毒素《どくそ》、神經消耗等《しんけいせうまうとう》に關《くわん》しても、動物《どうぶつ》を利用《りよう》して實驗《じつけん》を施《ほどこ》して居《ゐ》る。其他《そのた》一般《ぱん》に人《ひと》の健康《けんかう》に害《がい》ありと認《みと》めらるゝ各種《かくしゆ》の工業《こうげふ》に就《つい》て、洩《もら》さず其結果《そのけつくわ》を調査《てうさ》して居《ゐ》る。斯《か》くして工場主《こうぢやうしゆ》に甚《はなはだ》しき負擔《ふたん》を課《くわ》することなく、災害《さいがい》を除去《ぢよきよ》することに努《つと》めつゝあるのであります。

何《いづ》れの博物館《はくぶつくわん》に於《おい》ても、調査《てうさ》した事項《じかう》は之《これ》を公《おほやけ》にし、又其研究調査《またそのけんきうてうさ》を依頼《いらい》する者《もの》があるときは、之《これ》に應《おう》じて調査《てうさ》し、其結果《そのけつくわ》を示《しめ》すことになつて居《ゐ》るのであるから、其効果《そのかうくわ》の少《すくな》からざることは、蓋《けだ》し言《げん》を俟《ま》たぬのであります。

又博物館《またはくぶつくわん》は工場監督官《こうぢやうかんとくくわん》と工場主《こうぢやうしゆ》との間《あひだ》に立《たち》て、大《おほい》に利益《りえき》を與《あた》ふ

安全博物館設置の急務

る場合《ばあひ》がある。例《たと》へば工場監督《こうぢやうかんとく》が、工場主《こうぢやうしゆ》に對《たい》し、或《ある》施設《しせつ》を命《めい》じたる場合《ばあひ》、若《も》し工場主《こうぢやうしゆ》に於《おい》て不服《ふふく》あるときは、博物館《はくぶつくわん》に就《つい》て詳細《しやうさい》なる事項《じかう》を學《まな》び、之《これ》に由《よつ》て監督官《かんとくくわん》の命令《めいれい》の當否《たうひ》を判明《はんめい》することが出來《でき》るのであります。

米國《べいこく》に於《お》ける或工場主《あるこうぢやうしゆ》の告白《こくはく》するところによれば、若《も》し其工場主《そのこうぢやうしゆ》にして夙《つと》に安全博物館《あんぜんはくぶつくわん》を參觀《さんくわん》したならば、幾多《いくた》の不必要《ふひつえう》なる死《し》傷《しやう》を豫防《よばう》し得《え》たであらうと云《い》つて居《ゐ》る。又職工等《またしよくこうら》にあつても此博《このはく》物館《ぶつくわん》を參觀《さんくわん》した者《もの》は、其仕事《そのしごと》に從事《じゆうじ》する上《うへ》に就《つい》て、尠《すくな》からず注意《ちゆうい》を喚起《くわんき》する効果《かうくわ》あることは、一般《ぱん》の認《みと》むるところである。要《えう》するに安全博物館《あんぜんはくぶつくわん》は資本主並《しほんぬしならび》に職工《しよくこう》に對《たい》し若《も》しくは一般《ぱん》公衆《こうしゆう》に對《たい》し、災《さい》害豫防《がいよばう》の點《てん》に就《つい》て、尠《すくな》からざる効果《かうくわ》を奏《そう》せるものなることは甚《はなは》だ著明《ちよめい》なる事實《じじつ》である。而《しか》して主人《しゆじん》と雇人《やとひにん》との關係《くわんけい》を圓滿《ゑんまん》にするの効果《かうくわ》も亦顯著《またけんちよ》なりと言《い》はぬばなりませぬ。

米國《べいこく》に於《おい》て始《はじ》めて設立《せつりつ》せられたる安全博物館《あんぜんはくぶつくわん》は、即《すなは》ち紐育《ニユーヨーク》に於《お》ける其《そ》れであるが、其設立趣意書《そのせつりつしゆいしよ》には左《さ》の意味《いみ》のことが記載《きさい》してあります。

『當博物館《たうはくぶつくわん》は、安全並《あんぜんならび》に衞生《ゑいせい》を研究《けんきう》し、其方法《そのはうはふ》を調査《てうさ》し、あらゆる各種公私《かくしゆこうし》の工場《こうぢやう》に之《これ》を應用《おうよう》せんことを目的《もくてき》とす、此目的《このもくてき》を達《たつ》する爲《た》め、博物館《はくぶつくわん》、圖書館《としよくわん》、實驗室等《じつけんしつとう》を設《まう》け、人命《じんめい》を安全《あんぜん》ならしめ、其健康《そのけんかう》を維持《ゐち》せしむる點《てん》に於《おい》て各種《かくしゆ》の實驗《じつけん》を遂《と》げ、且《か》つ之《これ》を說明《せつめい》

安全博物館設置の急務

し、講演《かうえん》し、或《あるひ》は印行《いんかう》し又之《またこれ》を公示《こうじ》す」と。

同安全博物館《どうあんぜんはくぶつくわん》は素《もと》より其商品《そのしやうひん》を賣却《ばいきやく》する商業機關《しやうげふきくわん》ではない、随《したが》つて此處《ここ》に陳列《ちんれつ》する物《もの》に對《たい》しては、何等《なんら》の報酬《はうしう》をも受《う》けない。

又同博物館《またどうはくぶつくわん》は安全《あんぜん》、健康《けんかう》に關《くわん》しては勿論《もちろん》、或《あるひ》は職工《しよくこう》の幸福《かうふく》、工業上《こうげふじやう》の技術並《ぎじゆつならび》に學理等《がくりとう》に關《くわん》しても亦有益《またいうえき》なる調査《てうさ》を爲《な》し、良好《りやうかう》の成績《せいせき》を擧《あ》げんとしつゝある。今同博物館《いまどうはくぶつくわん》の分類《ぶんるゐ》を示《しめ》せば左《さ》の如《ごと》くであります。

第一部　總括部

△汽罐《きくわん》、コンテーナア、氣管《きくわん》
△動力傳導機《どうりよくでんだうき》
△起重機《きちゆうき》及《および》扯上機《しじやうぎ》
△動力機械《どうりよくきかい》
△電氣《でんき》
△火災《くわさい》及《および》爆發《ばくはつ》

安全第一

△職工《しよくこう》の個人的用意《こじんてきようい》　△雑類《ざつるゐ》

第二部　特別部

△鑛山《くわうざん》　△石坑《せきかう》、掘鑿《くつさく》

△鎔鑛爐《ようくわうろ》及《および》鑄物場《いものちやう》　△金工《きんこう》

△木工《もくこう》　△化學工業《くわがくこうげふ》

△石及粘土《いしおよびねんど》　△纖維工業及織物《せんゐこうげふおよびおりもの》

△紙及印刷《かみおよびいんさつ》　△食料品《しよくれうひん》

△農業《のうげふ》　△建築《けんちく》

△陸運《りくうん》　△海運《かいうん》

△救急治療《きうきふちれう》

工場衞生

△空氣《くうき》、光線《くわうせん》、水《みづ》の試驗《しけん》に關《くわん》する器具機械《きぐきかい》△健康《けんかう》に有害《いうがい》なる物質《ぶつしつ》の陳列《ちんれつ》

△通風《つうふう》　△採光《さいくわう》

安全博物館設置の急務

△塵埃《ちんあい》及《およ》び瓦斯《がす》の排泄《はいせつ》　△傳染病《でんせんびやう》、肺結核《はいけつかく》

△浴場《よくぢやう》、食堂《しよくだう》、換衣室《くわんいしつ》　△大《だい》小便所《べんじよ》

△職工《しよくこう》の個人的用意《こじんてきようい》

社會衛生

△改良住居《かいりやうすまゐ》　△食物《しよくもつ》

△年金《ねんきん》　△雜類《ざつるゐ》

前記《ぜんき》合衆國《かつしゆうこく》の博物館《はくぶつくわん》に於《おい》ては各部《かくぶ》に相當《さうたう》なる專門家《せんもんか》を置《お》き、安《あん》全《ぜん》、衛生《ゑいせい》、及《およ》び幸福《かうふく》に對《たい》して施設《しせつ》したる事項《じかう》の適否《てきひ》を判定《はんてい》せしめ、又參觀人《またさんくわんにん》に對《たい》しては、陳列品《ちんれつひん》に就《つい》て一々說明《せつめい》し、若《も》しくは解說書《かいせつしよ》を備《そな》へ付《つ》けてある。陳列品《ちんれつひん》は總《すべ》て出品者《しゆつぴんしや》の負擔《ふたん》とし、若《も》し運轉《うんてん》する必要《ひつえう》あるときは、博物館《はくぶつくわん》の指揮《しき》の下《もと》に出品者《しゆつぴんしや》に於《おい》て之《これ》をなすことになつて居《ゐ》るのであります。

同博物館《どうはくぶつくわん》は日曜《にちえう》、大祭日《だいさいじつ》を除《のぞ》き、毎日開館《まいにちかいくわん》し、無料《むれう》にて公衆《こうしゆう》の觀覽《くわんらん》に供《きよう》し、又請求《またせいきう》に應《おう》じ、特《とく》に學生若《がくせいもし》くは職工《しよくこう》の團體《だんたい》に對《たい》して、參觀《さんくわん》の便利《べんり》を與《あた》ふることもあり、殊《こと》に鐵工部《てつこうぶ》の如《ごと》きは實物大《じつぶつだい》の安《あん》全裝置《ぜんさうち》を備《そな》へ、說明《せつめい》に努《つと》めて居《ゐ》ます。

總《すべ》て工場《こうぢやう》に於《お》ける機械類《きかいるゐ》は、模型又《もけいまた》は寫眞《しやしん》を以《もつ》て網羅《まうら》し、一々說明《せつめい》を加《くは》へてある。其品目《そのひんもく》は鎔鑛爐《ようくわうろ》、溶解爐《ようかいろ》、ベセマー、鐵塊《てつくわい》、軌條《きでう》、スケルプ、スラッピング、電氣鍍金《でんきときん》、管《くわん》、針金製造機械《はりがねせいざうきかい》、動《どう》力室《りよくしつ》、ヤード、ショップス、電氣及運送等《でんきおよびうんそうとう》であつて、此等《これら》の或物《あるもの》は專門技師《せんもんぎし》、工場監督官等《こうぢやうかんとくくわんとう》に由《よ》つて調査《てうさ》されつゝあるのであります。

安全博物館設置の急務

又《また》館内《くわんない》に一室《しつ》を設《まう》け、特《とく》に發明家《はつめいか》の爲《た》めに便宜《べんぎ》を與《あた》へ、即《すなは》ち發《はつ》明家《めいか》は開館中《かいくわんちう》其室《そのしつ》に於《おい》て、無期《むき》にて自由《じいう》に研究《けんきう》を爲《な》し得《う》るのである。尤《もつと》も試驗《しけん》に要《えう》する材料《ざいれう》は各自《かくじ》之《これ》を携帶《けいたい》することゝなつて居《を》り、而《しか》して館内備付《くわんないそなひつ》けの物品《ぶつぴん》を破損《はそん》したるときは、之《これ》が賠償《ばいしやう》の責《せめ》に任《にん》ぜねばならぬことにしてあります。

其他《そのた》同博物館《どうはくぶつくわん》には圖書《としよ》、雜誌《ざつし》、寫眞《しやしん》、幻燈《げんとう》、特別報告《とくべつはうこく》を蒐集《しうしふ》してあるが、又博物館《またはくぶつくわん》の主催《しゆさい》として、時々《ときどき》講演會《かうえんくわい》を開《ひら》き災害豫防及《さいがいよばうおよび》工場衛生《こうぢやうゑいせい》に關《くわん》する說明《せつめい》に努《つと》めて居《ゐ》る。現《げん》に鐵工部《てつこうぶ》の如《ごと》きは各地《かくち》の工場《こうぢやう》を巡回《じゆんくわい》して講演《かうえん》を爲《な》し、博物館《はくぶつくわん》に於《おい》て研究《けんきう》せられ若《も》しくは實驗《じつけん》せられたるところを、各工場《かくこうぢやう》の監督者《かんとくしや》支配人《しはいにん》、技師《ぎし》、職工小頭等《しよくこうこかしらとう》に説明《せつめい》して居《ゐ》る。或場合《あるばあひ》には工場《こうぢやう》の高級職員《かうきふしよくゐん》のみを集《あつ》めて講演《かうえん》を試《こゝろ》みたこともあるが、斯《かく》の如《ごと》き場合《ばあひ》に於《おい》ても、尚《な》ほ且《か》つ聽講者《ちやうかうしや》は三百人乃至《にんないし》二千百人《にん》に及《およ》んだと云《い》ふ事《こと》であります。

同博物館《どうはくぶつくわん》は其講演《そのかうえん》、著述《ちよじゆつ》、並《ならび》に應答《おうたふ》に由《よつ》て、全國《ぜんこく》に關係《くわんけい》を及《およ》ぼし、工場《こうぢやう》及《およ》び職工勞金問題等《しよくこうらうきんもんだいとう》に關《くわん》しても亦力《またちから》を致《いた》せることは尠《すくな》からぬのであります。

安全博物館《あんぜんはくぶつくわん》は當然勞働者《たうぜんらうどうしや》と密接《みつせつ》の關係《くわんけい》を有《いう》するのであつて、曾《かつ》てミネソタ州《しう》に於《おい》て、勞働省局長《らうどうしやうきよくちやう》と協同《けふどう》して災害豫防《さいがいよばう》に關《くわん》する講《かう》演會《えんくわい》を開《ひら》いたこともあり、目下《もくか》同州《どうしう》に於《おい》て安全第《あんぜんだい》一運動《うんどう》の盛《さかん》なのは、蓋《けだ》し此講演《このかうえん》が起《き》因《いん》となつたのであると云《い》はれて居《ゐ》ます。

安全博物館設置の急務

各州《かくしう》の勞働委員《らうどうゐゐん》は、屢々《しば〳〵》安全博物館《あんぜんはくぶつくわん》を參觀《さんくわん》するが、又《また》勞働省《らうどうしやう》の當該局《たうがいきよく》に於《おい》ては、博物館《はくぶつくわん》を以《もつ》て工場監督官《こうぢやうかんとくくわん》の練習所《れんしふじよ》に充《あ》てゝ居《ゐ》る。實際《じつさい》に於《おい》て危險《きけん》を豫防《よばう》すべき最新式《さいしんしき》の方法《はうはふ》は、此《こ》の安全博物《あんぜんはくぶつ》館《くわん》に就《つい》て研究《けんきう》するより宜《よ》きはないのであります。

災害保險會社《さいがいほけんくわいしや》の事務《じむ》に從事《じゆうじ》する監督技師《かんとくぎし》も、亦安全博物館《またあんぜんはかぶつくわん》に於《おい》て研究《けんきう》するを以《もつ》て大《おほい》に便利《べんり》なりとして居《ゐ》るが、現《げん》に旅行者保險會《りよかうしやほけんくわい》社《しや》の如《ごと》きは、曾《かつ》て其監督技師《そのかんとくぎし》一同《どう》を集《あつ》め、特《とく》に安全博物館《あんぜんはくぶつくわん》に就《つい》て研究《けんきう》せしめたと云《い》ふことであります。

加之《しかも》政府《せいふ》に於《おい》ても亦此安全博物館《またこのあんぜんはくぶつくわん》を重要視《ぢゆうえうし》し、殊《こと》に海軍省《かいぐんしやう》は先《せん》年其《ねんその》ヒラデルヒヤ海軍工廠《かいぐんこうしやう》に、博物館《はくぶつくわん》の當局者《たうきよくしや》を招請《せうせい》して視察《しさつ》を遂《と》げしめた結果《けつくわ》、同廠内《どうしやうない》に於《お》ける安全装置《あんぜんさうち》に就《つい》て有益《いうえき》なる注意《ちうい》を喚起《くわんき》したので、海軍大臣《かいぐんだいじん》は其報告《そのはうこく》に接《せつ》し、之《これ》を謄寫《とうしや》せしめて各鎮《かくちん》守府《じふ》に送付《そうふ》したことがあつたが、其後《そのご》千九百十二年《ねん》に再《ふたゝ》び工場《こうぢやう》の檢閲《けんえつ》を為《な》さしめ、報告書《はうこくしよ》を作製《さくせい》したと云《い》ふことであります。

米國《べいこく》の安全博物館《あんぜんはくぶつくわん》は、世界各國《せかいかくこく》に於《お》ける安全博物館《あんぜんはくぶつくわん》と聯絡《れんらく》を通《つう》じ、常《つね》に報告《はうこく》、圖表等《づへうとう》を交換《かうくわん》して居《ゐ》るが、殊《こと》に有益《いうえき》と認《みと》めらるゝは、紐育《ニユーヨーク》の小學校《せうがくかう》に於《おい》て、同市教育局《どうしけういくきよく》の指揮《しき》の下《もと》に、各教室《かくけうしつ》に就《つ》きて安全《あんぜん》に關《くわん》する説明《せつめい》を與《あた》へたことである。其際講和《そのさいかうわ》を聽《き》きたる兒童《じどう》の數《すう》は實《じつ》に七十八萬人《まんにん》に上《のぼ》つた由《よし》で、又之《またこれ》に續《つゞ》いて私立學校《しりつがくかう》に於《おい》ても同様《どうやう》の講演《かうえん》を為《な》し、約《やく》十五萬人《まんにん》の兒童《じどう》に聽講《ちやうかう》せしめたのであ

安全博物館設置の急務

ります。

最後《さいご》に米國《べいこく》の安全博物館《あんぜんはくぶつくわん》が施行《しかう》する事項中《じかうちう》に就《つい》て特《とく》に記載《きさい》を漏《もら》すべからざるは、同博物館《どうはくぶつくわん》が五個《こ》の金牌《きんはい》を保管《はくわん》する事《こと》である。此《この》金牌《きんはい》は即《すなは》ち災害豫防《さいがいよばう》及《および》工場衛生《こうぢやうゑいせい》を奬勵《しやうれい》する爲《た》めに、博物館《はくぶつくわん》に於《おい》て適當《てきたう》なりと認《みと》むる者《もの》に寄贈《きぞう》する權利《けんり》を附與《ふよ》されたものであつて、其中《そのうち》の三個《こ》は亞米利加《アメリカ》學藝雜誌社《がくげいざつししや》、旅行者保險會社《りよかうしやほけんくわいしや》、ルイス、リビングストン海員協會《かいゐんけふくわい》よりの寄附《きふ》に係《かゝ》り、殘餘《ざんよ》の內《うち》、一はハリマン氏《し》の記念牌《きねんはい》で、鐵道《てつだう》に於《お》ける災害豫防《さいがいよばう》並《ならび》に衛生《ゑいせい》に關《くわん》して功勞《こうらう》あるものに寄贈《きぞう》するを目的《もくてき》とし、他《た》の一はアルゲマイネ、エレクトリック會社《くわいしや》の寄附《きふ》に係《かゝ》り、電氣工業《でんきこうげふ》に關《くわん》する災害豫防《さいがいよばう》並《ならび》に衛生《ゑいせい》に就《つい》ての發明《はつめい》を爲《な》したものに寄贈《きそう》することを目的《もくてき》とするものであります。

本邦《ほんぽう》に於《おい》ては、工場法《こうぢやうはふ》施行《しかう》以來《いらい》日《ひ》尚《な》ほ淺《あさ》く、工場《こうぢやう》に於《お》ける危險《きけん》並《ならび》に衞生《ゑいせい》に關《くわん》して、詳細《しやうさい》なる統計《とうけい》を缺《か》く爲《た》め、災害《さいがい》の程度《ていど》を明確《めいかく》に說明《せつめい》し得《え》ないのを遺憾《ゐかん》とするのであるが、工場《こうぢやう》の幼稚《えうち》なる現狀《げんじやう》より推測《すゐそく》するときは、歐米《おうべい》に比《ひ》して災害《さいがい》の繁多《はんた》なるべきことは斷《だん》言《げん》を憚《はゞ》からないのでありますが、米國《べいこく》に於《おい》てすら工場《こうぢやう》に於《お》ける災《さい》害《がい》の五割《わり》以上《いじやう》は豫防《よばう》し得《う》べき性質《せいしつ》のものと認《みと》められて居《ゐ》る位《くらゐ》であるから、我國《わがくに》に於《お》ける災害《さいがい》の多數《たすう》が、施設《しせつ》の如何《いかん》に依《よつ》て防遏《ばうあつ》し得《え》らるゝことは想像《さうざう》に餘るのであります。

安全博物館設置の急務

安全第《あんぜんだい》一協會《けふくわい》は、即《すなは》ち此目的《このもくてき》に向《むか》つて猛進《まうしん》するものであるが、設立後《せつりつご》日《ひ》尚《な》ほ淺《あさ》く、僅《わづか》に雜誌《ざつし》を刊行《かんかう》するの外《はか》、充分《じうぶん》の活動《くわつどう》を爲《な》し得《え》ざるを遺憾《ゐかん》とします。故《ゆゑ》に此際《このさい》速《すみやか》に政府當局者《せいふたうきよくしや》に於《おい》て安全博物館《あんぜんはくぶつくわん》を設置《せつち》せられんことを刻下《こくか》の急務《きふむ》なりと思料《しれう》し、只管《ひたすら》其實行《そのじつかう》を祈《いの》つて止《や》まざるものであります。

此等《これら》施設《しせつ》の必要《ひつえう》は獨《ひと》り工場《こうぢやう》のみでなく、鐵道《てつだう》に、鑛山《くわうざん》に、將《は》た一般衞生《ばんゑいせい》に、何《いづ》れも切實《せつじつ》に其必要《そのひつえう》を感《かん》じて居《ゐ》るのであるから、此《この》際東京《さいとうきやう》、大阪等《おほさかとう》の大都市《だいとし》に安全博物館《あんぜんはくぶつくわん》を設置《せつち》し、模型圖表等《もけいづへうとう》を蒐集陳列《しうしふちんれつ》して、災害《さいがい》の由《よつ》て起《おこ》る原因《げんいん》を明《あきらか》にし、其結果《そのけつくわ》の恐《おそ》るべきを示《しめ》し、安全第《あんぜんだい》一協會《けふくわい》と提携《ていけい》して、或《あるひ》は通俗講話會《つうぞくかうわくわい》を開《ひら》き、或《あるひ》は

安全第一

幻燈《げんとう》、活動寫眞《くわつどうしやしん》等《とう》を應用《おうよう》して、災害豫防《さいがいよはう》に關《くわん》し、一般《ぱん》公衆《こうしゆう》の注意《ちゆうい》を喚起《くわんき》することは、頗《すこぶ》る緊要《きんえう》のことゝ信《しん》ずるのであります。

大正六年（一九一七）

十三　小學教育研究會「第十七章　兒童博物館の設備」

（『小學校の模範的設備』）

兒童博物館の必要

學習法の改革

一、兒童博物館の必要

(1) 學習法の改革　從來の教授法、否な、學習をする仕方と云ふものは、書物に由り若くば教師の話に據つて、學ばせると云ふことが、其の大部分を占めて居つたのであるが、之れに對して近來に於ては總ての教科目の學習を成る可く實地に就き、實物に據つて直觀的、實驗的に、學習せしめねばならないと云ふことが唱へらるゝやうになつて來たのである。即ち從來の教授の仕方は徒らに文字や、書物の上の教授であつて、其の學習の結果が確實でない、甚だ缺陷があつたのであるから、今後の學習と云ふものは總ての教科目に於て、成る可く實物に就き實地に就て、直觀し實驗して、以て、堅實なる智識を確實に會得せしめんければならぬと云ふやうになつて來たのである。此の教育の新らしき傾向、即ち、學習法の新主張と云ふものを實現するとなれば、何うしても從來の如く普通の教室に於て教師が單に種々の器械標本類を示すと云ふやうでなしに、平素に於て常に種々なる教授用具を陳列しておいて、兒童各自をして常に之れを直觀せしめ、實驗せしめると云ふことに努め、其の結果を確實に會得させると云ふやうにしてゆかねばならぬのである。此の意味に於て、各小學校に於ては、是非とも、兒童博物館と稱すべき類のものを設けて、以て此の教授の新主張を實現するやうに致さねばならぬのである。

国運發展の手段

(2) 國運發展の手段 從來の學問と云ふものは、主として、各々の人々が修養をする爲め、即ち各自の人間を作りあげると云ふことが専らとなつて居たのであるが、勿論さう云ふやうな主張に毫も異議を挾むべきものではない。國家を組織して居る國民が、其の自分の能力を堅實に作りあげ、人格を高めると云ふやうなことは、普通なことであるけれども併しながら、世界の大勢と云ふものは、何れも其の國々の實力をもつて相爭ふことゝなつて來たのである。實力の大なる國が他國を壓して、以て益々其の國運の發展を圖ると云ふ有樣となつて來たのである。而して國々の實力と云へば、何であるかと云ふと、何うしても其國に於ける、實業の發展、產業の進步と云ふことが、其の大なる基因をなすものであつて、何うしても、今後の世界に於ては、國運の發展を期する爲めには、第一に其の國民の國民的精神の上に於て、堅實なる基礎を要することは勿論であるけれども、到底其れだけでゆくものではないのである。今や則ち各國各々其の生產の實際の力の上に於て、所謂富强を期すると云ふことがなくてはならないのである。即ち何うしても國の實力と云ふものは生産力の方面、資力の方面に於て、優越なる位置を占めるにあらざれば、到底今後の世界に於て優勢の位置を保留してゆくことは出來ない時代となつて來て居るのである。

而して、斯の如き國々の生産力を進め、實力を增大するには何うしても、科學の應用に基ける方面の生産を期すると云ふことを圖らねばならぬのである。即ち何うしても教育の上に基礎を置き學問の上に土臺を置いて、以て、國運の發展を圖らねばならぬ。獨逸が今日の富强を致して居る原因は、一は、國民が充分に實際の生活を產業の上に活用し、科學的基礎の上に其の產業を建設して居ればこそ、今日の國運を來し發展を見た次第である。仍て、將來敎育の上に於ては、何うしてもさう云ふ方面に意を用ひ、普通教育の上に於て、特に此の側用意を致すことが必要であるのである。此の國是を貫徹する爲めには、普通敎育に於ける諸般の學習に就て、敎科目の學習のさせ方と云ふものを何うしても實物の上におき、實際の上に就て、科學的の智識の活用を專らとせしむると云ふことが大切である。仍て、其れを實行するには、何うしても從來の如く、徒らに、文字書籍の上に於て、空論空理を說くでなしに、一々實物に依つて、實際の上に最近の科學を應用し、何事に就ても具體的の事業を行ひ、悉く實物實地に就て、最新の智識を實際の生活並に產業の上に活用せしむると云ふ手段を取らねばならぬのである。此の意味に於て、各小學校に兒童博物館の如きものを設置して、實物に由り實際に就て、最新式の學藝科學を應用し、之れを理解させ、以て工業の堅實なる基礎を築き、由て以て、前に述べたる如き國運發展の基礎を作ると云ふことが、普通教育に於ける新らしき使命であると考へねばならぬのであるから、益々以て書物に由つて讀んだ上、更に今度は之れを實物に依つて、實驗することの出來るやうに、一々兒童の直觀に愬へ、以て其の學習を堅實にすることが愈々必要となつて來て居る次第である。

實際的實力の養成

(3) 實際的實力の養成　右は學習の方法並に國運の發展の上からして、實物を出陳し提供するところの、兒童博物館の必要を述べたのであるが、さう云ふやうな直接の必要以外に於て、凡そ吾々が、色々のことを學習するに就て、確實なる力が得らるゝと云ふ爲めには何うしても、實物を扱ひ實際に就て研究すると云ふことが必要である。所謂「百聞一見に若かず」と云ふ言葉は何時《いつ》まで經《た》つても動かざる金言であつて、幾ら説明を勞し幾ら解釋を試みても、到底其の實物を、直接に眼の邊りに提供して、之れを觀察研究せしむると云ふことには、到底及ばないことであるから、實地に對する實際の力を作る爲めには、何うしても、口

兒童博物館の施設
一般的陳列

進や、文字の上の說明では充分なる効果は得られないのである。必らず實物に依つて、實際に就て、實地的に力を得させると云ふ手段を試みねばならぬのである。從來の如く、實用に疎いと言はれ、實地には使へないと云ふ批難を受けたのは、主として其の敎授のやり方が、實物を離れ、實地を外にして之れを說明したところの思想上の敎育に過ぎなかつた結果である。其の意味に於て、將來の總ての學問の上に於ては實物實地に就て、研究させねばならぬのてある。所謂、實際的實力を作ると云ふことは、何うしても、實物に依つて之れを敎授するにあらざれば、滿足なる結果を得ないのであるから、一般敎育の上から觀て兒童博物館の如きものは是非共之を設備することを必要と信ずるのである。

二、兒童博物館の施設

(1) 一般的陳列　兒童博物館を何う云ふ風に施設するかと云ふことに就ては、理想上から言へば、之れに對しては、完全なる大きな室を設けておいて、學校に所有するところの一切の事物を悉く出陳しておいて、常に學校をして、普通博物館のやうに、何時《いつ》でも總てのものを通覽し學習せしむることの出來るやうにしておくことが理想的のやり方である。即ち一切の實物を學問の分類によるとか、或は學年の分類によるとか、即ち敎科目の方面若くば、學年の方面、何れに依つても宜しいが、學校の事情に由つて、夫々適當の分類の下に總ての機械標本を陳列しておいて、何時にでも、全體を見ることの出來るやうにして置くことが理想的の仕方であるからして若し場所が許し經濟が許すなれば、左樣な方法に依つて兒童博物館を施設することが肝要であるのである。

學習手段の陳列

(2) 學習手段の陳列　右は學校に在るところの器械標本の類を一般的に陳列しておく上の理想的方面であるが、若し場所が許さず經濟上が許さなかつたなれば、學校に在るところのものを常に一々全部出陳しておくと云ふ風でなしに、其中の或る物を、必要に應じて、順次に出陳しておくと云ふ手段を採ることも一つの方法である。即ち各々の教科目に就て、最近に教授せんと欲する事項に關し、必要なる事物を出陳しておいて、其れを觀察させて以て、其の觀察した結果を吟味することに依つて、教授の進行をさせると云ふ遣り方である。斯の如くするに就ては、何れも學年若くば、學級を本位として一年生の直觀場、二年生の直觀場と云ふやうな風に、各學學年若くば、各級に依つて直觀實驗すべき場所を極めておいて、其の場所に理科なり、地理なり、歷史なり、其他の各教科目の教授に就て將に教授せんとする事物を其處へ豫め出しておいて、研究すべき要項を指摘し附箋をしておいて、兒童各自をして、其の指導要求に基いて、必要なる觀察研究を遂げしめるのである。斯の如くにして、教授の時間に於ては、其の觀察し研究した結果を吟味し整理し、以て其の事項の學習をしてゆくと云ふ風にやつてゆく譯である。斯やうにして各學年に於て教科目の教授をやつてゆくやうにすれば、教授時間になつてから、始めて色々の實物を其處に出して、さうして一寸瞥見させて直ちに持去ると云ふ仕方よりも、一層長い時間を費して、堅實に學習させることが出來るのであるからして、實物一切を通じての學習として最も適切なるやり方であるのである。固より第一に述べたところの一般的陳列に於いても、或物を教授せんと欲すれば、何處の何を何う云ふ風に研究して來いと云ふ制度にしておけば、總ての兒童が之れをやつて來るのであるが、さう云ふやうな一般的の陳列よりも、寧ろ此の出陳の仕方の方が具體的で、一時一事的の見學が出來てゆく譯であるから、效果が多いこともあるだらうと思ふ。要するに左樣な出陳の仕方でもつて、充分に觀察し實驗の出來るやうにして置くことが肝要であるのである。

鄕土資料の陳列

(3)　鄕土資料の陳列　次には其の鄕土に於ける事物を觀察する爲めに特に、其鄕土に於ける生産物並に、鄕土に於ける狀況を理解するに必要なる統計表の如きものを一つの室若くば一定の場所に陳列しておいて以て、郷土を完全に理解させることが必要であるのである。即ち郷土に關する地理の模型とか、郷土に於て、生產する實物の標本とか、或は郷土に於ける戸口、貧富、人情、風俗、習慣、生產物、健康狀態、農商工上の事項、法制上の事項と云ふ風に様々なる郷土の實況を手に取る如く見へるやうに、諸般の實物を一定の場所に陳列しておいて、其の陳列したものを、兒童自身が調査し研究しさへすれば郷土の眞相が立所に理解することが出來るやうにしておくことが肝要である、所謂郷土館とも稱すべきものを新設しておくと云ふことは兒童博物館の內容の重要な一部分として洵に必要である。殊に近來、郷土的の教育をしなければならぬことで、總ての教科目は郷土本位の教育教授を重しとするところの今日の時代に於ては、洵に必要な事柄であるからして各小學校に於ては、是非とも左様な施設を實現することを希望する次第である。

兒童蒐集製作品の陳列

(4)　兒童蒐集製作品の陳列　兒童には植物の標本であるとか、動物の標本であるとか、鑛物の標本であるとか、乃至地理、歷史、理科、其他家事等各教科目の教授の材料となるところの色々の事物、即ち其等の學習をしなければならぬところの諸般の事物を色々と採集させることが出來るのである。仍て左様に、兒童各自が骨を折つて、採集したところの品物を一定の場所に陳列をしておいて、必要なる說明を加へておくことが學習の上に於て必要である。かく兒童をして實物を取扱はしむる上に於て又た種々のことを硏究し或は利用すると云ふ習慣を附けるために極めて、必要なることであるからして、兒童博物館の一要部として是非とも、學校の兒童が採集し製作したところの事物を色々と陳列して置くと云ふとが洵に肝要であるのである。之れは學年に依り若くば學級別に依つて陳列をして置くことにしたなれば、多大の奬勵となり參考となることである。殊に土地の狀況に依り色々と他處へ旅行したり、又は遠方に行つて居る卒業生が多い小學校に於ては、其の卒業生などに依賴をしておけば、幾らも左樣な材料を蒐めることが出來るのであるからして、さう云ふ風なものを陳列しておく場所を設けておくと云ふことは、兒童博物館の重要なる施設であると云ふことを忘れてはならないのである。

兒童製作品の陳列

(5) 兒童製作品の陳列　次には兒童博物館の內容の重要なるもの丶一つとして習字、圖畫、作文、手工、裁縫等、各教科目の學習並に、教科目以外に於て兒童が色々努力して作りあげたところの學習上の製作品を適當に陳列をしておくとか、彼等の學習を奬勵する上に於て、非常に必要なることとである。之れに就ては往々成績品の優秀なるものを廊下の一部分に

兒童博物館の利用

博物館主任

見學の指導

掲示すると云ふやうなことをやつて居る學校も少くないが、實際に於て、左樣な掲示は非常に獎勵になると云ふことであるから是非とも、斯樣な陳列の方針を此の兒童博物館内に及ぼして以て、充分に彼等の實際の努力を獎勵する手段を採ることが肝要であるのである。

三、兒童博物館の利用

(1) 博物館主任　兒童博物館の内容は前に述べた如き次第であるが、斯の如き施設を完全に實行し、且つ之れが利用を充分ならしめるためには、職員中に於て、どうしても兒童博物館主任と云ふものを一人定めておいて、恰も兒童圖書館に主任をおいた如く、此の博物館に主任を設いて、其の博物館當然の任務を遺憾なくしておくことが肝要であるのである。其人を擇ぶには成る可くさう云ふ方面に趣味のある人であつて、少しも勞力を惜まず、手數を厭みず自ら進んで骨を折るやうにして吳れる性質の人を擇んで、さうして以て、此の事項を完全に成功させると云ふことが必要であるのである。

(2) 見學の指導　次には兒童博物館に這入つて來た者を色々と研究することを、適當に指導すると云ふことが必要である。勿論兒童博物館に陳列してあるところの事物は單に店先きに商品を並べてあるのと違つて、一々各事物に就て、觀察すべき要項、研究すべき要點を指

結果の整理及び吟味

摘しておいて、以て、誰れでも其處へ來た者に對し何等指導を俟たず、自由に學習し研究することが出來るやうな仕組みにして置くと云ふことは勿論であるが、更らに其れ以上苟くも之れが見學に從事して居る者あらば、教師の方で必要なる注意を與へ、指導を加へると云ふことにしておけば、更らに見學と云ふものが精密にゆき、所謂痒い所へ手の屆くと云ふやうな風に、ゆく譯であるからして丁度兒童圖書館に於て、讀書の指導を爲すことを必要とすると同樣に、此の兒童博物館に於て、各兒童の見學することを適當に指導すると云ふことに盡力することが洵に肝要であるのである。

(3)　結果の整理及び吟味　斯くの如くにして各兒童が、兒童博物館に於て種々と研究し觀察し實驗した結果は、勿論各々の子供をして博物館に於ける研究錄と云ふやうなものを、有たせておいて、觀察、研究、實驗の結果を記錄させておくのである。左樣な帳簿の上に於て之れを檢閲すると云ふことも亦た必要である。又た豫め教師が要求したところの、研究事項、觀察事項があつたなれば、夫々の教科目教授の時間中に於て、其の觀察研究の結果を訊き質して見て、さうして、兒童が如何なる觀察を遂げて居るかと云ふことを檢べて、以て彼等の學習した結果を克く認めてやると云ふことが極めて必要であるのである。斯樣な事をしてやれば、子供は非常に欣ぶものである。若しさう云ふことをやらずに唯だ單に獎勵すると云ふことであつたなれば、子供は張合がないから、何うしても博物館に於ける觀察、研究は充分にゆかないことになるから、前に兒童圖書館に於ける學習の結果を吟味してやつたと、同じ趣意にて兒童が研究し觀察した結果を吟味してやる必要があるのである。否單に吟味するばかりでなしに、克く其の觀察した結果を整理してやる、整頓してやると云ふことが必要である。到底教授時間に於て教師が直接指導の下に研究した觀察の如きにゆかず、少數なる部分を覗いたに過ぎない譯であるから、何うしても疎漏の見學に陷り謬つたる觀察を爲して居る場合が往々にしてあるのであるから、其の見學の結果を整理してやることも兒童博物館の使用を爲す上に洵に必要であるから、此の側に相當周密なる留意を施すと云ふことが肝要であるのである。

大正七年（一九一八）

十四　吉田熊次「教育博物館」（『教育の米國』）

（三三）　教育博物館

教育博物館の最も有名なるものは佛國の巴里にある。我が國にも教育博物館の設は以前からある。併し此等の教育博物館は一個獨立のもので、直接に學校と聯絡して居ない。従つて實際教育との關係も甚だ疎遠であるやうに思はれる。佛國の里昻の大學には教育學講座に附屬した教具の博物館があるが、それも教具の標本室といふに過ぎない。然るに僕はクリーヴランドで師範學校を參觀して居る際に、極めて新式な又極めて實際的な教育博物館（Educational Museum）を見た。

　クリーヴランド師範學校は漸く出來上つた許りの最新の校舎で、僕が米國で見た師範學校の中でも立派なる部類に屬する者である。併し建物の點では更に一層大きく且つ美しいのも他で見たが、教育上新しき施設を見た點に於ては之が第一であつた。教育博物館は師範學校の附屬で、實は教具及び標本室を擴張した者といつてもよいのであるが、又獨立に活動もして居る。エスターン・レザーブ大學の事務員が、僕の研究に關係があるからと云つて態々師範學校まで僕を連れて往つて、校長マクレーン氏に紹介されたので、校長は自分で校内を殘る隈なく案内し、其の序に教育博物館も見せて吳れたのである。

教育博物館は、師範學校と同じ建物と云つても可い程接近して居る所の向つて左手のもので、廊下つゞきに往復が出來る。蒐めて居る物は標本、地圖、掛圖、繪本等であつて、時々は展覽會なども開くさうである。師範學校の附屬小學校では容易に兒童を連れて往つて此等の品物を見せることも出來、又教授の際には必要なる敎具を借用するとも出來るが、市内の小學校では斯かる便宜が少いので、教育博物館の方から品物を送つて各小學校に廻はすのである。卽ち小學校の教科に關係ある或一組の標本とか掛圖とか讀物とかを小さき箱に入れて小包として廻送するのである。又其の箱の内には一々說明書から展覽上の注意やら參考書やらを書き記した印刷物を入れて遣る。之れ實に小包博物館といふべきもので、キスコンシン大學で見た小包圖書館に似たものであるが、其れが小學校教育の上に應用されて居るのは、オリジナルである。

此處の教育博物館には幻燈部といふべきものがある。例へば綿、石炭、小麥、牛乳、家畜、絹、茶、米等それぞれの題目に關する幻燈種板を一組づゝ作り、此れ等の成長發達の有樣を幻燈に依つて說明するのである。此外ナイヤガラ瀑布とかニウヨーク市とかパナマ運河とか瑞西とかの如く、地理に關する種板のセットもあるし、又ワシントンとかリンカーンとかの傳記に關するのもあるし、又生理學や生物學に關するセットもある。教授用具として活動寫眞さへ使用して居る今日に幻燈を使用するのは何の不思議もないことで、歐洲の小學校でも久しき以前より用ひて居たのではあるが、これを教育博物館から組織的に分配するといふ點が、予には特に面白く感じられたのである。

此の師範學校の年報を見ると、此種の教育博物館は北米合衆國には少くない。セント・ルイスの公立小學校では約二千二百組の小包博物館を有つて居る。此等は又教育博物館から送り出される。シカゴの師範學校にも同樣の教育博物館が附屬して居て類似の活動をなして居る。又ペンシルバニアでは商業博物館(Commercial Museum)が同樣なことをなし、イリノイス州では州立師範學校が同樣のことをなし、ニューヨーク州では、州の教育局で澤山の幻燈種板を整へて、それを各學校に廻すことにして居る。後にオーバニーに往つた時、僕もニウヨーク州の教育局で、親しく此の種の施設を視察することが出來た。

米國人は貯金主義の民族であるかのやうに考へて居る人もあるやうであるが、又米國人ほど公益主義の民族は少いとも考へられる。斯かる民族性を假定しなければ、セットルメンツとか大學擴張とかいふ事業の米國に發達して居る理由が説明出來ない。前に述べた敎育博物館の活動の如きも同じ理由で説明が出來る。クリーヴランドの師範學校では此外に公開講演を組織的に爲たり、公開講習會を開催したりして居るが、クリーヴランドの通俗圖書館でも單に圖書の貸借をなす許りでなく、The Teacher's Leaf（「敎師の紙」の義）と題する印刷物を各小學校に配布して居る。其れには新刊の兒童の讀物の内容と程度の良否とを懇切丁寧に説明してゐる。之れまた圖書館擴張運動ともいふべきものであつて、つまり公益主義の民族性を發揮して居るものといふことが出來るのである。

社會一般が此の如く公益主義に勵んで居るからであらうと思へるが、クリーヴランドの師範學校生徒も公益委員(Welfare Committee)といふものを組織して居る。其の中には二人の敎師も加はつて居るが九名の生徒が主となつて働いて居る。此の委員は更に、五つの特別委員に分れて居る　一、建物委員(House Commitee)、主として學校内の建物の監督及手入等に注意する。二、圖書館委員(Library Committee)、圖書館員を助けて書籍雜誌上の注意をする。三、秩序委員 (Order Committee)、講堂、敎室、自習室等の整頓に注意する。四、向上委員 (Progress Committee)、生徒の學力を高め、生徒が課業及び試驗の際に正直を守ることに注意する。五、社交委員(Social Committee)、校内の親睦を計り新舊生徒の交を厚くすることに努め、又社交會等の開催に注意する。此等は勿論教育圖書館には無關係のことであるが、公益主義の實行といふ點に於て、共通のものがあるやうに思ふので、一寸と茲に書き添へることにしたのである。

大正九年（一九二〇）

十五　川村多實二「米國博物館の生態陳列」

（『動物學雜誌』Vol.32 第三百八十號・第三百八十一號）

曾て歐米を旅行した先輩から外國の博物館の話を聞いて、種々の動物を其棲息狀態を示す配景の中に立たせてあると知つた時に、如何なる方法でそれが作られるのであるかを知らんとする念切りであつた。夫故昨年米國へ來て以來各地の博物館でそれを見る度每に、なるべく注意して觀覽し、又係員に就て出來るだけ詳しく調べて見た。未だ歐羅巴の方は見ないけれども、多くの人の話によると、今日では米國の方が遙かに優れて居るとの事であるから、之れを以て彼を推知すること、强ち不都合ではなからうと思つて、取敢へず現在知り得たところの概略を報道することにした。詳細はいづれ歸朝の上何等かの機會に記述する積りである。

一、發達の歴史

今から三四十年前の動物剝製標本といへば、歐米に於ても現今の日本と同樣に、ニスを塗つた板の上に四肢を踏張つて突立つたもので、肉食獸も草食獸も、敏捷な動物も遲鈍な動物も、其姿勢に於て大した差異が無つた。蓋し剝製工なるものは、小使の中の少し器用な男が、見様見眞似で何とか胡麻化して行く位のものであつたからである。且つ當時の博物館たるや標本貯藏が重なる目的で、一般公衆に對する通俗敎育といふ點は、餘り考へられて居なかつたから、標本はなるべく容積を取らぬ様な形に作られ、同一科屬のものを同一場所に集めるといふ分類學的配列法に據つて常に陳列せられてあつたのである。

然るに千八百六十年頃から九十年頃迄の間に英國ブライトン市で熱心に鳥類を採集し且剝製標本を作りつゝあつたブースといふ人が、鳥の姿勢を正しく寫すことに苦心し、且つ幾分其鳥を射落した場所の狀況を模して背景を添えることを試みた。之が今日の所謂「生態陳列」の濫觴である。次いでライセスター市のブラウンといふ人が之に倣ひ、鳥類學者シャーブ等の眷顧を受けて、英國博物館の爲に鶴の類の生態標本を作つたことがある。更にサー、ウイリアム、フアウラーが館長となつてから、最も熱心に之を奬勵し、技術に於て大進歩をなすと共に、益一般公衆の目を惹いて、漸次敎育上の効果を擧げる様になつたのである。佛國では鳥類學者で亞非利加旅行で名高いベルローといふ人の指揮の下に、千八百六十七年に「駱駝に乘れる亞剌比亞人が獅子に襲はれたところ」の光景が作られ、千八百六十九年の巴里大博覽會で金牌賞を授けられた。此少々芝居じみた標本をば同年米國に購ひ來り、紐育の博物館に陳列したのが、抑も米國人が生態陳例を觀た最初であつた。此標本は其後移されてピッツバーグ市の博物館に保存せられてある。尙當時印度のカルカッタ博物館にも、獅子と虎との相鬪ふ所を作つたのがあつたさうで、之を傳へ聞いた西藏のダライラマが遙々見に出かけたといふ話がある。

米國で此種の標本を作り出したのは、今もあるニューヨーク州ロチエスター市のワード標本製作所で、茲で標本製作を學んだ人々で其後各地の博物館に之を製作した者が澤山ある。今の紐育ブロンクス動物園長ホナデイーを初めとし、ウエブスター、ウッド、クリッチユレー、ターナー、ダンスロー、エーケレー等がそれである。ホナディーは一年間全世界の採集旅行をして皈つてから、千八百八十年に紐育の米國博物館のために「オラングウタン」の一群が樹上に活躍せる有様を作つた。ホナディーの門入リチャードソン其又門人ラウリー共に同博物館に在つて此種の標本を作り、其技倆年と共に進んだ。此兩氏は餘程此方面の天才であつたと見え、リチャードソンの作つた野牛《バイソン》とラウリーの作つた大鹿《チース》の生態標本は、共に一十餘年前の製作なるにも拘はらず、現今作り出さるるものゝ間に伍して、著しき遜色が無いのである。

最初に作られたものは、鳥類に關するものであつた。

之は申迄もなく其羽毛の美麗なることゝ、大さが手頃で簡易な陳列に適して居ることゝに由るのである。然し現今では象や河馬の様な大きな哺乳類も用ひられゝば爬虫類、兩棲類は勿論無脊椎動物も亦盛に用ひられてあり、最近には魚類甲殻類を初め、水母海綿等の水棲動物までにも同様なる陳列法を應用する様になつた。陳列函そのものも、最初は四方硝子の小さな戸棚に剝製を入れて、地面だけに岩石草木を置いたのが、三方硝子とし一方の壁に背景を畫く様になり、遂には前面だけを硝子張りとして一方より觀覽する今日の型式に到つたのである。而して其進歩が實に急速で、一函は他函より、一回は前回よりといふ風に、絶へず改良せられ來つたために、現今各博物館に陳列せられてある生態陳列標本を見れば、極古い型から極新しい型まで、一堂の中に集つて、頗る不揃の感は免れぬが、其代り此技術進歩の跡を回顧するには甚だ好都合である。

更に數年前までは、單に或一種の動物を一函に置く方針であつたのが、斯くては非常に場所を取る許りでなく、教示するところの事實が貧少で散逸して居るために、觀者の興味を惹く力が弱いと云ふ缺點があるから、現今では若干の群の動物を取り合せて、一場面の陳列とする様になり。Habitat group と云ふ名を以て之を呼ぶ様になつて來た。從つて場面に現はれた景觀なるものも、數年前の様に或地方に實在せる景觀を一木一石寸分の相違なく摸寫したものではなくて、製作者の技倆頭腦によつて、數個所の實景材料を用ひて、人工の臭みを殘さぬまでに巧に組み合せた、理想上の景觀なのである。

二、陳列函

從來米國に於ける生態陳列法發達の中心で、且現今に於て最多數の最精巧なる製品の陳列せられてあるのは、紐育市の米國博物館である。市俄古市のフィールド博物館も亦、少し舊式乍ら稍多數の陳列函を有して居る。桑港金門公園内にある加州科學院博物館には數は少いが精巧なる點に於て紐育のものに伯仲し、美術的なる點に於ては更に其右に出づるものがある。而して此所のものは割合に短い期間に作られたので總てが大さ及び型式に於てよく揃つて居る。紐育の對岸ブルクリン市の藝術科學院博物館にも立派なものが大分ある。市俄古では別にリンコーン公園内の自然博物館の中に小形の簡易なるものが非常に數多くある。其他各地の博物館多少之を作らぬ所は無い、がワシントンの國立博物館ケンブリツヂのハーバード大學比較解剖學博物館及び費府の科學院博物館には、世上に有名なるにも拘はらず、生態陳列に就ては一向見る可きものが無い。蓋し此三博物館に在る動物學者の殆んど總てが、死骸の寸法を測つて日を送る古型の分類學者であるからである。大學の標本室では、アイオワ大學に大平洋中レーザン島の海岸に海鳥の群れる様を寫したもので、背景の横幅百三十八呎と云ふ素張らしい大きなものがあり、カンサス大學には米國の哺乳類を、熱帶から極北へ、平地からロッキー山頂までに亘つて分布及び生態變化を併せ示すために、一場面に組合せたものがあつて、少し無理ではあるが、兎も角も新式のものである。之をCyclorama groupと呼ぶ。

既に述べた通り陳列函の樣式は種々に變遷し來つた上に、中に立たしむる動物の種族に依つて形大さ其他の構造を異にする必要もあるから、一概に說くことは出來ないが、次に最も新しく現今普通に用ひられつゝあるものを說明して見やう。此函は室の一側壁に接して置かれ、若しくは作られて、全形は一圓筒を其中軸を外れた一平面を以て縱斷した如きものである。圖中ABCDは觀客に面したる前面で、周圍は板、中央は一枚の硝子である、後壁は蒲鉾形に曲面を畫き、EFの點に於て前面から最も距つて居る。此後壁がすべて背景の畫かるゝ面である。弓形をなせる天井AECは硝子又は摩硝子を張り、之を保護するために鉄骨又は金網を添へる。底面BFD亦弓形をなし、室の床を其儘用ふることもあり、又木練瓦、セメント等にて床を高むる場合もあり、此上に岩石草木及び動物が立つのである。前面に板を張る理由は、E又はFに於て後壁と上下の面との間に存する角度をもつた縫目、並びに兩側に於て背景の著しく前方に近づき來る點を、觀者の眼に見得ざらしむるためであつて、前者のためには觀者が數呎だけ硝子から退いて見る事を要求する。そのため所によつては前に欄干樣のものが作られてあることもあるが、勿論この欄干は所々切つてあつて、觀者は望とあらば硝子の所まで近づいて、個々の細末を看得る樣になつて居る。光は通常天井から取ることになつて居る日光を用ふる事は少くて電燈に依る事が多いが、觀者の通路の所は割合に暗くしてある。之は申までもなく水族函等と同じく、硝子面の反射によつて、觀者が標本を見ずして巳れの顏を見る如き不都合無からしむる爲である。(圖は都合に依り次號に掲ぐ)

右の如き型式の陳列函は大小區々で、小鳥の巢位を示した小さいものは前面の大さ二呎角位、机の上に安置し得る程のものであるが、大きいのになると初から据付で造るので、函と云ふ語が當らぬ位である。例へば桑港のものは前面の高さ十八呎、幅二十五呎、後壁は其曲面に沿うて四十呎、曲面の中央が硝子から距ること(即ち函の奧行)十三呎である。而して前面の板の幅が二呎半あるから、硝子板の處が高さ十三呎、幅二十呎ある理である。此板の所で場所が勿體無いと云ふので、館長エバーマンの考案で、硝子の兩側、人の顏に對する位の高さの所に小さき窓を切り拔いて、其所に小形の陳列函を作つたが、大函の並んだ間の單調を破り、甚だ面白いものが出來て居る。此小形の(謂はゞ寄生性の)陳列函もその形に於ては大きいのと全く同一である。紐育博物館に於て最近に考へついたことは、前面の硝子を垂直に立てないで、少し前にのめらし(上を前に倒す)て傾けて置くと少し位廊下が明るくても觀者の顏が映らぬし、且つ横斜に兩側端を見るときに有効であるといふ事である。

さて以上の如き陳列函が室の兩側に澤山並立するとすれば、室の模樣は丁度水族館のそれに髣髴たるものが出來る理である。現今に於ては、建築からして特に此目的に設計せられた場合は未だ一つも無いが、將來自然博物館の建築を設計する場合には、生態陳列室は、他の分類學や分布學上の陳列室と共に、此點に於て差異あることを考慮しなければならぬと信ずる。

三、設計及び材料蒐集

自然を模して配景を造ると、一口に云つてしまへば何でもない樣であるが、實際之を作るとなると非常に面倒なものである。學術上に正當であらねばならぬことは勿論であるが、觀者の目を樂ませて其心を惹きつけるためには、場面が充分美術的であらねばならぬ。即ち色彩の配合、陰影濃淡の分配、材料の調和輕重、苟も畫家が大作を爲す時に嘗めるだけの苦辛は一として免れるものはない。否繪畫等では陰影は畫家が隨意に點加し得るものであるが、此場合には之を其所に置かるゝ物體によつて與へしめねばならぬ。此點に於ては寧ろ彫刻に似て居るが、大理石や石膏の彫塑の單簡なる色彩とは異り極彩色の然かも複雜を極めたものである。今日如何に巧なる彫刻家と雖も極彩色寫實的の作品であつて然かもよく俗意ならざるものを作り得るもの果してあり得るであらうか、世人はよく自然の妙工といふ事を云ふが、此場合は單に自然の眞、自然の妙を寫すを以て、足れりとせず、其可なるものを取り不可なるものを捨てゝ、自然以上の理想境を現出せねばならないのである。

今新に一函の生態陳列を作らんとの企畫が起るとすると、第一に必要なるものは設計である。而して此設計に際して先づ定めらるゝものは「何某地方に棲む何某の動物」と云ふ事である。其處で其動物に精通する專門の學者で、曾て躬から其他に採集せし經驗あるものが製作者に對して參考品を見せ乍ら彼の要求する所を説明して實行可否の意見を徴し、若し不都合なしとすれば、茲に雛形を造らしむる段取となる。此場合學者は強ち曾て實地踏査の經驗無くともよいのであるが、其頭腦中には、結局の出來上りに現出せらるべき學術的美術的なる景觀が、相當に明瞭に畫かれてあつて、然もそれを製作主任の腦中に移し傳へて、略ば同じものを心中に浮べしむる技倆が無ければならぬ。若し然らずして學者が單に標本、腊葉又は學術上の出版物を提供して宜しく賴むといふやうな有樣であるならば、製作者は如何なる配景を選ぶべきかに迷ひ、若し強いて之を作らんとすれば、美術には完全であるかも知れないが、生態學上からは決して充分と云ふ可からざるものが出來るのである。或は少くとも製作者が現在に往つて其候補地を目撃する迄は、雛形をも作り得ないことゝなる。但し茲に製作者と云つたのは動物の剝製に對しては勿論樹木岩石其他材料の製作の智識を有し之が配置利用に經驗のある製作主任者のことであるが、此者が背景の執筆及び全幅の美術的統一を擔任すべき畫家と協力して實物の五分の一位の雛形を作り玩具の如き動物を立てそれで以て色の調子、材料の按配等あらゆる方面の見當をつける。丁度畫家が大作をする前に構圖《コムポジション》を小さな畫布で試みると同樣である。

尤も出來上りが僅數呎大の函であれば、特に雛形を作るにも及ばぬから、數枚の畫を以て之に代へて置くことが多い。兎も角も後に示す如く非常な時間と費用とをかけて作るものであるから、出來上つた上で何處か拙かつたといふ樣な事の成る可く無い樣にと、先づ愼重に構圖を研究するのである。（續く）

●米國博物館の生態陳列

大體の設計が決定せられると、一隊の人員が採集用具運搬用材料を携へて候補地に向つて出發する。動物の野生狀態の見らるゝ所といへば大抵人寰から遠い森林、沼澤、山顚又は荒磯であるから、屢々天幕寢具防寒衣食料品醫藥等すべての野營の準備をして出掛けねばならぬ。而して現在の動物學書には槪して野性の記事が少く、又假令如何に斯物に精しく記載せられた動物であつても、さていよ／＼之を生態陳列に取らうとすれば何處かに觀察不充分な所があるから、製作者や畫家に充分此方面の觀察の心得無き限り學者自身亦此行に加はらねばならぬのである。候補地に到着してから構圖を決定するとき等には況してである。

一行が候補地に到着すれば非常に忙しい目をする。即ち學者は直ちに動物の棲所、食物、水飲場、日常通路、糞便の形狀、飛翔、跳躍、停立の姿勢、鬪爭、遊戲、育兒の擧動等あらゆる生態的觀察を初め、製作主任、寫眞師、畫工は或は木に攀じ岩角に臨み、時には危險を冒してまで周圍の光景色彩を寫生し、又其一部分の精密なる寫生を集める。採集者人夫は是等の人々の指揮により動物を射殺捕獲し、樹幹を伐り、草苔等を成る可く傷けぬ樣に堀り取り、岩石は色彩形狀の見本を作り、時には其一部を雌型に取る。凡て其邊にあるもので陳列函中に利用し得るものは成る可く自然の狀態を傷けぬ樣に、且つ餘分を見積つて採取し、之を後に組立てる時に差支へぬ樣に番號記號を附した上で荷造りをする。此荷造りの手間を惜み、運賃を倹約しやうとして、材料に傷でもつけやうものならば、折角遙々と出かけた苦心が水の泡となるから是點も充分に念を入れてやる。海岸の岩石に附着する海草や介殼は其附着姿勢を寫生した上で、之を乾かすとか、藥液に入れるとかして持ち歸るが、後に蠟細工や硝子細工で模す可き材料などは、現場に於て雌型なり見本なりを作る必要のあることもある。樹の幹の如きものでも乾燥した時と生時とは色彩形狀を異にする場合があるから之を寫生して置き、歸つた上で着色仕直さねばならぬ。動物は勿論の事であるが樹枝や雜草の如きものも、現場に於て毒液を注ぎかけて、防腐防虫の方法を講ずる場合が多い。植物に對してはフォルマリン、二硫化炭素又は昇汞水を用ふる。太き幹であると、充分加毒して置かないと、陳列を終つた後に昆虫が食ひ出して困ることがある。之は間々あることで、桑港でも羽蟻が翔び出して、雪の上に翅を落したることがあるし、ボストンの博物學會博物舘では介類及び昆虫專門のジョンソンといふ人が其處の熊の生態陳列函一つの中から極珍奇な種を含む昆蟲二十三種何百個類とかを採集したことがある。斯くの如く現場の材料蒐集なるものは周到なる注意を以て爲さるゝのであるから、生態陳列が行はるゝに至つて、動物習性の徹底的綿密なる觀察のなさるゝ機會が非常に增したと謂つてよい。紐育の博物館に居る鳥類學者チャプマン等は此方面の觀察に於ても、又生態陳列の考察指揮に於ても世界第一の經驗家と云つてよからう。

四、組　立

右の如くにして集めた材料を齎らして館に歸り來れば、玆にいよいよ組立を初める。第一に着手すべきは勿論背景であつて、之が出來上ると、前方に岩石樹幹を配し、其間に工場で準備して居た木の葉や草を用ひて細末を完成し、動物剝製を適當の位置に配し、前面の硝子をはめて、玆に初めて完成といふことになるのである。次に類項に分つて夫等を略述しやう。

(一)背景、背景を畫く可き壁は、堅牢に造られた下地の上に荒目の布を張り、其上に良質のセメントをもつて恰も壁の上塗りをするが如くに塗るのである。畫布《キャンヌス》は小形の陳列函には利用し得らるゝけれども、光を上方から取る結果、布目が見えたり、剝毛目が現はれたりして思はしくない。極小形の函なれば引伸し寫眞を貼りつけて、それに着色して間に合ふこともある。執筆の要領は、從來のパノラマの場合に似て、今少し細心の注意を要する。それは近距離で澤山の比較物を直ぐ傍に置いて見ることゝ、一體が精確を必要とする畫であるからである、其他空の畫き方の强さとか、照す光の色によつて布色に際し施すべき加減とか、又は光の來る方面によつて注意すべき刷毛目とか種々經驗から得られた要領があつて、予は大分畫家から敎へられたけれども、油繪具をいぢくつた人に對してでなければ一寸說明が困難であるから、玆には省略する。背景には前面の諸材料を置いた後で幾分筆を加へることもあるけれども、之は樹の枝等が入り組んでから後には仲々厄介なことであるから、成る可く初めに畫き終らなければならぬ。雛形の必要なのは斯う云ふ處にもあるのである。

(二)岩石樹木等、岩石の中身や樹幹の向ふ側は臨機應變都合の好きものを用ふるが、丈夫で何時迄も狂つたり曲つたりすることの無い樣にせねばならぬ。大きな岩は大抵木や太い針金で骨組を作り、金網を被せ、紙型樣の材料を被せて、表面を作り、泥土又は細砂を塗り、彩色を施したり等して、其效果を出すのである。幹と太き枝とは大抵實物を利用する。冬の枯草等は實物をよく乾燥し、加毒したものを用ふるが、此國は空氣が乾燥して居るから、それだけ永く保つのである。時には夏の草に向つて枯草に綠彩を施して用ふることがある。此彩色は筆ですることもあり油繪を薄く溶いて霧吹きで吹きかけることもあるが、繪具の濃さに一寸熟練を要する。樹幹や岩石の彩色法も右と同一である。

(三)木の葉、花瓣等、之は十中八九造花法で作つた人工のものを用ふるが日本等の樣に布を切つて作つたのでは布目が出て不都合であるから、特別の場合の外は之を用ひず通常は今少し面倒な手數をかけて作つたものを用ふる。即ち實物を石膏で挾んで雌型を作り置き、日本の吉野紙の纖維の樣なものを油と共に此型に入れて葉の形を作り、蠟で固めて再び之を壓搾し、霧吹き及び手先きで一枚一枚綿密に着色するのである。花瓣も又同様であるが、近頃は硝子の花瓣が中々評判が良い。

硝子細工ではハーバード大學の博物館に獨逸人ブラシユケ父子の作つた有名な植物の模型が澤山あつて、其精巧實に驚く可きものであるが、予が日本に居た頃聞いた所ではブラシユケ父子の死後其秘法全く絶へて世に傳はらず、現今にては作り得るもの無しとのことであつたが、現在紐育博物館の無脊推動物部に居る獨逸エナ生れのミユーラといふ男などの作つて居るものを見れば、決して彼に劣る點がない様である。其製造法には秘密も何もなく、又兼て聞いた如くに特別に軟質の硝子を用ふるのではなくて普通のフリント硝子の管を瓦斯の火で根氣よく細心に取扱つて、息で吹いたり繋ぎ合せたり、切つたりなどして綿密に作る迄の事である。ミユーラは自分のためにツブアリラ類のハイドランスを一つ作つて見せて呉れたが熟練さへすれば誰にでも出來るらしく思はれた。硝子細工で木の葉の様な扁平なものを造るには少し太い管を縦斷して二分し、其一つを炭素棒等で押へて扁平に伸ばして作る。着色するには多くの場合硝子細工を融かしたパラフインの中に突込んで引き上ぐれば、パラフインの温度如何によつて厚く又は薄く其上を被包するから其上を着色するのである。花瓣の如き半透明なものは蠟細工よりも此硝子細工に蠟を被せたもの〻方が遙に眞に近きものが出來る様である。動物では水母やカリナリヤの如き透明なものは勿論、軟體動物、棘皮動物、珊瑚等最も硝子細工が向く様である。

（四）　雪及び水、雪景は材料が少くて割合に感じの良いものが出來るので、普通でも店頭の装飾等によく用ひられるが此點は博物館の生態陳列に於ても同様である。所によつては綿又は大理石の粉を用ひた所もあるが、最新の方法は融かしたパラフインを霧吹きで吹いて、白粉を作りて用ふるのである。水は硝子板又はセルロイドの板を其場所の形に合せて切りてはめ込む。草の葉に置く露には多くパラフインの球を用ひ、水邊の濕つた表にはニスを塗つて其氣持を出すことが多い。

（五）　剝製法、之は生態陳列に於て甚だ大切なることである。何となれば如何に周圍が巧に出來て居ても、動物の姿勢が拙劣であつては、全く無効であるからである。其爲には、從來日本等でやつて居る通り、恰も嚢の中へ物を押し込む様に、剝いだ皮の中へ綿や藁をゴジ〳〵詰める様なことではいけない。米國でも一時は鋸屑を詰めたり紙型で中身を作つたりした時代があつたが、現今ではそんな亂暴なことはせずに、先づ彫刻家がする通りに粘土で動物の彫刻原型を作る。之は實物か若くは寫眞等によつて全體の姿勢は勿論皮膚の皺筋肉の凹凸一つ一つを精確に寫したもので、それだけで、立派な美術品である。數個の動物を並べる場合には、それ等の原型を並べて見て、相互の間の呼吸をもしつくり合ふ様にせなければならぬ。此原型が間然する處なしと云ふ事になれば、それを皮の厚さだけ瘠せさせて、雌型を取り、此雌型によつて石膏の型を得、之を固めて堅牢なものとし、且つ靴屋が靴の形を外すときの様に若干個に切り分け、其切り口に繼ぎ目の釘を造り、然る後に之を剝いだ皮の中に頭部から腹部、手先から腕と云ふ風に順次に詰め込んで行くのである。成程かくすれば輕くて堅牢で、永久に形の狂はぬ剝製が出來上る筈である。桑港には、數匹のカモシカが觀客の方を注目して今にも逃げ出さうとして居るものがあるが、其姿勢眞に逼つて、何とも云へぬ巧なものである。此外尚鹿が怪訝な顔をして觀客の方を注意して居るものもあり、牛、猿、熊其他獸類の姿勢に於ては米國第一で實に讃嘆の辭に苦しむ位立派に出來て居るのを見た。

(六) 水景の景觀。紐育とブルクリンの博物館には水底を巧に寫したものがある。ブルクリンの方が初めに出來たのであるが、近年紐育博物館が作つたものに良いのが二つある。一つはウッヅホール港棧橋の柱に附着する海綿蘚苔虫ホヤ等を示したもので、魚やイカが水中を遊んで居る。

今一つはボストン近傍ナハント海角の水中光景を寫したもので、干潮時に際し岩面に附着する甲殼類、海草、イソギンチャク、蘚苔虫等實に驚く可く精巧に作られてある。此等の動物は或は蠟細工、或は硝子細工或は其他あらゆる臨機應變の方法を試みて、種々新方法を案出してあるが、今一々玆に說く事は出來ぬ。此二函の陳列では、水中の部の光りは後壁から取つてあり、水中には前面の硝子と平行して何枚もの硝子を立て、其の上に濃淡種々の度に畫いてある海草及び魚が、恰も水を透して見た朧氣を帶び、甚た心持よく出來て居る。又此硝子の或ものには引伸し寫眞によつて遠景が印刷せられてある。而して此二函に就ては十餘年間此博物館に居て最近歸朝せられた霜鳥正一郞氏が專ら設計、着色等の美術的方面を擔任して非常な苦心をせられたさうである。

五、雜　錄

以上述べ來つた所によつて、現今米國で盛に流行する生態陳列なるものが、如何に多大の苦心と手數とを以て、作らるゝかといふ事が明となつたであらう。從つて其經費も莫大なものである。桑港のものは、館長エバーマンが予に語つた所によると、一函に就いて四千弗かければ可なりのものが出來るとの話であつたが、彼所のものは加州附近の動物が多くあつまり遠隔の地の動物は無かつた樣である。若し採集隊が南米や亞弗利加へ出かけるとすれば旅費だけでも中々大したものであるから、紐育で此頃製作しつゝあるものは、確にそれ以上である。何しろ前にはめる硝子だけでも、桑港のものが一昨年末の相場で一枚三百六十一幾弗と云ふ値段ださうである。景觀によつては用ふる木の葉だけでも非常の數量で、市俄古博物館内の「四季」と題するものゝ中、「夏は」三匹の鹿が水邊に立つ所を示した餘り大きくない函であるが、之に用ひた木の葉の數が一萬七千枚だと記してある。然も之は千九百四年の作であるから、紐育等で近頃出來る大きな函の場合。例へばフロリダ半島の濕地に爬虫類兩棲類を示すものなどは樹木だけでも何の位の手數がかゝつて居るか分らぬ。夫故是等の函を仕上ぐるには大抵七八人の人間が打かゝつて組立てを始めて後一年以上もかゝるさうであるが、金のある米國なればこそと、玆でもつくづくとそれを思ふのである。

桑港の大陳列函の横に附屬せしめて作つた小さいものや、市俄古リンコルン公園内の博物館にある位の函では、それ程にも費用が掛らぬらしい。エバーマンは五十弗乃至一百弗と云つて居たが、設計の如何によつては案外簡易に出來ると思はれる。例へば桑港には板塀を作つて猫を覗かせ小鳥を狙つて居る處を作つたのがある、又上からユーカリプタス樹の枝を垂れてそれに巣くふ小鳥を示し、あとは單に背景によつて遠景を示したものがある。ブルクリンの博物館には船の舷側近く多くの海島の翔ふ所を示したものがあつて、船は只甲板の一部と鐵欄と檣檣引張つた綱とで表はし、海は背景として畫いてあつたが之は鳥の姿勢を除けば譯もなく眞似られさうであつた斯ふ云ふ風のものは店頭の飾としても、又共進會等の出品としても、標本商店等が採用するに適し、至極簡便であらうと思ふ。

最後に一言し度いのは生態陳列の効用といふことである。動物を其生活狀態が一目して解る樣にして見せるのは勿論結構なことであるが一寸考へると之は金があるまゝに增長した贅澤で斯くまでせずとも、油繪で配景を畫いた位でよさゝうなもの、又何も一から十まで眞景を寫さなくてもよからうと思はれぬでもない。實際予も亦昨年十一月紐育ブロンクス動物園にホナデイーを訪うた時に、氏が近く建築せらるべき動物生態繪畫館に掲げんとして、目下畫工に書かせつゝある多數の油繪を見せて吳れた際、生態の說明は之でもよさそうこ思つたのであるが、然しよく考へ直して見ると、我々は學生時代から科學を習つて來た上に數學などで幾分推理力を養成し來つたから、平面な繪畫を見ても遠近の感じがするが一般下級社會のものや、小兒の頭腦の程度を標準として考へたならば、矢張り立體的のものは立體の模型を以て示さなければ、到底理解し得ないであらう。丁度吾々には淺薄見るに堪へざる筋書の芝居や活動寫眞が彼等に適度である樣なものである。又實物の眞を精確に寫すといふことも、規約とか條條的とか云ふことの解らぬ彼等に見せるためには大いに必要なことであつて、此精密が無かつたならば、彼等は陳列を信頼せず從つてそれに對する彼等の興味が薄いであらうと思ふ。（完）

（大正九年一月フロリダ客舍こて走筆）　（川村賓二）

大正十年（一九二一）

十六　丸山良二「博物館」（『日本社會教育の研究』）

○博物館

博物館起原

博物館陳列館の起原は、貴重な美術品、珍奇な動植物及び其の他單に人の美術心並に好奇心を滿足せしめるいろ〳〵の物を蒐集して一定の場所に置いたのに基くのである。隨つて昔時は博物館といへば單に觀賞を目的としてゐたのであるが、近代に及んで漸次分化して各種の博物館が設けられるに至つたのである。西洋では博物館がギリシャの太古から存した故に、現今では分化せる大博物館が澤山にあるが、我が國では博物館らしいものの出來たのは東京教育博物館で年代からいへば明治元年（皇紀二五二八 西紀一八六八）のことである。隨つて分化せる博物館も少く、かの上野の東京帝室博物館（明治十五年設立）の如きもなほ美術、歴史天然物を收めて所謂美術博物館、科學博物館を兼ねたものである。

博物館設立の趣旨

一、博物館設立の趣旨　（一）觀賞　古今東西の美術品珍奇物を蒐集して觀賞の用に供するを目的とするのである。昔時は主としてこの目的のみで設立したが、今日では殆んどこれは主目的としては居ない。今日では次に述べるやうに教育を主要なる目的として居るのである。

（二）教育　教育を主要目的とする時に、之を敎育博物館といふが、これは後に詳述するとして、とにかく近時の博物館は觀覽者を敎育するを主目的とするに至つたのである。即ち蒐集品はみだりに珍奇品のみを撰ぶことなく普遍的にしてしかも品質を精選する。次に陳列法も系統的に排列し例へば藝術品ならば年代別、國別、流派別等により、博物標本ならば分類別、產地別等によるといふやうにして、材料の多數よりも、むしろ少數のものを精選する。次に供覽品には簡單明瞭なる說明を附し置き觀覽者をして一見して了解せしめるに至つた。

（三）藝術品標品等の保存　博物館は觀賞の用に供し觀覽者を敎育するのみならず貴重なる藝術品や標品等の保存をも目的とする。こゝに於て所藏品は科學的の保存法によつて永久に保存されねばならぬ。建物の如きも火災、地震、盜賊等に對して絕對に安全を期せねばならぬ。

（四）研究場　博物館には多數の藏品があつて、學者の研究にとつて便益を得る所が多い。故に學者を招聘して一層學術を研究せしめるか、又學者研究の便益を與へることにつとめねばならぬ。

博物館は以上の趣旨を以て設立されるのであるが、それではどういふ種類のものがあるであらうか。

博物館の種類

二、博物館の種類　これを通常我々が呼ぶ所に隨つて述べてみれば(一)歴史博物館　歴史風俗に關する材料を蒐集してゐるもので宇治山田市には徴古館がある。(二)人類學博物館　歴史前の器具、未開人の風俗等に關する人類學的の標品を蒐集するもの。(三)工藝博物館　應用美術品、工業製作品等を陳列するもの、京城にある朝鮮總督府博物館には、その一部に工藝品が集めてある。(四)商業博物館　輸出入商品等の陳列所で東京には農商務省商品陳列館がある。(五)農業博物館　農具農業用機械農産物等を陳列するもので宇治山田市には農業館がある。(六)博物學博物館　動物植物地質鑛物に關するものを蒐集す、岐阜市にある名和昆蟲研究所昆蟲陳列館及び京都市にある平瀨貝類博物館は特殊的のものではあるがやはりこの類である。(七)美術博物館　繪畫彫刻其の他の美術作品を蒐集せるもの、東京京都奈良の帝室博物館にはその一部に美術品が藏せられて居る。(八)陸軍及び海軍博物館　陸軍及び海軍の軍事武器具に關するものを蒐集せるもの、東京市にある遊就館及び海軍參考館はその例である。(九)交通博物館　交通機關に關する各種の事物を直觀的に示し、又其の沿革を歴史的に知らしめるもので、東京市には遞信博物館がある。(十)勞働博物館　こは主として勞働者保護の目的で立てるので、勞働者の食物居住に關する衛生狀態又は勞働者の不慮の天災を避けるに必要な用意等に關する材料を集めたもの。(十一)衛生博物館　生理衛生保健並に醫科器械を陳列するもので、吳市には衛生參考館がある。(十二)教育博物館　教育品を蒐集陳列すると共に、また諸般の事物を陳列して、公衆に觀覽せしめると共に、その使用をも許すものである。東京教育博物館はその一である。

此の他海洋博物館、殖民博物館、織物博物館、市民博物館等あるが、何れも民衆教育に大なる効がある。

博物館案内

博物館の設置は一面には設備の完備せる大博物館を必要とすると共に、他面社會教育の見地から云へば、普く各地に設立する必要がある。少くとも我が國の市位には必ず一箇以上設立すべきであると思ふ。元來博物館は公開して觀覽に供する以上は何れも社會教育となるのであるが、今後は特に此の方面に注意する必要があると思ふ。その一つの方法として獨逸伯林に於けるが如くに、博物館案内を置いたらどうであらうか。民衆は博物館へ入つても只觀るだけに止まつてその何たるやを理解するものは至つて少い。博物館案内はこれを有効にする爲に置くのである。案内者は當該博物館員が一番よいが、止むを得ぬ時は、その道の專門家に賴むもよい。博物館で案内者を置くことが出來ねば、他の團體又は會に於てその勞を取るがよい。勿論これが爲に觀覽者から特別の料金をとるもよい。休暇に大學の苦學生等をしてこの案內者たらしめることは、よい方法ではあるまいか。案內者はその道の智識を有し、懇切周到で、器械の如きは之を運轉して見せるがよいと思ふ。なほ陳列品に簡單な說明を附けておくが如きは社會教育上大切なことである。

教育博物館

三、教育博物館　教育博物館は、他の博物館よりも一層教育的でなければならぬ、而して見樣によつて全然社會教育の爲に設立されたものといつてもよい。さればこゝに項を更めて述べることとする。

設立の費用と經費

我が國で教育博物館と名の付くものを擧げてみれば、東京市に東京教育博物館(文部省)廣島市に廣島高等師範學校教育博物館　文部省)　山口町に防長教育博物館(山口縣)　岡山市に岡山通俗教育室(岡山市教育會)等がある。實に大規模のものもなければ、その數も尠少だといはねばならぬ。これ一つは我が國民がこの方面の智識と熱誠の足らざるにもよるならんが、その大なる原因は博物館の設置費とその經費とであると思ふ。博物館通のドイツ人マイエル氏が最も經濟的にして手頃であると稱揚して居るベルギー國ブルッセルの博物學博物館でも建築費五拾萬圓、年經費六七萬圓を要するといふ。而してこの外に莫大の陳列品購入費を要するのである。今日の狀態では或はこの數倍額を要することであらう。してみると手頃の博物館を一つ設立するにして見てもかなりの費用を要する譯である。併し乍ら小博物館を設立するとせば、費用も少く、若し他の建築物を借用して博物館陳列館とする時は、標品購入費と年々の經費のみとなる。現にかうした小博物館もかなりあるのである。かくて民衆敎育を目的とし、兼ねては小學校敎育に利用し得るが如き博物館が、各府縣に多數設置されることを望むのである。

敎育博物館の事業

次に敎育博物館は如何なる事業をしたらばよいか。それに就ては東京敎育博物館の事業を基本として述べてみよう。

(一)敎育品を蒐集陳列して公衆の觀覽使用に供する　自然科學並に之が應用に關して、民衆敎育上參考となる物品は、大體左の分類に依つて陳列し、以て公衆の觀覽使用に供するがよい。

(1)鑛物、岩石、地質、鑛業、古生物
(2)人類學及土俗學
(3)動物及び植物
(4)物理、數學、天文、氣象
(5)化學及化學工業、電氣工業

(6)土木、建築、運輸、交通

(7)農藝、林業、水產業

(8)製作工業、機械工業及び機械

(9)衛生

此等の中主要商品は、其の製造工程を示せる幻燈映畫を備付けて説明の用に供し、理化學器械模型、顯微鏡等は觀覽者の自由使用に任せ、卑近にして興味ある淡水產動物植物は之を飼育培養し、又動物剝製標品の陳列には配するに人工の土石、草花並に背景畫を以てして其の生態を示すといふやうにするがよい。なほ陳列品には簡單な説明を加へておくこと及びやゝ詳細なる説明はこれを冊誌として、觀覽者の希望によつて頒賣してやることが必要である。なほ博物館案内をも置いて、懇切周到に説明を與へてやる必要がある。

(二)教育用品及その參考品を蒐集陳列して公衆の觀覽に供すると共に、館外へ貸出をすること教育用品及びその參考品は大體左の方面に亘つて蒐集しておくがよい。

(1)家庭教育　玩具の類

(2)學校教育　教授用具、運動用品、内外國兒童成績品の類

(3)社會敎育　幻燈、活動寫眞映畫及び映畫器械の類

此等敎育品は勿論前項の陳列品も、各地に開催する展覽會等よりその貸與を願出た時には、之に貸出をするがよい。中央の敎育博物館は、全國の各地へ、各府縣の敎育物館は管内各地の展覽會等へ貸出をする時は、蓋し社會敎育の普及上其の効の見るべきものがあることと思ふ。

(三)陳列品に關して批評紹介をすること。敎具製造業者がその敎具の批評を乞ふ時は、これを批評してやる、また敎具や運動用具購入者が問合せして來る時は、これに答へてやる。又活動寫眞の映畫、その映畫機及び幻燈映畫、その映畫機等の購入に就いて問合はして來る時は、これに答へてやるがよい。

以上の外に、(四)圖書閲覽室を設ける。(五)通俗講演會を開く。(六)特別展覽會を開催する。(七)活動寫眞幻燈會を開く。(八)お伽噺會を開く。(九)上品な演劇をする。(十)通俗娯樂會を開くが如きことをやるもよい。

市民博物館

四、市民博物館　大阪市に市立大阪市民博物館がある。これは主として一般市民に通俗的敎育を施し、併せて外來人に大阪市を紹介するを目的として、大正四年十月二十七日大阪市會の議決を經て大阪市天王寺公園内に設けたものである。その組織は本館と別館に分ち、本館には

歴史部、市勢部、商工部、都市生活部を設け、別館には主として通俗科學部を設く。今「市立大阪市民博物館」の本館陳列の概要を左に掲げて參考に供しよう。

本館陳列の概要

階下、市勢部（第一室より第三室迄）

第一室（大阪市の位置地上地下狀態、氣象）

世界に於ける大阪市の位置を市民に自覺せしめ、以て海外發展の素養を與へんがため世界の地圖を天井に揭ぐ

大阪市の地上現狀は市街模型を作り、之に土地種別人口戶數密度、生產年齡別、生產死亡、國縣道別等の諸表を以て說明す。地下の狀態は難波橋附近の一部を切斷したる模型を作り、上下水道、電燈瓦斯、電力線等の配置を示す。大阪市の氣象は世界各地との比較圖表を作り晴雨、寒暖地震等の圖案若くは器具を以て之を示す

第二室（大阪市の政治行政敎育兵事社寺敎會警察警備）

政治行政は在阪官衙の位置、職制、機能、沿革等を顯はし以て市民が之等の官公衙と如何なる關係を有するかを明かにせんとす。特に大阪市役所の部に於ては市政三十年間の變遷を示す。

教育は市内各種學校の系統圖、統計圖、分布圖及各學校内容說明額面を揭げ市民の子弟を修學せしむるの指針たらしめんとす。特に學校分布圖には豆電球を附け釦を押して點燈し隨意に夜間補習學校の狀況を知らしめんとす

兵事に於ては第四師團司令部の各種兵事に關する圖表及軍隊生活の狀態を自動幻燈にて顯はし其他兵器支廠被服支廠砲兵工廠、糧秣支廠等の出品に依り兵器被服の變遷を示さんとす

社寺敎會に於ては市内各神社佛閣敎會等の分布圖及宗派統計、緣日、祭神等の圖表を顯はし特に神官僧侶の階級服を示す

警備に於ては火災と消防に關する圖表を揭げ火災に關する市民の注意を喚起せんとす

第三室　（社會事業、衛生、風俗習慣、學術美術、音樂娛樂、著述出版、公園、土木、市營事業、接近町村）

社會事業に於ては大阪市施設の各種感化事業及び市内私設團體の救濟事業を圖表若くは寫眞を以て顯はし、特に弘濟會の事業は圖表並に自働幻燈にて示す。衛生に於ては體育奬勵の目的を以て積極的衛生諸材料を陳列し、並に疾病種類及び豫防に關する圖表を示す。特に大阪市施設の各種衛生に關する事項は一面の圖表にて之を示す

音樂娛樂に於ては能樂、淨瑠璃、雅樂、相撲等は舞臺の模型を作り之等に關する樂器、用品等說明的陳列をなし、歌舞伎劇は五大劇場の寫眞及び其用品を陳列す。特に音曲に對しては蓄音器にて大家のレコードを備ふ。其他和洋音樂に關する樂器及び說明をなし尙茶道、花道香道等の說明陳列をなす

風俗習慣は自働幻燈にて大阪市の年中行事を示し其他俗謠遊戯等の敎育的說明をなす

學術美術は市內各種學會、美術家等の種類流派事業等を顯はす

著述出版は市內新聞事業、印刷、著述出版等の種類說明をなす

公園土木は現在公園の配置設備を顯はし道路の種類構造等を模型にて示す。市營事業としては電鐵、水道、港灣等の狀態を模型若くは圖表等にて之を示す

接近町村の狀況は市內入込電氣軌道の沿線模型を造り之に敎育衞生等の狀態を示す

商　工　部　（第四室、第五室）

第四室右方は主として交通及貿易狀態を示す目的を以て世界交通圖及立體的地球儀にて之を示し、旅行通信運輸等に關する諸材料を陳列し、貿易に於ては先づ本市と直接の關係を有する支那、シベリヤ、南洋等の經濟的狀態を知るに足る各種材料を陳列す

左方は商業資料の陳列場にして商業地圖、商業機關の配置、銀行、賣買、保險、取引等の實狀を示すに足る繪畫寫眞實物等を系統的に陳列し、特に市内各種登錄商標を蒐集せんとす

第五室、工業陳列區域にして先づ工業の主要材料たる製鐵の製造順序をパノラマ式に顯はし紡績事業の狀態を模型にて之を示し、更に重要物產と認むべき各種工業品の製造順序を顯はす

階上、歷史部（第一室より第三室迄）

第一室、下方には市內名勝舊蹟の寫眞を揭げ說明を附す

上方には歷史畫十五枚陳列し古代神武天皇御東征より近代明治天皇大阪行幸迄の榮枯盛衰の狀態を直觀的に知悉せしめんとす

第二室は大阪市の古圖五枚を揭げ我大阪市の外形變遷の狀を示す

第三室は大阪城模型を中心とし豐公以來歷史的材料を陳列せんとす、卽ち大阪城關係史料海外交通の狀態、官治行政としては東西町奉行當時の史料、自治行政としては三鄕總會所に關する史料等を陳列し其他敎育、文藝、經濟等に關する遺物を集め特に偉人の事蹟を紹介す

都市生活部（第四室、第五室）

第四室は中央に擴大覗き箱を設け泰西各都市の實影を置き更に新古地圖を對照して歷史的說

明をなす

左方は主として都市計畫に關する圖表模型等を陳列し我大阪市の都市計畫の參考に供せんとす。右方は暗室を作り說明講演室とし映寫幻燈、實物幻燈、活動寫眞等の手段にて本館全部の事項を隨時說明せんとす。特に都市計畫事業を市民に宣傳せんがため現狀大阪市の實景都市計畫の狀況及び海外都市の計畫狀況を二條のフヰルムに作り映寫せんとす

第五室は主として資料を海外に仰かざるを得ざるを以て九年度の上半期に於て完成するの巳むを得ざるに至れり

其他圖書閱覽室を設け都市研究者の便を圖らんとす

要するに本館は大大阪市の縮圖にして、既往及現在將來に亘り大阪都市の研究機關とし併せて社會敎育の資料たらしめんとするにあり」

市立大阪市民博物館の別館の方は室名だけを左に示しておく。

(一)通俗機械室　(二)通俗電氣室　(三)通俗物理室　(四)通俗化學室　(五)通俗模型標本室

(本館別館共に堀居館長よりたまはりし出品目錄に據る)

大正十一年（一九二二）

十七　松村松盛「第三章　社會教育の施設」

（『民衆之教化』）

第一　博物館の意義及種類

一、博物館の意義

博物館とは人類文化の消長に關する物品を蒐集保存陳列して學術の研鑽に資すると共に民衆をして簡便なる方法を以て自由に觀覽せしむる所であります。

故に博物館の任務は一面に於ては文化關係物品を蒐集保存して之を後代に傳ふると共に、一面に於ては學者研究の參考を供し又民衆に普く觀覽せしめて一般の知識を向上普及せしむるにあるのであります。

從つて之れが保護に付ては十全の方法をとると共に陳列及觀覽に付ては學術研究と一般觀覽の目的に適應して、最小限度の時と勞力とを以て、極めて手取り早く要領を得る樣に施設しなければならぬ。即ち科學的に分類統合し而かも觀る者をして興味を惹起さしむる様に陳列するは勿論、尙觀覽に付き出來る丈手數を節約にし、且觀覽者の制限を出來る丈撤去するやうに努めねばなりません。

二、博物館の種類

〔1〕活動範圍を標準として分類すれば

イ　中央博物館

ロ　地方博物館

となる。中央博物館は中央都市に設置せられ一國の文化又は世界文化の消長に關する物品を凡ねく蒐集陳列し一地方に偏せざるものである。

帝國博物館、ブリチュシユ、ミユージアムの如き之れであります。地方博物館とは之れに反し地方に設置せられ、特に該地方の文化に關係せる物品を蒐集陳列し地方的特色を濃厚に有するものであります。府縣立博物館の如き之れであります。

中央博物館は全國の文化に關係した物品を陳列するのであるから、美術・工藝・自然・歴史・産業・交通・軍事等各分科全部を一館に於て網羅することは至難てある。故に勢ひ各專門的になる傾きがあります。歐米に於ける中央博物館は殆んど專門的になつて居りますが我が帝國博物館は美術・工藝・歴史・自然科學等を綜合したものてあつて未だ全然專門的てはありません。

地方博物館は槪して小規模てあつて自然科學・歴史・美術・産業其の他を綜合したものが多いのてす。

〔2〕陳列物品を標準として分類すれば

イ、普通博物館

ロ、專門博物館

となる。普通博物館は陳列品が文化の各方面に亙つてゐるもので、專門博物館は之れに反し其の一分科のみに限つて居るものてあります。

〔3〕設立主體を標準として分類すれば
イ、官立博物館
ロ、公立博物館
ハ、私立博物館
となります。官立博物館は國費の經營に係るもので帝國博物館の如き、官廳附屬の博物館の如き、又官立學校附設の博物館の如き之れに屬します。

公立博物館は公共　體の費用を以て經營せらるゝもので府縣立博物館の如き之れであります。

私立博物館は私人の經營に係るものであります。
〔4〕民衆に開放すると否とを標準として分類すれば
イ、民衆博物館
ロ、專用博物館

の二種類となります。前者は一般民衆が自由に觀覽し得るもので、後者は或特定の者丈が専用し得るものてある。官廷官廳學校等の博物館は即ち之れてあります。乍併時代の要求は一部人士の専用に滿足 ず、之れを開放して利用の〃闊を擴大せんことを望んて止まぬのてありまして、漸次一般に開放する氣運になつて來ました。

第二　博物館の沿革

博物館は、既に紀元前三百年アレキサンドリヤに於てプトレミー、ソーターが創立した。此の施設は今日の所謂博物館とは稍趣きを異にし、寧ろ學者の研究所に過ぎなかつたのてす。又、ソロモンやオーガスタスの如き王者が、權威と趣味に任せて其宮廷に世界の各地より珍品佳什を蒐集し、或はヒリピやアレキサンダーがアリストトートルの研究を助くる爲材料を豊に供給した史實がある。しかし之等は特殊階級の獨占物てあつて、一般民衆の觀覽に開放されたものてない。尤も禮拜堂に迷信傳説の纏はる標本が保存されてゐるのは稍之れに類似してはゐる。彼の航海者ハンノーがアフリカ南岸より齎し、カーセージの寺院に懸けてゐるゴリラの皮の如きは顕著な例であります。乍併古代に於ては、自然物を蒐集展覧するの常設的公共設備はなかつたのであります。

中世に至り學問の復活と共に永く中絶してゐた蒐集慾が、凡ゆる時代凡ゆる民族を通して強烈に興起して來た。而して博物館は今や珍奇なる自然物に止まらず、骨董品、彫刻、繪畫等種々なものを蒐集することになり、此の蒐集熱が曳いて知識階級の富豪に及び一種の流行となるに至たのです。

博物館の印刷目録の最も古いのは、ムーニヒで千五百六十五年に公刊した、アムステルダムの醫者サムエル、クイッケルベルグのそれであつた。同年コンラード、ゲスネルはサキソニーのトルガウの醫者ヨハン、ケントマンの蒐集物目録を出版しましたが、それには約千六百點の物品が載つて居り礦物・貝殻・海の動物等が大部分を占めて居ります。次に獨乙皇帝ルドルフ二世の蒐集が有名であります。之れは墺國の首都の傲りてある壯麗なる博物館の基礎をなして居るのであります。英國に於ては最も古い有名な蒐集家はジョン、トレーデスカント父子て、子の方には千六百五十六年トレーデスカント博物館なる著書があります。

個人が知識向上の爲協會を組織し其の團體力を以て博物館を經營するのもあります。英國に於て其の最初のものは、クレーン宮の王族協會の博物館であつて、千六百八十一年グリユー博士が解說附目錄を公刊しました。

博物館の維持經營は、國家又は公共團體の公義務であるといふ觀念が、十八世紀の初期迄は、何人の頭にも浮ばなかつたのてあります。大學に於てすら蒐集が遲々として進まなかつた。尤もそれといふのも當時の大學敎育は博物館の參考品に就て敎授するを要しなかつたから。伊太利の大學は、歐洲各國大學中最も早く且最も完全に解剖學を敎授した所てある丈、敎授用標本を蒐集するの必要を感じ、既に三世紀前に於てパドア及ボロナに於ては立派なものが出來たのです。乍併英國に於ては之等の蒐集物は概ね教授の私有物てあつて、解剖學、病理學等の講義用に用ゐられたことは、存命中の人々の記憶に殘つてゐることてあります。今や博物館は國家公共團體又は其の他の團體の經營する處となり、維持を確實にし且公共の利用を進めることになつたのてあります。乍併一面に於ては個人の蒐集も決して衰へません。金と時とに餘裕ある人々は、專門の問題には研究上必要な參考品を蒐集して、科學の進歩に顯著な貢獻を爲してゐることは看過することが出來ない。之等の私人の蒐集物は結局公共博物館に讓渡すか又は特に法人を組織して其の經營に移すか、何れにせよ民衆の教育上確實な維持方法を講ずべきてあると思ひます。

第三　博物館の設置及費用負擔

博物館の規模及設備は周圍の自然の狀態、文化及富の程度に支配せられるものであるから、此の三要件に適合した計畫を樹てることが肝要であります。中央都市に於ては文化も富も共に程度が高いから、規模の大なる専門的博物館を建て得るのみならず、又普通博物館をも設けることが出來る。然るに地方の都市に於ては、規模に於て一段と下るのは已むを得ないのみならず、専門的博物館を經營するは困難である。而て地方博物館は勢ひ地方の地勢天産等特殊の自然の支配を受け地方的特色を發揮する必要があるから、中央の大博物館其の儘を眞似るわけには往かぬものであります。況んや學校博物館の如きに至りては、之れを設けること自體に無理がある場合も少くはないのである。

中央都市の専門的大博物館は一國文化の表徴でありますから、之れが設置經營は公共團體又は私人に放任すべきものでなく、國家が直接之れに當るべきであります。而して凡そ民衆の敎化を目的とする普通博物館は、其の規模の大小に拘らず府縣市町村等の公共團體が其の經濟相當の規模に於て之を經營するのが適當であります。

素より私人の特志に依つて斯る公共事業を爲すは大に歡迎しなければなりません。博物館は其の種類の如何を問はず、自他共に裨益する處の施設でありますから、富豪は其の道樂として併せて又社會奉仕事業として經營するのに最も適當してゐる仕事であると思ひます。此の點は前に圖書館に付て述べたのと同じであります。而して茲に注意を要するは、私人の寄附に依つて博物館を設立した場合には、其の永久の維持に必要なる基本財産を造つて置くことゝであります。篤志者は永生するものでもなく人の篤志には冷熱があり、又財産の變化が有り勝ちであつて、之れが爲往々維持に困難を來す場合が少くはありませんから、可成財團法人を組織するのが最も適切であると思ひます。貴族富豪等が私費を投じて博物館を經營するは最も歡迎すべきであるが、其處迄に至らなくも、其の所持する珍品にして學術上教育上社會に貢獻する物品を、博物館に寄附又は寄託し、或は少くとも展覽會に出品する位の心懸があつて貰ひ度いものであります。殊に歷史上考證と參考になる樣なものは、皆ねく研究家に示して學術の進歩を助くる義務があると思ひます。之れを獨占して私に悦ぶのは餘り賞めたことではありません。

現今の狀況に於ては帝室博物館を除いては、博物館らしき設備の博物館がないのでありまして、文部省の東京教育博物館の改造すら、實現することが至難な豫算でありますから、事實上到底多きを期待することは出來ないけれども、將來に於ては地方博物館の設立を奬勵すべく國庫より相當の補助を爲し又府縣に於ても其の管内に於ける公共團體の博物館設立に對して相當補助奬勵するが當然であります。而して差當り國家が少くも東京に中央博物館を設立し各府縣及市等が地方的特色を有する普通博物館を攻めては一つ宛なりとも設立するは極めて急務でないかと思ふのであります。

然るに府縣市等には大抵物產陳列館なるものが設立されてある。大正九年七月一日現在に依れば、府縣立三十四、市立三合計三十七であります。之れは言ふ迄もなく、産業奬勵及商品販路擴張の爲に地方の特產及他地方又は外國の物產を陳列して觀覽せしめ、傍ら取引の仲介斡旋及販路の開拓等を爲す產業上の機關であります。之等の營造物が產業奬勵上何等貢獻しないとは言ふことが出來ない。經營者次第で相當效果を擧げて居るとは信ずるけれども、唯產業といふ單純な立場からでなく國民全般の品位能率を向上するといふ廣大なる見地から見渡せば、何んとかモット氣の利いた利用方法もがなと誰しも感ずるであらうと思ふ。今日に於ては何れの陳列館でも建物、設備及經費の最高能率を發揮しては居りません。恐らく其の半分も發揮しないものが多いと思ふ。私は曾て和歌山縣勸業課長の職に在りし時、縣立物產陳列所長を兼ねて居た關係上、鹿子木知事の命に依りて陳列所のWider use に付き研究し、東京教育博物館の棚橋館長の助言に啓發せられて、陳列館を改造して產業博物館とすることになり、紀州侯德川頼宣公入國三百年記念事業の一として之れを實現するの歡びを味つたことてありましたが、今日に於ても當時の考の正當なるを信じて居ります。

物産陳列館を産業博物館とすることに依つて、従來の産業奬勵上の實效を減ずることの絶對にないのみならず、漫然たる物産の陳列を改善して科學的の配列により製作の順序を一目瞭然たらしめ、圖表標本等に依り物産の歴史を明かにし産額販路を表示し、或は機械を運轉し或は説明を爲す等民衆をして興味を以て地方特産に關する凡ゆる知識を修得するを得しむる樣になるのであります。地方財政の豐かでない場合に於て斯る利用の餘地のある譯はゞ半分遊んで居る營造物の總動員を斷行して、社會教育の爲に働かしむることは、刻下の最大急務であると信じるのであります。府縣及市立物産陳列館の改造は延いて郡町村及私立物産陳列館の改造を誘致する結果になると思ひます。而して此の改造を實現するには文部省と農商務省との當局者府縣廳内の教育及勸業の當局者等が我田引水の態度を去り、社會民衆の改造といふ高所に立ち、公明正大な心事を以て物産陳列館改造の協定を爲し、一定の方針を確立して、之れを府縣又は郡市町村に指示して其の實行を勸奬しなければならぬ。斯くすることに依りて眠れる全國の陳列館を新しい潮流に誘ひ出すことが出來るのてあります。我々が蚊の樣な聲で此の意見を何回發表しても、大した效目がありそうにも思はれぬから、須らく兩省達識の當局者が社會民衆の爲に圖つて忠ならんことを希望して止まぬ次第であります。我國に於ける產業博物館は現在和歌山縣立一つ丈であつて誠に心細い狀況であります。或は陳列館の經營を社會敎育的に改造すれば充分であつて、博物館の名に替へる必要がないじやないかと言ふ議論もある。尤もなわけて實さへ擧がれば名は何うてもよろしいが、內容を改造して古い名稱物品の單なる陳列を聯想せしむる所の餘り香ばしからぬ名稱に戀着する必要もあるまい。新しい酒は新しい袋に盛べきてあるから、寄麗に名實共に改造し新しい氣分にて社會奉仕の新天地に踏み出すべきてあると思ひます。

次に研究を要する事は學校に於ける敎授用備品室の改造であります。一體國費又は公費支辨に依る設備は危險秘密等の理由なき限り、出來る丈之れを一般民衆に開放して、國民及公民の總般的向上に貢献するのが當然であると思ふのです。學校の爲の設備は一切民衆に對して閉鎖しなければならぬと言ふ樣な舊式な偏狹な考を持つて居る者もあるまいが、動もすれば管理に面倒とかいふので、兎角俗衆校門に入るを禁ずる底の態度を執るのが多いてはないかと思ふ。今日の教授用備品室は單に物品保管の物置に過ぎないので、甚しいのになるとケースのグラスが曇り塵埃が標本を埋めて居るのもある。貴い人民の血と汗との結晶たる公物が斯る待遇を受けてゐるのを見て長大息せざるを得ない場合が多いのです。私は學校の教授用備品を利用して極めて卑近通俗的な博物室を設くることは左して困難でないと思ふ。室が小さければ時々陳列物品を取替へることも出來るのであります。殊に中等學校に於て物理化學、動植礦物、地理歴史の諸教授用備品を狹苦しい部屋に分けて陳列保存するよりも、一の廣い室に一所に入れ、陳列を巧みにし興味ある說明書を附したならば簡易博物館が出來上ると思ふ。京城師範學校に於ては此の方針にて目下計畫中てあります。

第四、博物館員の養成

博物館は人的要素及物的要素から成る。故に物的要素たる建築物ケース標本等を完備した丈て滿足するは大なる誤りてあります。博物館の生命たり精神たるものは實に人的要素たる館長及館員其の人にあるのてあります。「博物館は建物に非ず、陳列品に非ず、人なり」といふことがありますが、實に至言てあります然るに動もすれば世人は物的要素を重視して、人的要素を輕視するのは思はざるの甚しいものてす。故に現在の館員の質を改良し尚將來館員たるべき人を養成するの施設をなすと共に之れを優遇する方法を講ずるは博物館事業の發展上缺くべからざる事項てあります。

無教育低級の館員に對して、募集物の分類・命名・陳列より清掃整頓に至るまで一切の管理に當らしめ、文化の各般に亙りて民衆知識の進歩に貢献せしめ様とすることは、所詮不可能の仕事てあります。然るにも不拘往々にして博物館に於て、貴重なる標本が虐待を受け何等の效用を發揮しないのを見ることがある。斯る標本を寄附した公共心に富める篤志者は立派に保存せられて、世益になつて居るものと早合點して居るけれども、豈圖らんや塵埃裡に放置せられ、蟲害を受け甚だしきは何處かへ取拂はれて了ふ樣な運命に立到るのてあります。私は斯る博物館は無い方が優してあると思ふ。何者、之れあるが爲に、貴重な珍品が此所に蒐集せられ滅失するのみならず他の立派な博物館も迷惑を蒙るからてあります。是を以て現代教化運動の機關としての博物館は第一に有能の館員を要するのてありますが悲しい事には現在博物館の人的要素の貧弱さは實に驚くべきほどてあります。

抑も館員としての必要條件は(第一)天性と教育と相俟つて、博物館教育に堪へ得るの知識技能を具備すること、（第二）趣味豊かに手工に巧みなること、（第三）常務的手腕を有し且妥協的態度なること、（第四）單調なる仕事を誠心誠意爲すの熱心あること等が主なるものであります。之等の資質は特殊教育に依るてなければ、容易に涵養することは出來ません。然るに現今世人が、博物館の社會教育上並に文化進展上に於ける重大なる地位に思ひ至らず、館長及館員の職務の重大神聖なることを知らない結果として、有爲の人物が博物館に集まらないのは誠に遺憾至極であります。有爲の人材が二の足を踏む時代であるから、相當な館員を養成するには相當の施設を爲し、其の待遇を進めて大に奬勵する方策に出なければなりません。然るに從來我國に於ては斯の種の養成機關なき結果、館員の多くは特殊の教育を受けてない。唯僅に文部省の講習會に於いて專門家の講演を聽く位の程度に過ぎないのは、誠に物足らない感じが致します。

觀覽施設に對する科學的研究は、圖書館よりも甚だしく遲れて居りますが、民衆教化上の效力から言へば、決して圖書館の下に在るものではありませんのみならず、今後益々社會教育上重用せらるべきものでありますから、大に之れが研究を盛にする必要があると思ひます。殊に教育者に之れが經營の知識がなければ、學校博物館を造つて社會に開放することの不可能なるは勿論、折角の立派な既設博物館を學校教育上充分に利用することも難かしからうと思ふのであります。是に鑑る所あり徳川頼倫侯主唱の下に最近に斯の種養成所設置されたのは寔に喜ばしいことですが更に高等師範學校又は師範學校に於ても博物館學研究の施設を爲し、尚文部省又は帝室博物館東京教育博物館等に於て長期短期の講習會を開催して館員の養成に努むるは最も急務であると信じます。

大正十四年（一九二五）

十八　青木周三「鐵道博物館の復興」（『鐵道時報』第一三三〇號）

（一）

鐵道開設の五十年祝典記念事業の一つとして、當局の鐵道幹部に依りて創設せられたる鐵道博物館が、一昨年の大震火災に依りて、烏有に歸し折角の施設が一時中絶の止むなきに到つたのは誠に遺憾に思つて居たのである。

それが、今回那波君等の努力に依りて朝野の有志より多大の同情と後援とを享けて、出品も震災前と遜色なきまでの蒐集が出來て、四月四日より愈々鐵道博物館の復興を見つに到りし事は誠に欣快とするところである。

（二）

歐米諸國に於いても、科學智識の普及と、鐵道の民衆化を計るために、大規模の鐵道博物館が設けられてある。殊に米國の如きは、博物館までが專門的になつて、機關車博物館と云ふが如きものがあつて、百八十臺餘の各種機關車が出品されて居ると云ふ話である。

又獨乙ベルリンにある交通博物館の如きは、出品が完備されて居るのみならず、各種機械の實動模型が陳列されて居て、日本などから初めて行て是を見た人はこの大規模なるに驚かされるさうである。

（三）

一國の科學工業の發達を計り產業の興隆を期する上に於ては、如斯き大規模なる設備を有する博物館を利用して、科學工業上の常識を一般國民に普及するの要あるのを思ふのである。この點よりすれば現在の鐵道博物館の如きは小規模のもので、何等誇りとするには足りない。

然し吾國の如く、歐米の先進諸國に比して、歷史淺き鐵道が、既に一萬哩の鐵路を有し小規模とは云へ鐵道博物館を有するに到りし長足の進歩は吾が國鐵の誇りと云ふ事が出來るであらう。

而かもこの小規模なる鐵道博物館が、これを基礎として益々盛大となり設備の整ふも遠き將來でもあるまいと思ふので悲觀する必要あるまい。

（四）

何れにせよ、鐵道博物館が復興したので開設當時の如く再び多數の觀覽者がある事であらう。そのために鐵道に對する一般の人々の正しき理解を助成し、他方又科學常識の普及ともなり、間接、直接に國家に貢獻し、鐵道發達の上にも資するところ大なるものあるを信ずるのである。

（五）

何事も新しく事を初め樣とするには相當の苦心を要するは元よりの事であるが、一時大打擊を受けて中絶したる事業の如きは清新の氣分に乏しきため尚更にその復興に苦心するものである。に係はらず當事者が大なる努を力以て早くも博物宿を復興せられたるは感謝に堪へぬ次第である。

大正十四年（一九二五）

十九　中野治房「歐米の模範的博物館と其感想」

（『東洋學藝雜誌』六月號　第五〇六號）

歐米の教育の一面的でなく圖書館、植物園博物館を以て不知不識の間に國民を教育しつゝあるは實に羨望の至りである之は他面に於て學校教育を補ひ又は學校教育に之を利用しつゝある實に歐米の教育の水も洩さぬ完全のものと云ふことが出來やう、例へば予はロサンジエルスの一中學校を訪問し博物學の講義を參觀した時其好例を見てつくぐ〜吾國の缺陷を感じた。一般に米國（否歐洲もと云へやう）の教育特に博物學は實地に重きを置いて居るが中學校の博物の講義は決して先生が先にむつかしくは述べないで先生は前以て次の講義の豫習を生徒に傳へると生徒は先づ圖書館に走る圖書館には完全なるカタローグがあるから直に已の欲する參考書を見出すことが出來る生徒はそこで或題目に就て一通りの原稿を作ることが出來るそれから又博物館に入つて其物を見ることも出來るのである、尤も圖書館は公共のものでなくとも中學校にさへ其用に足る參考書が揃へてあるのは無論である。生徒が斯樣に準備をして次の時間に臨む時先生は其課した題目に就て生徒の講話を求めるのである丸で日本とは反對で生徒が先に御話する所日本の先生の順序を取るのである。先生は之に就て批評し又種々の質問に應答する仲々うまいものである。最後に先生は實物を以て其時間にふさはしい完全なる御話しを試み一題目の話を打切るのであつた。それから紐育の博物館の如き進化論に關する材料は大學以上に蒐集されて居るから大學講義の該方面に關するものは博物館に於て之をなして居る狀態である。又話は初等教育に戻るか歐米の小學校の博物教育は大抵博物館を利用する樣になつて居るので彼等幼少の頭腦に既に器械や博物の完全なる知識が刻み付けらるゝのを思ふと彼等白人は既に此點に於ても優逸の位置を占めて居ると思ふのである。予の例を此所に出すのは少しおかしいが予は幼少の折路傍の草木の名を知らんとして上野博物館を訪問して失望したのは今尚記憶に新なる所で予と同じ失望を感じた人は蓋し多かつた否今も左樣であらうと思ふと殘念でたまらぬ。又器械の觀念なども日本では多く書上で習ふが彼倫敦のサイエンスミユーゼアムの如き何人も種々の器械を自ら動し見ることが出來、又常に蒸氣の力で動して其働きを示して居るのもあつて兒童は學校に依らず既に難しい器械の理由を知る事が出來る樣になつて居る、予は深く感じた斯樣な國には學校教育を受けざるも立派な器械家が生れ出やうと。

又予は墺國ウインの博物博物館を參觀した折も非常に感動したことがある。予の參觀して居つた折にも小學校の男女生徒嬉々として實に完備せる博物館を參觀して知識を求めつゝあつた墺國は既に滅亡したも同然の悲境に陷ては居るが其博物館の完備せるは驚く計りで兒童は故國の悲境を知つてか知らずしてか兎に角此完備せる博物館に知識を求むるを得るは不幸中の幸であらねばならぬ。予はよくは知らぬが墺國の破綻の原因は決して教育上の缺陷とは認められぬと思ふのである。

以上の如く歐米の博物館が初等乃至高等教育に迄利用されて居るが更に一層驚くべき事は其通俗教育に力め又其研究機關を備へて居ることである。之は實に博物館としての積極的の事業で一方に博物館を更に有効に利用し又博物館をたへず進步せしむるためには是非せなければならぬ事と思はれる。例へばパリの博物館の如きは常に通俗講演をなしつゝあり之は丁度學校の如く連續的の講義をなして居るが時々通俗講演をなすは他に多くあるのである。

博物館に研究機關があるのは主に分類學の方面に於てゞあるが然し必ずしも此方面のみには限らぬのである。例へばパリの博物館の如き生理學研究の出來る樣になつて居り又無論生理學者も居るのである。是博物館が通俗講義に力むる以上必然的に起る事があるか又博物館に陳列するものが、分類學者のみでは充分完全に說明や排列の仕方が出來ないと云ふ理由からも來ると思ふ。例へば博物館によく「メリデリズムの法則」を模型にて示す場合及色々の物質の營養價などを示す場合分類學者では充分とは行かないのである。

兎に角博物館が學校教育に利用せらるゝ傍積極的に自ら通俗教育に携り又研究機關をも有すると云ふことは博物館の目的を遂行するに必要なりと思ふ。日本の如く正式に學校教育に携る人が通俗教育を力むるは如何かと思ふ之は分擔した方が御互に能率をあげる上に有利であると思はれる。

次に予は博物館の排列の方法に就て一寸述べて見たいのである。博物館と云ふても機械館の如きは予の目的でなく、主として博物博物館特に予の專門の植物博物館に就て云ふのである。

種々の博物館の進步を見ると天然物をなるべく天然の狀態に排列せんとする努力が段々強くなつて居るのみを見るのである。例へば水邊に水鳥、岩窟の動物等何れもその自然を現さうとするのが新傾向の樣である。鳥や獸の剝製を單に硝子棚の中に並べたのでは興味がない計りでなく其習性を知ることが出來ない。大學の陳列棚ならざる博物館としては勢此所に出なければならないと思ふ。從來水產博物館にては古くから此種の努力がなされたが之が全般の天然物に段々に押し擴められんとして居ることが見られる。瑞典のストックホルムの郊外フレスカナにある天然物博物館に於ては、茸を天然狀態に陳列し又寒地や熱帶の植物を天然狀態に陳列せる所あり。後者の例は一の新しい試みで溫室よりも安價に熱帶の狀態を人に紹介することが出來やう。

博物館の陳列法に就ては尙色々あるが製品と原料生物とを對照せる方法なども亦一の趣味が深い方法である。此排列は特にデルフトの工科大學、博物館やハンブルクの應用植物學教室の博物館の如き應用を主とした博物館に見らるゝが伯林ダーレムの植物博物館の如き應用を主とせざるものに於ても之を見ることが出來る。之は一般人の注意を強く喚起するに有効な陳列法であることは疑を入れない。

次に博物館の分科に就て考ふるに之も段々動植鑛と分るゝ運命を持つて居る樣である。紐育、倫敦、等の天然博物館は大規模ながら尙此等が合併して居る（勿論部分として分れて居るが建築物は同一である）が天然博物館の如きは同一場所にあるが動物鑛物は一建築内に植物は之より少し小さいが一の立派な三階石造の建築物を以て代表されて居る。伯林の博物館に於ては動物と鑛物とは一つ建築物で植物博物館は之と全く所を異にした所あり其規模前の動鑛博物館に劣らざるのみならず新き點に於て數等優て居るのを見る。何れも大學の教室と隣接し居れる所が著しい點である。そこで博物館の事務は植物の方は植物園長が兼任して居るが動鑛の方は別の特別の長が居ると云ふことである。序故此所に述べたいことは歐米の博物館の學者は決して大學教授より劣る人のみでなく或場合は之より勝りたる人を置く様である是通俗教育を重んずる結果で誠に良い事であると思ふ。

予の見たる天然物博物館中何れが最好いかと云ふと之は各特徴あつて或一が一番好いとは申し兼ねる次第である。紐育の博物館、倫敦のサウス・ケンシントン博物館の如き何れ劣らず優れて居るが前者は米國丈けに金をかけ動物を自然狀態に陳列しあるが惹く又倫敦のものは其腊葉館の豐富なるキューの腊葉館に劣らぬと云ふ位優れて居る。伯林の植物博物館は特に此方面に於て優秀なるもので其腊葉館は申す迄もなく又世界中より蒐集せる植物及其加工品を一目の下に瞭然たらしめ又寫眞を以て植物の天然の狀態を現してある等至れり盡せりである。而して伯林には海洋博物館が別に建設せられて居るが之も分化を尊ぶ同國の特徴と云ふべきである。モナコの海洋博物館に比しては見劣りはするが伯林の如きは大陸内に此種の博物館を建設せる勞は多とすべきである。

瑞典は人口僅か五百萬の國なるが内政の發達せるは世界中有數の地に立つとは何人も足一度其地を踏むものの首肯する所である。其首府ストツクホルム郊外フレスカチーにある博物館は植物園と相對し堂々たるもので其規模の大なると新式なるとにより決して他の大國の博物館に劣れりとは思はれぬ。却つて或點には優れて居る所を見るのである。リンネを生んで瑞典が斯の如き努力をたすは成程と首肯せらるるが準備の必要のないのが其最大原因であらう。其鑛物の標本の美なる又完備せる又植物博物館の三階の一大建築物を占め立派な腊葉館や研究室を有する全く驚くの外はない。

墺國ウインの天然物博物館又有數なものである其植物腊葉館は公開はしないが希望者には喜んで觀覽を許すことになつて居る。

此外小國大國を問はず立派な博物館を有し又首府のみならず小都會にも完全なる博物館を有する歐米都市は文化の發達の圓熟せるを示すものである。眞に完全なる文化の發達を望むならば日本にも通俗教育乃至補助教育に缺く可らざる博物館の如きを完備し以て一般社會の進歩發達を計らねばならぬ。又日本の教育は片面的學校教育偏重である。博物館のみならず完全な圖書館の如き各地に現はるるに至らば學ぶに資なき青少年のみによりて向上し時に天才の出現することなきを保せぬのである。又一面に於て完全なる博物館を作るは各學校に不完全な小博物館を作る費用と時間とを節約することを出來るのである。外國を見て何が日本に不足して居るかを考ふるに予は特に完全な博物館、圖書館なきを痛感するものであつて此際日本の博物館改造の時に當り出來る丈け完全のものの生れんことを冀ふものである。

大正十四年（一九二五）

二十　那波光雄「鐵道博物館の開設に就て」
朝倉希一「歐米の鐵道博物館」

（『鐵道時報』第一三三〇號）

鐵道時報　大正十四年四月四日

鐵道博物館の開設に就て

鐵道博物館長　那波光雄氏談

○

博物館の開設と云つたところで、唯今の處は規模も貧弱であり設備も甚だ行屆いて居らぬのを遺憾に思ふ。

然し歴史的の參考資料と云ふものは一日一日に社會から散逸し、消滅し行くべき運命を持つて居る、一日を忽がせにすれば一日だけ社會の損失となる譯である。

斯樣な意味に於て此の博物館の開設も、取り敢えず之等の貴重な歴史的資料を蒐集し保存すべき倉庫を造つたといふに過ぎない。本當の仕事はこれからである。

今日は僅かに其の第一歩を踏み出したに留まる。

○

一體此の鐵道博物館なるものは、鐵道五十年祝典の際に相當大きな抱負の下に計劃されたもので、單に鐵道のみの博物館でなく、一個の交通博物館として完璧なものを作りたいと云ふ考から歴史的資料の如きも相當に蒐集し得たのであるが、不幸にして一昨年の震火災で殆ど灰燼に歸し終つた。

由來日本人は精神的文化の方面に於ては古い立派な歴史を持て居り、各人それぞれ生れ乍らと云つても好い程度の修養を備えて居る。

然し科學的の方面に於ては其の沿革が極めて新らしく、而して國民の大部分が此の世紀を支配する物質的文化に就て、殆ど沒交渉なるかの觀がある。少くとも其の科學的常識を具えて居らぬと云つて宜しい。

これは一面から言へば無理のない事で、日本には現在の處民衆をして科學に親しませるやうな設備が殆どない。

すべて鐵道にしても飛行機にしても亦近來非常な流行を極めて居るラヂオにしても、其印象の生々してゐる間に、知識を吹き込むことが肝心である。然らざれば何時か此れに對する驚異の心を失ひ、興味を失ひ、從つて研究心を失ふと云ふ樣な事になる。

であるから常に民衆を科學に接觸せしめ、親しましめる爲めに、鐵道博物館のみならず、すべての科學に關する博物館を記し、官民協力して此の方面の智識を開發せしめ、現在の如き跛行的な狀態を匡救したいものと思ふ。

が爰には取り敢えず我々として燒失した鐵道博物館を恢復し、當初の抱負を一日も早く實現したいものと考へる。

これが爲めには廣く公私の援助を仰いで出來得る限りの資料を蒐め以て他日の完整を期したい。

言はゞ死馬の骨を購つて以て千里の馬を求むるの類である。要は明日にあつて、今日は手段たるに留まる。

○

外國には科學智識を普及化するために隨所に科學的博物館の設けがある。

中には公衆自ら機械に手を觸れしめ、興味を以て研究心を誘ふやうな設備のものもある。

倫敦のケンシント●ミュージアムの如き其の一例であるが、此の種のものは其んなに多くない。鐵道省に於ても大宮工場で公開して居るが、此の鐵道博物館に於ても亦差支ない限りは此の方面に進みたいと考へて居る。

御承知のラヂオの如き、近來民衆、殊に學生諸君の之に對する研究心は非常なものであるが、矢張り智識を普及せしむる爲めには實地にやつて見せて、直接に彼等の興味に訴へるやうにせねばならぬ。

現に私達が外國の科學博物館を觀覽して居る際に、前後して入つて來た職工の妻君とも思はれる婦人が、其の子供に對して機械の説明をしてゐる、其れを傍で聽て居て大に驚いた事である。其んなに教養ありとも思はれぬ細君が立派な専門家である。まさに日本女人洗足である。

元來日本國民の頭は先程も述べた通り無形的方面に發達して居つて、有形的方面に於て著しく其の發達が劣つて居る。

況して今日の如く、工業立國、産業立國の聲の高い時に於て科學智識の普及の必要を切感するものである。

○

獨逸にも非常に進歩した交通博物館がある。日本で言はば汐留こ云つたやうな古い歴史のある停車場を改造したものである。

これはケンシントン●ミユージアムを造つて動くやうにはなつて居らぬが、鐵道、運河、港灣、船舶等交通全般に亙つて極めて完備したものである。

普佛戰爭の購和の際にビスマークの塔乘したこ云ふ、見すぼらしい機關車もある。

此の鐵道博物館に出陳せらるべき鐵道開通式の際に先帝の御塔乘せられた御召列車の機關車も尊き國家的記念物こして國民の胸裡に深き感銘を與ふるここゝ信ずる。

歐米の鐵道博物館

車輛課長　**朝倉希一氏談**

（一）

我が國有鐵道創設五十年紀念事業の一こして、開設せられた鐵道博物館が、一昨年の震災のため烏有に歸した事を非常に残念に思つて居つた處今回愈々復興せられたこ云ふ事は、御同慶の至りである。この機會に於て、歐米に於ける鐵道博物館に就て少しく述べて見たいこ思ふ。

（二）

歐米諸國中にて鐵道博物館こして、最も完備してゐるものは、獨逸の舊ハンブルグステーションの建物を、その儘利用して出來て居る交通博物館に指を屈する事が出來る、此のハンブルグステーションは丁度、吾國の舊新橋驛の如く獨逸國に於ける、ステーションこして最初に出來たものであつて、建物それ自身が既に非常に意義あるものであるが、亦此處に陳列せられて居るものは、信號、客貨車の模型その他鐵道に關する總てのものが網羅せられて居るこ云ふも決して過言ではなく、それが悉く實際にその職分に應じて動かされつゝあるのである。此の外獨逸にては工業化學博物館こ稱するものがミユシヘンに在るが、これは必ずしも鐵道に關するもののみではなく、此の外、化學、工業に關する凡ゆる機械類が陳列せられて居るのである。

（三）

英京ロンドンのサウス、ケンシントン街に在る博物館の如きも、亦非常に完備しても のであつて、就中、鐵道界の大恩人である處の、ジョーヂスチブンソンが、初めて作製せしこ云ふ機關車なごも陳列せられて居り、非常に興味あるものではあるが、進歩せる現在のものに比較する時は、極めて幼稚なるも、鐵道の歴史を物語る意義深きものである。

米國には、鐵道教習生若しくは鐵道從業員の講習用又は教習材料こして、種々の機械類を陳列して居る博物館樣のものは到る處にあるが、それは極めて小規模のものゝみであつて、鐵道博物館こしては余り見るべきものも見當らない樣である。

吾國鐵博物館も獨逸の交通博物館の如き完備したるものに成る日の一日も早からん事を切に希望する。

大正十四年（一九二五）または大正十五年（一九二六）

二一　吉田　弘「兒童博物館の施設と教育的利用」

（『兒童教育』第二十巻第七號）

一、施設方針の大要

博物、地理、歴史等に關する標本類を陳列し之を展覽せしめ、之を兒童教育上に利用せんとするのが、兒童博物館設立の主旨である。だが種々の標本類を單に陳列したるのみでは、いつ行つても同じであるといふ感じを抱かせ、兒童を引きつけることは困難である。從つて博物館設立の目的を遂行するがためには、絶えず館の面目に變化あらしむるが第一要件である。かくして兒童の足を引きつけたる上、我々が教育的に博物館に期待する處のものをなし遂げるやうにしなければならぬ。

我が校に於ては最近に於て兒童博物館を設立したのであるが、尤も設立したといふても別に博物館の建物を建設したといふのではなく、一つの教室を之にあてたに過ぎぬが、第一に考慮した兒童の吸收策としては、いつ行つて見ても何か一つ二つは眼を曳くものがあるやうにしたいといふ點にある。それがためには博物館報と、一二日おきに新しき出品物を陳列して説明することとを採用してゐる。博物館報といふのは新聞又は雜誌等にて得られる時事問題を捉へて、子供にも呑み込める樣に詳しく丁寧に説明してやるのである。何月何日何處々々に或る事件が起つたといふ時に、その事件の大要を知らせると同時に、その土地がどんな土地であるかを地理的に詳細に説明してやるのである。そして出來得るならば日々變へるが最も理想的ではあるが、それは非常に勞力を要することではあり、事件もそう常にあるといふわけには參らぬので、一週に二回位は是非とも變へる樣にし度いものだと考へて居る。そしてもしも博物館報として掲載するに適當なる事件がなき場合には、理科の方面から發明發見の物語りを出すとか、或はその期節の頃に何の種子を播けばよいとか、今頃は何に肥料をやるがよいかとか、そうした注意事項を掲載すやうにしたり、或は歷史上の事實を促へて、その日に起つた事件の説明とか、その日に誕生又は死去した偉人の傳記を掲載するやうにすれば、掲載の材料が得られなくて困よやうなとはないと考へてゐる。尙顯微鏡にプレパラートを入れてのぞかせるとか器械の取扱を説明して自由に實驗せしめるとか、實驗案内を置きて化學の實驗をなさしむるやうなことを適當に日々に割りあててやれば、日々目あたらしくする位のことは容易なことで、兒童の足を毎日一回づつは必らず引きつけるやうにすることも至難の業ではないのである。

我が兒童博物館に於ては三人の職員の係りがあるが、その中の二人は火曜日と金曜日との博物館報を受持ち、毎週一回づつ館報を書くことを前低義務として出來得れば度々館報を書くやうに心懸けることにし、今一人は理科的方面の機械標本の説明や、實驗觀察につき一週一回づつ兒童の興味を曳く様な材料を選ぶことを擔當する様にしてゐる。尙六年の兒童六名を係りとし二人づつ一組になつて、二日交替に館内の整理や、新しき陳列品の説明書きなどに當らしむるやうにしてゐる。かういふ様な方法で日々の兒童吸收策を講ずるのであるが、それと共に館内全般の陳列法や陳列物についても常に新味がなければならぬと考へてゐる。今我が博物館にて陳列されたるもの又將來陳列したいと思ふものの種類を御參考までにあげて見ると次の様なものである。

○地理科に關するもの、

内外物産標本、地圖、模型、各他の風景、風俗、產業交通、都邑等を示す寫眞及び繪はがき、内外各地風俗人形等。

○歷史科に關するもの、

肖像、筆蹟、刀劍、甲冑、武者人形、年代表、掛圖等

○理科に關するもの、

各種製品製造順序標本、岩石、鑛物標本、連續觀察用諸物、獸類剝製標本、鳥類剝製標本、昆虫類標本、魚介類標本、植物標本、海藻類標本、等。

二、諸物蒐集の教育的利用

蒐集慾の旺盛なる兒童の本性を利用するのにあつて、兒童達は單に蒐集するだけでも興味をもつてやるのに、博物館に陳列するなどいふことになれば、蒐集の目的をもつことになつて大いに教育的の價値を發揮せしむることが出來る。蒐集せしむるの教育的價値、それは云ふまでもなく彼等の周圍の事物によく注意せしむること、研究的の態度を養成し得ること、等と效能書きはいくらもあらう。遠足の時でも旅行の時にでも只漫然と目を曳くものに見とれるといふのでなく、何か採取するものはないか、博物館に陳列するやうなものはないかといふ態度でもつて、凡てを注意深く眺めようとするので、かうした機會を重ぬる毎に、研究的の態度を深めることが出來るわけである。理科とか地理などの教授で期待する所の生々した知識はかかる間に、不知不識の中に獲得されるでありませう。兒童博物館の教育的利用、その最なるものは實にこの點であつて、陳列したものを展覽せしむるより以上、この蒐集せしむることの價値を認めなければならぬ。

従つて全校の兒童に博物館陳列の主旨を傳へ、競て出品するやうに刺激しなければならぬ。更にその出品物につき適當なる批判を與へ、之を奬勵する樣な態度を取つたならば兒童による博物館の利用は益々盛となり、博物館が兒童に期待する所も一段とよく發揮されることと思ふ。更に兒童自身が採取し來りたるものについて一通りの説明をなさせる樣にせば、兒童は自然何かと研究しなければならないし、參考書も引いて見なければならぬといふことになるので、之がうまく行けば非常に意義ある研究の指導が出來ることと思ふ。今假りに理科的材料について考へて見るに、理科の時間であれば動植物の研究にしても、その研究の記録は何のためになるかといふことになると甚だ曖昧であつて、先生が見るからとか、理科の時間であるが故にとかいふ目的から記録するに過ぎぬのであつて、研究の目的がどうもはつきりしないから結局その研究にも實が入らぬといふことになり勝ちであるが、今そうした材料を博物館に陳列したいから是非一通りの研究をして説明書きをするのだといふことになるとその研究の目的が非常に明瞭であるので、その研究にも實が入るといふことになり、教師の側から見ても指導の仕甲斐があるといふことになるし、兒童の方からは眞に生きた研究が出來るといふものである。現在の處まだ設立されただけの事で、そこまでの運びには至らぬが、理科の研究なども博物館を利用して研究に目的づけるやうにしたらば面白い結果が得られるのではないかと考へてゐる。

三、陳列品の教育的利用

前段に述べたる如く、取扱の如何によつては蒐集そのものにも非常なる教育的意義をもたせることが出來るのであるが、陳列品を教育上に利用することも忘れてはならぬ問題である。他の兒童の出品せる説明書つきの陳列品について、その書かれたる内容を呑みこむことが、教育的に意義あること勿論であるが、更にそれだけで滿足せずして一段詳しくそれを研究せんとすることもあるべく、尚我が博物館に於ては兒童のみに蒐集せしむることなく教師の仲間のものも蒐集出品することに力むるし、尙父兄の方へもこの趣旨を傳へて寄贈又は期間をきつての出品を乞ふことにしてゐるので、それらの物について兒童が更に詳しく調査し度いと思ふこともあるであらうから、かかる材料の調査研究を出發として歴史、地理、理科等の教授にも利用することが出來るわけで、博物館が教育上の施設として極めて重要なものであることがわかるであらう。

更に理科の器械、標本等を數個づつ循環的に選び出して、その取扱の大要をしるして之をいぢらせ、又は觀察せしむることは非常に有意義のことと考へる。兒童は必らず一つの器械を見ると之は何にするか、それはどうしたわけかと問ひ、標本を見れば之は何か、何にするか等をききたがるもの故、器械標本に懇切なる説明を附して出して置いたらば、非常に喜んで器械や標本に親しむことが出來ると思ふ。數十名の兒童を一緒にして授業する時に一つの器械又は標本についてききたがる欲求と、授業外に數人のものが器械標本室にやつて來て器械又は標本を見てそれについて知りたいと欲求することとを比べて見ると、後者の場合が強いことを我々は常に經驗するのであるが、博物館に於て前述の如き試みをすることは確かに兒童の必持に適合したのであると考へる。日常絶えず器械や標本に親しむといふことだけでも改まつて辯舌をふるふ理科教授よりかどれだけ有意義なことであるかわからないのである。

理科教授に於ては連續觀察といふことが言はれること で、之は極めて重要なことであるが、一週數回の理科の授業時間だけでは所期の目的を達することが甚だ困難であるが、之を博物館に陳列して日々の變化を日々觀察せしむるやうにせば非常に便宜であると思ふ。殊に係りの者がゐて日々の變化を繪圖でなり書いて置けば、何かの都合で見られない日があつたにしても、その繪圖を見ることによつて、連續した觀察がなし得るといふものである。蛙の變態の如きであるとそうしたわけには參らぬが植物の觀察例へは發芽してからの生長の有樣を見るとか花から果實になるまでの變化等を見ようと思ふならは、發芽後の生長であると二三日をきに一鉢づつ種子をまきその日附を記錄し置き、一月なり二月連續して之を行ひ、その後で全部を並べて通觀すれば一目にして生長の順序がわかるといふものである。連續觀察といへば必らず連續してやるに及ばぬ、何かうまい方法でてつとり早く觀る方法はなきかを工夫せしむるが如きも研究的態度養成の一部面に違ひないと思ふ。花から果實までの變化の如きもそうした方法で一目で見ることも出來るであらう。連續觀察といつてもいろ〳〵の方法があることを忘るることなく、凡べての方法にあたらせるがよい。卽ち割に困難なる連續觀察も博物館によつて實行する樣にせは比較的容易に行はれるのである。

陳列品を利用すること許りでなく、陳列品を間接に利用して種々の教育的效果を上げることも出來る。例へば陳列品の說明書をなさしむるに紙片に毛筆又はペンを以つて兒童に書かしむれば、書方練習になるといふものである。そうした場合には書方を練習してをけは何かの機會にためになるといふ樣な迂遠なものでなく、目前に迫つた必要のために書方をなすこと故、その效果は大なるものがある。又何か珍らしき陳列品でも來た樣な場合に校內の所々に宣傳用のポスターでも張るといふことになると、是又必要に迫つて種々の圖案をするといふので、之を圖書の時間にでも利用すれば甚だ意味のある圖書教授が出來るといふものである。

要するに博物館を種々の教科の方面から十分に利用して行つたらば、今日やかましく云はれる各教科の自由研究の有力なる動機ともなり、新教育に一つの光明を與へ得るものと信ずる。未だ兒童博物館の施設なき諸學校に於ては兒童圖書館と同樣、教育上の重要な施設として御一考を煩はし度きものである。

大正十五年（一九二六）

二二　川村多實二「動物園と水族館」（部分抜粋）

（『自然科學』創刊號）

一　目的と效用

現今文明國大都市の有つ可き必要なる施設の一として、吾々は自然博物館、動植物園若しくは水族館を數へることが出來やう。それは單に小兒や無教育者たちの暇潰しのための公園や空地とは違つて、相等教育のある人々の知識慾をも滿足せしめ、利用厚生の途を敎ふるとともに、容易に郊外の自然界に接觸することの出來ぬ都市住民の單調なる飽き易き生活を慰めやうといふのである。更に之を社會といふ立場から見ても、人類が我地球の表面を踏み荒して、到る所その天然的の狀況を打壞し混ぜ返す程度は、前世紀以來頓に激增し、貴重なる天產物の濫獲せられて絕滅に瀕するもの年を逐うて多きを加ふる有樣であるから、今の間に成る可く多くの種類の標品を蒐集して、出來得る限り速にその調査硏究をなし、又は保護の途を講じて、以てその永久保存を計らうといふのが、各國政府並びに學界の大方針である。從つて目下歐米の有力なる國々の博物館や動植物園に於ては、年々多額の費用を投じて建物と內容の完成につとめ、且絕えず採集者を世界各地に派遣し、珍奇なる標本を探索せしめる等、着々右の如き目的に努力し事業を遂行しつゝある有樣である。特に北米合衆國の此方面に於ける活動は目醒しいもので、例へばボストン市のアーノルド植物園は支那の植物を採集し且つ移植するためにウィルソン氏等を派遣したこと前後四回、その序には現今世界學者の注視の的となつて居る支那西方奥地の珍奇なる鳥獸も亦澤山に持ち歸つたらしい。紐育動物園の技師ビービー氏は親しく全世界に亘り鳥類殊に雉子類の棲息地を尋ねて採集調査した結果をば四冊の壯麗を極めたる大著として出版して居る。その他之に類する實例は各國共數限りなくあり、就中博物館の事業として一層大仕掛な素張らしい探險や發掘があるが、今は動物園並びに水族館と範圍を限つて、世界各國に於ける現況趨勢を略述し、それが動物學進歩に如何程の貢献をなしつゝあるかを紹介し度いと思ふ。

抑も可憐な歌を唱ひ美しい羽毛をもつ野生の小鳥を飼養し朝夕座右に置いて愛玩する風習が多くの國に存することは申迄もないが、この種の個人的娛樂以外にも尙、一層大形なる野生の鳥獸を捕へて飼育することが、かなり古い時代から行はれて居た。例へば猿熊アシカ若しくは象に藝を仕込むで引張り廻すとか、庭園の美觀を補ふために雉子鶴孔雀又は斑馬や麋鹿を放つとかいふやうな場合である。羅馬人は好んでアフリカの猛獸を輸入して飼つたといはれて居る。この觀せ物や貴族の道樂が益々大仕掛になつたものが、現在の動物園であると考へて、先づ間違は無い。殊に觀る者の方ではその氣分で入場するのが多いのであるが、然しその發達の間に次第に科學的傾向を生じ來り、今日では學術的價値が考へられるやうになつたことだけは忘れてはならない。(現在のものを日本では動物園と呼んで居るが、Zoolozical Park, Zoological garden であるから之は動物學園と譯さねばならぬ所であらう)。そのわけは前世紀の初頭から博物學が著るしく盛なり、その目的で極地や孤島赤道下の沙漠までも探險することが流行し出し、そのために續々と珍奇なる動物の標品が倫敦や巴理の學會に出陳せられるやうになつた。それに又前世紀の央頃から進化論の出現に基づいて類緣の議論が急に勃興したために、人々の野生鳥獸に對する好奇心が激増したことも、動物園の發達に與つて力あつたことは、申までも無いことである。此趨勢は昔の觀せ物の引續きと見る可き曲馬團などの變遷にも亦見られるので、世界第一と稱せらるゝ米國のバーナム大一座は曲馬や各種藝當の外に、多數の珍奇なる野生鳥獸を携行し、宛然たる一大移動動物園を作つて之に學術的說明を加へて見せて居るのである。此曲馬團が連れてゐる野生鳥獸が斃死したときは、その毛皮なり骨骼なりを旅行先からボストン近郊にあるタフト大學の動物學教室に寄送する契約になつて居るが、之によつて出來た同大學の標本室は、余も曾て一度參觀したことがあるが、實に豊富なる鳥獸標本室が出來上つて居るのである。

水族館の起源に就ては後に再說するが、動物園に比すれば餘程後に、即ち漸く前世紀の末に創つたことであり、材料の性質も少しく異るために、未だ全く觀世物の程度を超えて居らぬやうな感じがないでもない。卽ち水棲動物を平常見慣れぬ方向の側面や正面から眺めて喜ばすといふのが主眼のやうであるが、然しそれでも、歐米の有名な水族館になると、勉めて多數の綱目に亘つて種類を蒐め、海上に出なければ見ることの出來ぬクラゲやイカタコのやうなものを游がせるとか、或は更に外洋の孤島とか他の大陸に限つて棲む魚介などをも遙々取り寄せて展觀しやうといふのが最近の趨勢である。

單に世界中の珍動物を一堂に集めて、娛樂用若しくは研究用とすること以外に、尙動物園の爲す可き幾多の業務がある。それは何ういふ事かといふと、例へば絕滅に瀕せる家畜家禽の保存なども其一つである。近頃幸に天然紀念物の保存といふことが識者の間にやかましくなつて、種々適當なる手段が講ぜられるが、野生の動物なれば、その原產地を荒さぬやう徒らに濫獲せぬやうにするのが主なる手段であるが、家畜家禽の類になるとどこかで人間が世話をしてやらねばならぬ、ところがあまり羽毛が美しくないとか、使役の目的が劣等である、肉が不味い卵を多く產まぬといふやうな舊時代の動物は、誰も厭がつて飼つてやらぬから、大なる速度で絕滅に向ふのである。日本在來の馬牛犬雞の如きものがそれで、今日之を救はなければ永久に滅びでしまふ。小さい隱岐馬、蹴合に使はれた軍鷄なども今の内に是非保存の手段を講じ度いものである。之等は動物園が國家の事業としてやつて行くのが、最も適當で且有効なる措置であらう。之に就て尙一つの面白い實例がある。古來漢籍に麋鹿と書いてよく鹿を並べられた麋が、今日の動物學上の何れであるかは未だ確定して居ないが、近代の支那でいふ四不像（David's Deer 學名 Elaphurus davidianus）がそれであらうといふ渡瀨博士の說が最有力である。四不像といふ名は「蹄似牛非牛頭似馬非馬、身似驢非驢、角似鹿非鹿」といふことから來て居る。つまり牛とも馬ともつかず、驢でもなく鹿でもない奇妙な、大さは小牛位の有蹄類である。秦の二世皇帝の時趙高の献じたものは、多分角の落ちた季節の四不像で、始めて見た皇帝はじめ朝臣達が判斷に苦しんだのかも知れぬといふ話もあるが、それは兎も角、この四不像といふ獸は、先頃まで支那北京郊外南苑に飼育保護せられてあつたのが、兵燹のどさくさに兵士に殺戮せられて、今日ではもはや支那中に一匹も殘つて居ない。即ち東洋からは全く其跡を絕つたのであるが、倖にも動物蒐集に熱心なる英人が、絕滅に先つて倫敦の動物園に送つたことがあつて、彼地で蕃殖して二百餘頭にも及び、動物園や鹿の飼育家の間に分與せられて、英國をはじめ他の諸地に殘存して居るといふ。殘り少ない珍らしい家畜の子孫を保存するに、動物園を利用することの甚だ有效であることが、之で最も明かに立證せられると思ふ。

更に今一層專門的の方面に檻中の動物を利用することが、今世紀に入つてから行はれ出した。それは外でもない、種々なる野生動物の心理狀態、本能とか知能とかの調査をなすことで、既に英米獨の有名なる學者達が猩々、猿、浣熊に就て爲した面白い研究の報告が公刊せられて居る。又紐育動物園長ホーナデー氏は動物の心理と習性に就ての著述を出して居る。動物學も此頃は昔の樣に骨骼や形態組織の硏究ばかりでなく、活きてる間の習性行動、產地に於ける狀況等に着眼して調査する傾向になつて來て居るから、今後も續々と動物園內の肉食獸草食獸其他を材料に有益なる硏究が行はれるであらう。之等は決して動物園の主目的とは云ひ難いが、然し學術的效用の一として數へてもよろしからう。

二　歐米の動物園

世界中で最古く且つ著名なる動物園は倫敦レゼント公園內にあるものである。卽ち千八百二十八年の四月二十七日に「動物學の進步のために」及び「動物學上珍奇なものを紹介せんがために」の二綱領を宣して、倫敦動物學會が創設したもので、爾來引續き同會の管理の下に屬し、名稱も倫敦動物學會園（The London Zoological Society's Garden）となつて居る。此學會は非常に盛なる會で、會員の數五千六百名を超え、現會長はベッドフォード侯、而して現英帝國も亦二十年前から其會員である。（學會の入會費五ポンド、年會費三ポンド、終身會費四十五ポンド）。會員は此動物園に毎日自分以外尚二人を同伴して入場し得るし、又會員の妻又は夫が此權利を代行し得ることになつて居る。園の廣さは三十四エーカー（四萬一千餘坪）園内を貫く道路と河流とを横ぎるために二箇所に隧道と橋梁とが設けられてある。園の役員としては所長及び技師數名の外に百人以上の園丁があり、罹病動物の診療や死亡した動物を始末して博物館に配布するにも皆夫々の部局が設けられてある。一般入場料一シルリング（小兒は半額）、月曜日には平日の半額、而して日曜日には一般公衆を入れずに會員とその同伴者若しくは特に配布した特別觀覽券の所持者のみに限つて居る。全く閉鎖するのはクリスマスの日一日だけである。此動物園が有つて居る動物の種類員數は、流石全世界に領土を有する大英國の主都だけあつて、實に豐富なるものであるが特に注目に値するものに就ては、後節に再說することゝする。

常に科學の進歩を以て誇らんとする獨逸のことであるから、その主都伯林に世界屈指の大動物園があることは不思議でない。之は千八百四十四年にかねてより普國皇帝フリードリヒウイルヘルム三世が伯林近郊パウエンインゼルの離宮内に集めて居た鳥獸の下賜を受けて動物園協會が開始したものである。倫敦の場合と似て居ることは、其位置が市の中央を占むる大公園の一隅にあることであるが、東南側にはキユールフユルステンダムの大通があり、西側には停車場（動物園の名を以て呼ぶ）及び地下鐵道の停車場があつて、交通の便が甚だよい。收容せる動物は從來殆んど鳥獸に限られ、千九百十四年までに千四百種に達したが、その後園内に後に述べる水族館の大建物が出來て、その中に爬蟲類以下、昆蟲の如き小動物までをも收容展覽するやうになつた、（之れも後に詳述する）。尤も大戰中は動物の補充に窮し、千九百十九年の頃極度に其數を減じたが、今日では餘程恢復したやうである。此動物園はその地域が餘り廣いといふ程ではないが、建物や木石を巧妙に配置して、廣く且つ變化に富んだ感じを與へて居るところなど、設計の手際に感服させる節が少くない。就中特に推賞す可きことは、動物小屋の多くが實に堂々たる立派な建物で、しかも各種屬の原産地たる本國の人家に摸してあること、例へば駄鳥の小屋に接しては埃及風の意匠を凝らした建物（尤も之れは集會用の廣間として用ふるのであるが）があり、象の小屋はシャム邊りの建物に倣ひ、鹿の小屋は丸木を寄せて作つた山中の樵夫小屋形を取つてある。之は趣味の上からも、人類學との關聯を示す上からも、頗る有益なるやり方である。今一つ伯林動物園の特色を云へば、檻の背景や地盤をなる可く原産地の環境に似たものにしやうと力めてゐることで、例へば高山の岩角に憩ふ鷲や山羊・羊の類には高い岩山を作つて與へ、沙漠の荒原に棲む狒々やカモシカの類には亦それ相當の感じのする狀況が與へられてある。

この環境を摸して動物の自然に近い生態を見せやうとする工風は、最初獨逸漢堡市の動物商カール、ハーゲンベックの創めたことで、彼は千九百七年に市の引續きなるアルトナ市に自己經營の動物園を開設するときに、鐵柵の中に監禁し置く舊來のやり方を廢して、成るべく岩壁や溝渠によつて遮斷し置く方法を採用したのである。伯林の動物園では地面の狹い關係から、彼のやうに全然鐵柵を廢止するまでに到らぬが、然し出來得る限り右の方針を取つて居ることが、明に認められる。同樣なる試みは伊太利羅馬の動物園に於ても大成功をなして居る。此園は卽興詩人の中にも名の出て來る彼有名なる貴族ボルゲーゼ公の舊園を利用して、家畜や鳥獸の飼育に熱心なるソムリノ男爵の主唱によつて、千九百十一年に開始したものであるが、特に前記のハーゲンベック氏を獨逸から招聘して全設計を托したため、なる可く鐵柵や金網を少くし、又は籠を大きくして、背景を設くる主義で、多大の努力がなされてあるのである。

次には米國の動物園の例を擧げやう。何でも世界第一でなければ承知の出來ぬ北米合衆國民のことであるから、その大都市には中々立派な動物園がある。就中紐育と華府の兩市のものが最も完備せるものである。

紐育の動物園は大紐育市として稍北方に位するブロンクス公園の一部分を占めて居るが、全面積は世界第一の二百六十四エーカー(三十二萬三千坪)卽ち倫敦動物園の八倍に近く、園内に二十五エーカーのブロンクス湖、五エーカー半のアガシー湖の外に、水棲動物を放つ池沼や河流が合計三エーカー半の面積を有ち、或所には高さ十二呎の自然の瀑布が懸つてゐる。その外廣い森林又は氷河堆石の殘存せる「搖ぎ岩」（高さ七呎、幅十呎厚八呎、手にて押せば二吋位動く）なども園内にあつて、四季の散策には勿論夏の漕艇、冬のスケーチングにも好適の地である。此動物園の起源をいへば、千八百九十五年に生れた紐育動物學會なる一つの會があつて、「動物學の進歩」「國産動物の保存」「公衆用動物園の開始」をその三綱領として居るので、千八百九十八年七月一日に此園を創め、千九百〇二年には水族館の經營を始めたのである。右學會は現在二千二百人の會員を有し、會頭は學界の長老たるエッチ、エフ、オスボーン氏、而して重要なる事業は三十二人の評議員が一年に三回會合して協議することになつて居る。創始以來の動物園長は元標本製作工より身を起して世界的の動物生態學者とまでなつた有名なホーナデー氏である。右學會が此園に投じた資金も決して少くなく千九百〇七年迄に八十九萬二千圓と見積られるが、それよりも紐育市が支出する豫算が大きく（千九百〇一年より同五年迄の間に三百七十五萬圓、其後の増額は勿論である）評議員其他の米國の富豪が與へた寄附金も亦中々多額で、之によつて園内の建物は勿論動物の蒐集購入にも、保存飼育にもあらゆる善美を悉して居る有樣である。例へば水禽の自由に飛翔する模樣を見せんが爲めにとて、或籠の如きは高さ五十五呎、幅七十五呎、長さは百五十二呎、中に長さ百呎の水面と幾本かの喬木が取りこめられてある。或は又、世界の雉子を完全に集めて見せるためにとて、雉子の園ひだけが四十八個ある。飼育中の動物の總數は莫大なもので、千九百〇八年末の統計で四千三十四匹、内獸類六百七匹、鳥類二千五百三十匹、爬蟲兩棲兩類併せて八百九十七匹といふことである。之は年々增加すること勿論で、昨年の統計では有蹄類だけで八十二種三百三十匹、其中羚羊類だけが二十二種四十一匹、鹿類が二十四種百六十四匹、以て如何に贅澤に設備せるかを認むることが出來る。

紐育動物園に次で大きいのは、華府近郊ロック、クリーク、ヴレーといふ所にある國立動物園である。近郊といつても昨今は市が擴がつて來たために、決して飛び離れた郊外ではなく、市の住宅區域に隣接して居る。此園は紐育のよりは少しく古く千八百九十年四月學術奬勵と公衆敎育のためにとの合衆國議會の決議によつて開始せられ、其後スミソン學院の管理に屬せしめられたものである。園の地域は紐育のよりは幾らか狹いが、それでも尙百七十五エーカー(二十一萬坪)の廣さをもち、ロッククリークと呼ばるゝ、河流と其兩側に起伏せる小丘とを含み、實に形勝の地を占めて居る。現今約千七百五十四匹の鳥獸を飼養し、千九百二十三年中の觀覽者數二百三十九萬餘、一日平均六千五百五十八人、而して年中無料である。

右の二市以外にも未だ立派な動物園を有つ市が米國には少くない。フイラデルフイアにも中々完備したのがあるそうだ。

三　歐米の水族館

抑も水槽内に於ける動物飼育の濫觴を云へば、千八百三十五年に蘭人インゲン・ハウス氏が始めて動植物の瓦斯交換が相反することを明にしてから、英人ワード氏が魚類と綠藻とを共に入れ置くことによつて平衡を續け得ることを唱へ、千八百五十年に化學者のウォリングトン氏が此原理を應用して公衆用の水槽を作り得たと報告し、之に傚つて千八百五十三年に英國のフイリップヘンリグロス氏、更に三年を經て獨國のアドルフ、ロッスメスラー氏が研究用動物の飼育に向つて始めて此水槽を使用したのである。而して倫敦動物園内に此種の水槽を展觀したのも丁度其頃といはれて居るが、當時は單に小さな水槽を卓子の上か何かに陳列したに過ぎぬので、水の循環や壓搾空氣の吹き込みを始めて今日の盛大に達したのは、ずつと後年のことである。今日では水族館が都市の名所の一に數へられるから、海外に旅行した邦人は大抵巡覽して來ることと思ふが先づ世界で割合に古く且つ有名なのはナポリ市の水族館である。尤も之は實はナポリ生物學實驗所の一部分であつて、獨立のものではないから、少しくその方の説明を要する。

ナポリ生物學實驗所は同市の西端海岸なる市立公園内の綠樹欝蒼たる間に立つ白色石造の宏壯

な建物で、共に二階建の各中庭を有する本館と別館とからなつて居る。兩館階上には多數の研究室があり、階下は水族館に充てられ、地下室に喞筒室工作室物置等がある。此實驗所は元來獨逸の動物學者アントン、ドルン氏が千八百七十四年二月に開いた私立の研究所である。彼はその當時多數の歐洲の學者が地中海の動物を研究せんとして伊太利の南端なるメッシナ海峽に集まるのを見て、彼處に此實驗所を開く計畫であつたのを、都合によつてナポリ市に變更した。開始當時は世人の未だその効果を認める者少く、彼は之がために私財十數萬圓を蕩盡し、實に苦心慘憺たる有樣であつたが、幸に宰相ウィルヒョウ氏の盡力により獨國政府より毎年一萬圓計りの補助を受けて內部の設備を調へ、又伊太利政府よりの一時金數萬圓の交附と獨帝カイザーの內帑金十數萬圓の下賜とによつて漸く現在の建物を完成することを得た、而して其間に漸く世界の各國政府大學等から認められ千九百〇九年迄の來場研究者二千に垂んとし、之がために各國が買切る研究座席の豫約申込が增加し、戰前にはその席數五十余となつたので、その料金並びに、海產動植物の標本を發賣して擧げる收益とによつて、大分景氣がよかつたが、大戰勃發後收入の途が杜絕するやら伊太利政府に差押へられるやらで散々な目にあつた。初代ドルンは死して、今はその息子の經營であるが、數年前漸く伊國から還附を受けて、荒らされた內部を整頓し、昨今では少しづゝ恢復しつゝあるといふ。當所創立以來、之も今は故人となつたが、ロビヤンコといふ伊太利人の熟練した採集人があつて、ナポリ灣附近の動物の分布、出現の季節に通曉して居り、水族館に對しても、研究者に向つても、毎朝その前日に註文せられたる動植物を確實に供給し得る有様であつたから、中々他所の水族館で見られぬやうな無脊椎動物の生活狀態を見せることが出來たのである。

丁度右の如き關係で海岸に建てられた生物學研究所の一部分を占めて居る水族館は其他にも少しくある。例へば佛伊國境に近き地中海岸モナコにある海洋學博物館、米國フロリダ半島の東海岸マイアミにあるマイアミ臨海實驗所、又小規模乍ら我東北帝國大學所屬の淺蟲臨海實驗所の如きがそれである。前記の中ナポリでは灣内の水が惡いので、水は灣外から運び來らねばならぬが、他の三個所では皆館の近傍の水を吸ひ上げて使用して居るが、之は水族館が海岸にあるときの利益の一つである。

次には歐米の大都市の有つ水族館のことを述べやう。先づ倫敦の水族館は、前にも述べた通り前世紀の中頃に世界最初の試みとして創められたものであるが、經營宜しきを得ざるため、極最近まで微々として振はなかつたのを、大戰後倫敦動物學會が奮發して、五萬五千ポンドを投じ千九百二十二年起工同二十四年に完成したのが現在のものである。位置は倫敦動物園内（但し別に入場料を徴す）のマッピンテレースといつて、山羊、羊、鹿及び熊の生態を示すために倫敦の實石商マッピン氏が寄附して作つた大きな岩山（卽ち先に述べたハーゲンベックの主義を採用した背景）の床下を巧みに利用したもので、換氣照明は電氣により、暖房と空氣分配の動力はスチームに據つて居る。收容せる水棲動物に就ては時々變更があるから、一定したことは云はれぬが、流石は英國人のすることで、殆んど全世界の珍魚を一堂に集めて居る。その中には又例へばメキシコ産のアホロトルが五十匹も居る。此兩棲類は親の産卵法の外に幼蟲の形のまゝで産卵蕃殖する奇性があつて有名なものであるが、十數年前には歐洲に輸入せられたるものが、水から出て當時旣に人のよく知つて居たキモリの一種になつてしまつて、學者を二度喫驚せしめたものである。其他特に珍奇なるものに就ては後節に再說する。

海洋から遠く隔つて居て、然も最も巧妙に魚介を飼養して居る點に於ては、指を先づ伯林の水族館に屈しなければならぬ。此水族館も亦倫敦の場合の如く動物園内の一部にあつて、別に入場料を徵して居るが、此場合には實際水棲動物以外の動物、爬蟲類兩棲類の如きものをば園内に置かずして、玆に集めて置くのである。さて現在の水族館の建物は長五十三米幅三十五米の宏壯なる石造三階建、千九百十三年八月の開館である。水族館は階下にあつて、海水槽十一、淡水槽十四、各幅三米奥行二米、高サ一米四分の一、別に小水槽二十五個を備へてある。その中數個の水槽は沖合に游泳せる感じを與ふるために後壁も亦磨硝子となしあり、ヘルゴランド島の魚の背景は實際ヘルゴランド島より取り寄せた岩石を用ひ、伊太利の魚にはナポリの熔岩が用ひてある。階上は所謂地族館（Terrarium）で、澤山の龜、蛇、鰐、蜥蜴蛙を容れた池の如き大水槽十九個と小水槽六十九個、中央の天井から光を採つた場所には特に大きな池があつて熱帯植物を茂らせて爬蟲類兩棲類の大なるものを放つて、その上に一橋を架し橋上から熟視し得るやうにしてある。三階は昆蟲館（Insectarium）で大小種々の昆蟲や蜘蛛を養つて居る。其中には熱帯の奇形な昆蟲なども澤山見られ、亦蜜蜂の巣を營み子を育せる模様を示すために箱の一方を硝子にて作り、平常は黒羅紗の布を垂れて、勝手に揚げ見ることの出來るのもある。地下室には貯水槽及び機械が据えつけられ、水は電動機を伴ふ喞筒により一度高塔に押し上げられて自然流下によつて各室に配給せらる仕掛となつて居る。尙此水族館中にて活ける動物の補充として、標本化石掛圖模型等をも澤山陳列し、又土產として賣つても居る。此水族館の運轉方法として驚く可きことは開館に先立つこと三ヶ月程前に約三百立方米の海水を北海より運搬し來つただけで、その後は全く一度使用した水を砂で濾し、淡水又は人工海水を補給して、壓搾空氣の泡を振き込むのみで、現今に及んで居ることである。

和蘭アムステルダムにも立派なる動物園兼水族館がある。最近に歸朝した私の友人は、それが甚だ完備したもので、例へば南米アマゾンの森に棲む例のナマケモノが八匹も居て樹枝に垂下して眠る有様がよく分つたと話した。

紐育水族館も亦例によつて米人が世界最大を以て誇るものゝ一である。位置はマンハッタンの尖端即ち紐育の大市場から程遠からぬ所にある。前世紀の初にはそこにクリントン要塞なるものが築造せられてあつたのを千八百二十三年に公園となり、城公園《キャッスルガーデン》といつて居り、有名な大統領将軍若しくは外國貴賓の歡迎會場となつたことも度々、千八百五十五年以後約四十年間は船客の乗降場として、茲から上陸した外來移民の數が八百萬と算へられてある。千八百九十六年紐育市はかういふ由緒のある土地を永久に記念するために一つの水族館を建てることに定め、高低の地均しをしたり、壕を埋め立てたり等して、今の小公園地に整理した上、現在の二階建圓形なる建物を作り、展覧を開始したが、千九百〇二年に到つて紐育動物學會に引き繼いで、その管理に委任することゝしたのである。現在中央の地面にある大池槽八個、普通の側壁水槽九十四個の外に小水槽二十五個を備へ、千八百九十七年より、千九百十三年に到る間の平均觀覽者一日五千六百〇五人、此頃では毎日一萬人以上入場するとは、まるで噓のやうな話である。茲でも亦水の補給は一年に一回太西洋の沖まで汲みに行くだけで、あとは全部同じ水を繰返して用ひて居るのである。

米人の經營にかゝる水族館が尙各地にあるが、太平洋岸の都市では、桑港の金門公園内に極最近に出來た立派なのがある。之はイグナッツ、スタインハルトといふ人の寄附金で出來たもので スタインハルト水族館と呼ばれて居る。私は未だ見たことはないが、最新の設備遺漏なく、淡鹹兩水、高溫低溫の水槽總計百を超え、大なる屋內沼澤（Indoor swamp）と屋外池（Outdoor pool）とがあるといふことであるから、之も世界最大の一といつてよからう。それからフィリッピンのマニラと布哇のホノルヽとにも有名な水族館があるが、布哇の方が可なり古くからあつて、太平洋を往來する人々に知られて居るが、然しその運轉方法としては特に感心することはないやうである。場所はホノルヽ市を東南に距ること五哩ばかりのワイキヤの濱邊で、ダイアモントヘッドといつて岩山が海中に突き出した岬に近く、綠色濃き椰子の葉が凉風にそよぐ公園の一部であるが、館そのものは甚だ粗末な木造の平屋、中央土間に鯉の游ぐ淡水の小池があり、それから三方に廊下の如くになつて二十餘個の側壁水槽の並ぶこと型の如くである。これは千九百四年チャールスクック夫妻が營利の目的で創めたもので、今はホノルヽ急速運輸會社の所有だとか聞いた。大人三十仙、小人十仙の入場料を徵するが、土曜日だけは市敎育會の要望によつて無料となつて居るが、一年の觀覽者三萬に充たぬらしい。通水及び通氣の方法は至極簡單で、海中に三十呎ばかり突き出した唐銅製二吋吸水管から同じく唐銅製の喞筒の屋根の高さにある大きな圓桶に押し上げられた水が自然流下で各水槽に注入するときに泡を立たせる丈けのことである。此桶は日本の酒樽の如き形で滿水面から各槽迄三十呎底面からは二十呎位の落差であるといふ。動物の集め方は決して他の都市の水族館のやうに運搬費をかけて遠隔の地より取り寄せるのではなくて、單に漁船の捕へ來るものを買ひ取るだけ、從つて案内記にある四百餘種の魚は滅多にないことで、精々數十種であらう。然し熱帶の魚類には形の奇拔なもの、色彩の强烈鮮麗なものがあるので、觀覽者は喫驚して無性に感心するのである。然し要するに、ホノルヽの水族館は地の利によつて立つて居るので、特に努力して經營して居るものとは云ひ難い。動物の如きも他地方よりのものといへば、唯日本產の金魚があるばかり、之は館としても土地の美しい魚介を旅客に見せる方針であるらしい。マニラの水族館も賣つて居る案内記や魚の繪などから察するところ、全く之に似た美しく且奇妙な魚が多いやうであるが、館の建物や、內容若しくは經營運轉の方法に就ては、私は何にも知らぬので、批評をなし能はぬのである。

昭和二年（一九二七）

二三　小尾範治「博物館の使命」（『社會教育思潮』）

一

視覺・聽覺の如き高等感覺は何れも最も多く且最も強く精神に刺戟を與へる機官であるから、その對象となるものは人間精神の教養上極めて重要なる意義を有するものである。そしてこれ等兩感覺の中では人に依つて多少類型を異にし、或る人は視覺を或る人は聽覺を主とするの相異があるやうであるが、何れにしても兩者が共に最も重要なる感覺機官に屬し、從て又その對象が教育上最も重要なる意義を有する事は疑を容れない所である。それ故に他方に於て人間思惟の作用は頗る微妙であつて、全然感覺的對象を離れて純抽象的に理論的過程を辿つて働くものであり、又その限りに於ては精神の教養上具象的對象を必要とせぬものであるけれども、一方具象的對象が精神の教養に與る範圍も亦可成り廣大なるものであることは論を俟たぬ。且かの抽象的思惟作用と雖も多くは或は具象的對象を媒介とし、或はそれと聯關して行はれるものであるから、具象的對象は直接或は間接に人間の精神活動と、從つて又精神教養と關係してゐる。それ故に如何なる教育に於ても具象的對象は教育の手段として最も重要なるものであると云つてよい。實に具象的內容の伴はない教育は、多くの場合に於て、精神未發達者の場合に於ては特に、空虛であり、形式であり、從て又無力であるだらう。それ故に有らゆる教育に於て、能ふ限り具象的內容と聯關を保つことに留意することが、教育の效果を大ならしめる所以であると思ふ。

二

かゝる意味に於て直接感覺に（こゝでは主として視覺である）訴へる事に由

て教育的效果を收めようとする施設として各種の博物館、展覽會其の他常設的或は臨時の教育的觀覽施設は教育上極めて重要なるものといはねばならぬ。殊にこれ等の施設は社會教育上最も重要なる機關に屬する。何となれば學校に於ては何れもかゝる教育方法に關して相當の考慮を拂つてゐるから、この問題は在學者に對してはさまで重大なる意義を有せぬかも知れないが、然らざる一般社會人ばかゝる施設に由るに非ざればこれに接する機會を有たぬからである。否學校と雖も單獨では各方面の資料を充分に蒐集することは固より不可能である。從つて在學者であつても、この方面からの教育を遺憾なからしめる爲には、寧ろ個々の學校に於ける施設は直接緊要なるものに止め、殊に都會地に於ては、そこに一個の組織ある博物館を設けて、在學者といはず、非在學者と云はず、一般世人の爲にそこに觀察、實驗等が完全に行はれ得る施設を講ずる事が遙かに適切である。

一體博物館といふ名稱が惡いかもしれないが、特に我が國では、從來動もすれば博物館といへば、單なる死物や奇物を陳列して、閑人の暇潰しや、低級者の安價なる驚異を購ふもの位に考へられてゐたやうであり、曾ては事實さういふ立場から經營されたかも知れないし、又今も尙博物館をさういふものと考へてゐる者があるかも知れないが、敎育的施設としての博物館は本來かかるものであつてはならない。抑も博物館にも種々あるだらうが、少くとも歷史・美術博物館と科學・工業博物館とは自ら性質を異にし、從て又別個のものとして組織立てゝ施設する方が、その發達上又その利用上、遙かに有效であることは言ふまでもない。我が國に於ても今日博物館はかゝる道程を進みつゝあるのである。そしてこれ等の中、歷史・美術館は、或は世界的の、或は民族的の、又は鄕土的の內容の下に、人類の、或は民族の、又は地方人の外面的並に內面的生活の歷史を、具象的對象に由て、理解せしめる上に極めて有意義であつて、これに由て一面生きた歴史の教育が出來、他面藝術との接觸に由て精神的陶冶に資することが決して少くないのである。藝術品は決して單なる玩弄物として數奇者の眼をのみ樂ましむべきものではなくて、人間の內生活に豐かなる內容を加へ、且これを培ひ養ふことに由て心情の教養に資せしむべきものである。古來我が國は美術國と云はれ、數多の美術品を有するにも拘らず、いづこを求めても一般人がその史的蒐集に接する機會は容易に與へられない。日本で見られない多くの貴い日本美術品を海外で、しかも公開の博物館で容易に見得られるといふやうな不合理は、專ら我が國に於ける斯施設の未發達に基因すると思はれるが、誠に國民としては遺憾の極みといはねばならぬ。更に科學・工業館の施設に至つては、自然科學の發達が遲い我國に於ては、自然に歷史・美術館以上に幼稚なる情態であつて、僅かに二三を數ふるに過ぎない。我が國民が一般に科學知識の缺乏せる事は周知の事實であり、そしてこれが我が產業不振の一大根源を成すものであるから、國民の教育上一方學校に於ける理科教授に一段の改善を加へると共に、科學・工業博物館の如き社會教育的施設を盛大にして、國民一般をしてこれに親ませ、生活や、仕事をもつと科學的に營む道に躍進せしめることに努力することは今日の急務であると信ずる。かくてそこで單に生物や鑛物の標本、並に物理や化學の機械などを觀察せしめるのみならず、科學並に工業に關する各種の實驗を爲し得るやう設備し、又これに關して適當なる指導を與へる方法を講じ、即ち個人的指導や、或は講演、講習を試みる等、各般の施設を講じて民衆を教育するに非ざれば、我が國民はその缺陷から永久に救はれないであらう。

三

尚動物園、植物園或は水族館等もそれ〴〵教育的意義を有するものであり、又それ等が我が國に於ては未だ甚だ不振の狀態にある故に、これが發達も亦希望に堪へぬことである。又かゝる常設的のものの外、臨時の施設として各種の展覽會があるが、これ等はそれがよく目的に一致して組織的に、しかも教育的視點から施設されるならば、社會教育上極めて顯著なる效果を收め得るものである。例へば近年各地に行はれた經濟生活に關する展覽會の如きは、殊に勤儉の美風を敎養する上に、一片の講演に勝ること萬々である。何となれば勤儉の必要は國民皆これを知つてゐるが、如何なる方面に於てこれが實踐を試むべきかについては、經濟生活展覽會の如き施設が最も具象的に指示し得るからである、若しそれが適切なるものでありさへすれば。

かやうにして一般に敎育的觀覽施設は、圖書館と共に實體を有する事に由り特に社會敎育上最も重要なる施設に屬し、これが發達の如何は國民敎育と至大の關係を有し、國民精神の涵養から云ふも、又國力の振興より見るも、我が國の現情は斯施設の發展を要求して止まないものである。

昭和四年（一九二九）

二四　秋保安治「東京博物館の現在とその將来」（『科學知識』第九巻第三號）

一

東京博物館の現況を叙しその將来を説かんとするには、少しくその既往に遡りてその沿革を辿るの要あり。

抑も當博物館は、遠く明治の初年我が政府が物産局假役所を置き、大學南校出仕田中芳男氏をして物産を蒐集せしめたるに由來し、明治四年文部省内に博物局を移し、今の博物館所在地境内の大成殿を以て博物局觀覽場となし、明治五年三月を以てこれを一般に公開したるものにして、同月明治天皇の臨幸ありたるに觀ても、如何に博物館の創設に當時の政府の力を致したるものなるかを想像するに難からず。

然るに時勢は未だ斯種の事業に有利ならず。爾後或は大政官の所管に移され、或は再び文部省に移りて圖書館と今の小石川の植物園とを合し、又は圖書館を分離する等幾變遷を餘儀なくせられ、明治十年に到り玆に教育博物館の名の許に小規模ながらその態を整へ、上野に敷地を選定し、新館の建築成りて專ら理化學器械、教授用具、博物標本等を陳列し、一方には府縣の學校に於ける機械器具の購入に仲介の勞を執り、又貸出標本を備へて公立學校に陳列品の貸出を爲し、或は陳列品目錄を刊行してこれを頒布する等當時の時勢に採りては頗る行屆きたる活動を爲したるが如し。

益鳥生態陳列の一部
種類の絶滅を防ぐために捕獲を禁じてある鳥類を生態的に陳列せる場面にて、こうのとり、『とき』、くろつらへらさぎ、おしどり、らいてう、つる類、ほしがらす、るりかけす等を示す。

然るに政府事業一般の例に漏れずしてこの有益なる事業も、一進一退の間に明治二十二年に到りて東京高等師範學校の附屬となり、玆に獨立の體形を失ひ、以て大正の始めに到るの間は極めて微々として振はず、僅かに當館の沿革史上に形骸を留めたるに過ぎざる時代を形成したり。

而して更に文部省普通學務局の所管に移りて、獨立の博物館として再生を觀たるは大正三年以來にして、東京教育博物館と改稱せられ、而して最近再び東京博物館と改稱せられて今日に到れるものにして、その間大正十二年の關東大震火災には全燒の厄に遭遇したるに際し、當時の農商務省所管の商品陳列館と、文部省の當博物館とは財政緊縮の犧牲たらんとしたることありしも、幸ひに大縮小を觀たる間に於ても辛ふじて存立を繼續したるもの、即ち、所謂御茶の水東京博物館の現狀たり。

二

本館の沿革は、斯くの如くば最早や五十年の歴史を有するに拘らず、一浮一沈大なる發展を遂ぐるに至らず、單に教育博物館として學校關係者の間にのみ有意義の機關として認めらるゝのみにして、漸次一般社會より遠ざからんとするの形勢なりしを以て、最近に到りて盛んに時機に投ずるの展覽會を企圖し、以てその存在を世間に知らしむるに努むる所謂展覽會時代なるものを形づくりたるも、大震火災以來夫れすら狹隘なるバラックにては實行難の狀態に置かれたり。

然るに幸にも震災復興の計劃に際し、上野なる東京帝室博物館も亦その方針を一變し、四十年來同博物館の一大部門たりし動物植物及鑛物は擧げて之れを當館に交付し上野公園竹の臺の一角四千坪を割きて之れを文部省に交付し、當館復興の敷地に充て、將來當館復興の後は帝室博物館は專ら歴史及美術の方面を擔當し當館は主として自然科學及その應用工藝を專門とするの協定成り、十數萬點の博物標本は、悉く之れを當館に引受くることとなれり。

玆に於て現在の御茶の水には、此等帝室博物館より交付の博物標本を中心とし更に理工學及工藝の方面にまで夫々機械標本等の設備を進めたるを以て、今はその建物は如何にも貧弱なるバラックなるが爲めに、陳列の方法及び博物館としての積極的活動に於ては多大の遺憾あるを免れずとしても、その陳列する處の設備品及び倉庫に藏せらるゝものを加ふれば、自然學の博物館として必ずしも貧弱なりと稱し得ず。

加ふるに六百人定員の活動寫眞映寫室列品參考圖書閲覽設備、物理實驗場、機械實驗場、瓦斯及電氣實驗設備等を有し毎週土曜、日曜の兩日には定期の學術映畫の映寫會を催し、更に學生等の團體に對しては夫々陳列標本の解説に必要なる映寫を隨時爲し得るの準備あり、一般民衆に對する科學知識の普及に對しては相當意義あるものと稱するを得べきものなり。

今その實驗設備のみに就て觀るも、光學實驗、力學實驗、電磁氣學實驗、X線の實驗、電氣照明實驗、機構學實驗、電氣器具實驗、水力機實驗、瓦斯器具實驗等に關しては、一々觀覽者自らの自由なる實驗に提供せるものも少からず。又或物は申出によりて、何時にても係員に於て實驗觀覽に供する等の點に於て、本邦に於ては未だ他にその類を觀ず。此等の實驗用機械、標本等が、大體に於て中等學校生徒等の理解力を標準としたるの點に於て、或は專門學校の學生又は教職員等より、或は一方の專門學者等より之れを觀れば、此等現在の設備は學術的に如何にも程度低きものなりとの説もこれあらんも、顧みて本邦一般民衆の現狀を觀れば、社會教育の施設としての博物館に於ける設備は、現在の專門學校等に設備せらるる程度以上の物を展開するに於ては、民衆教育の目的を達すること能はず。一部研究的の利用者には物足らず感ぜらるゝにしても、成るべく一般人に科學知識を普及せんとするには、その設備せらるべき程度は、專門學校等の設備を開放したる位のものに標準を置かざるべからず。

この意味に於ては、當館の設備の現狀が却て本邦の現狀に於てその目的に適するものと稱するを得べし。

今その現在に有する列品を種類別に觀れば、大體左の如き數字にして、陳列面積の相當に餘力あり。陳列方法の宜しきを得ば、科學博物館としての一應の態を整ふるに必ずしも不充分ならず。

東京博物館陳列品現在表

博物ニ關スルモノ	一二〇、〇〇〇點
電氣及瓦斯利用實驗設備	二〇〇點
照明發達參考品	三〇〇點
理化學實驗機械及標本等	三〇〇點
一般機械參考品	二〇〇點
機構實驗裝置	一〇〇點
水力機械實驗模型	五〇點
交通運輸參考品	三〇〇點
土木建築參考品	六〇點
農業用機械及工具	三〇〇點
蠶業ニ關スルモノ	五〇點
關東大震火災參考品	三〇〇點
其他	一〇〇點

デスモスチルスの頭骨化石
世界唯一とも謂ふべき逸品で、全哺乳類中最下等の卵生する鴨嘴獸に近い海獸と見られる本化石は、美濃の第三紀凝灰岩より出でたり。何出雲、陸奥、天塩、佐渡よりも臼齒を出せり。

列品研究參考圖書及雜誌

自然科學、工藝、農業醫學等を合せて……
内國圖書……………………一二〇〇册
外國圖書……………………五〇〇册
内國雜誌……………………二二〇種
外國雜誌……………………三〇種
官廳、大學、研究所、試驗所等報告書類……
……………………數十種

活動寫眞映畫目錄

科學に關するもの
運動分解、蛙の一生、動物悉シ、冬眠の動物、顯微鏡、動物の母心、カメラと郊外、馬鈴薯の發芽、進化史、海の生物、鳥を愛せよ、飛行界の進歩、滿洲の鑛業水中の微生物、食蟲植物、X光線、宇宙の驚異等、

工藝に關するもの
木材より新聞、自動車の解説、我國の製鐵業、無線電話、鋼鐵製造實況、工場の傷害妨止等、

農業に關するもの
養鷄、農具の改良、滿洲の農業、丁抹農民の努力等、

地理、風景、名勝等に關するもの
筏流し、パナマ運河、奈良の美、北極探險、古代ローマ、ヴェニス、パリー、アルプス、關東洲、東京博物館實寫、長瀞飛行船より京濱俯瞰、スキー、野外騎乘等、

兒童教訓漫畫
水上ポンプ、鳩と蟻、夢の凸坊、二萬五千哩砲、兎と龜、忠實なる犬、雲の上まで、インク壺等、

三

現在の東京博物館は、以上の如き設備を以て毎日學生生徒の團體觀覽を中心として、一般民衆に科學知識の普及に便じ來れる一面には、曩に震災復興費として文部省が本館の爲めに準備したる二百萬圓は、新たに上野公園竹之臺に設けられたる四千坪の敷地に對し新館建築に充當せられ、昨年五月を以て起工、目下その形體を想見し得る程度に工事の進行を觀つゝあるものにして、而も文部省は最近時勢の進運と斯界の權威者よりの要求とに鑑み、今回復興せんとする新館落成と同時に、當館從來の方針を改善擴張して科學博物館たらしめんとするものなるが故に、現に工事中に屬する新館は一部鐵骨一部鐵筋コンクリート造とし、本館延坪二千八百坪は主として自然科學及び理工學的の設備を整へ、更に現に同一敷地內に有する八百坪の別館を之れが應用工藝品の陳列場に充て、加ふるに本館內には一般觀覽者の爲めの陳列室の外、特別なる研究者の爲めの參考陳列室、特志なる研究者の爲めの研究室、學生生徒等の團體觀覽者の爲めの講義室、電氣學、光學等の暗室實驗場、氣象天文觀測場、大講堂、寫眞室、印刷室、公衆食堂、附屬圖書館等を具備し、本館自體の活動に便ずると共に、廣く學術、教育、產業工藝等の方面の研究、調査、集會等の便に供するの設計なれば、その規模必ずしも大なりと言ひ難しと雖ども、博物館事業の特に幼稚なる本邦の現状に對しては、少なくとも一新紀元を劃するものあることを疑はざるものたり。

四

斯の如き抱負を以て、當館は今や着々新館開幕の準備に全員を擧げて活動しつゝあるその間に於て、曩きに墨國政府より本邦に他に類なきメキシコミーラの寄贈あり、昨年は米國人ミッチェス婦人より一萬點にも餘る南洋獨特の貝類標本の寄贈あり、九州の製鐵所よりは一萬餘圓を投じたる製鐵所標本、臨時窒素研究所の空中窒素固定裝置の出陳あり。更に濱松の特志家高林兵衞氏より、氏が十餘年の日子を費やし、十數萬の金費を投じて蒐集し來れる本邦時計發達史を完成せる數百の貴重標本の寄贈の約束ある等、有益なる標本の寄贈日に多きを加ふるの有樣なるを以て、近く新館の落成を告ぐる頃には、最早や狹隘の憾を感ずる程陳列品の豐富を致すべきは疑を容れざる所にして、斯種事業の爲めに誠に慶賀に値することなれども、然れども言ふまでもなく昨今の博物館事業の趨勢は、徒らに標本列品の多きを誇るよりもその有する標本を如何に活かすべきか、民衆の利用上如何に陳列展開すべきかが重要さを加へ來れるを以て、吾人當事者の最も心を砕きつゝあるものはこの一點に存するものなり。

然りと雖もこの一事に到りては少數の職員の力能く之れを解決し得るものにはあらず宜しく夫々專門の權威の指導と批判とに俟ち、一面利用者の希望に耳を藉し、以てこの點に萬遺算なきを期せざるべからざるを痛感するものたり。

斯道に關する先輩又は此等の方面に當りつゝあるの教育者又は斯種事業に趣味を有せらるゝの各位にして、忌憚なく吾人當事者を鞭韃し指導せらるゝあらば、希くは依て以て當館事業の大成を期するを得んか。

昭和己巳一月誌

水力實驗裝置

左方の一馬力ペルトン水車は、硝子張として內部の構造を見せ、觀覽者自らをして送水實驗せしめる。その他水力タービン、流水測定裝置、各種ポンプ類等を裝置して、何れも自由實驗に供されてある。

昭和四年（一九二九）

二五　小田内通敏「郷土思想の涵養と其の方法—郷土地理の研究と郷土博物館の設立—」（『農村教育研究』第二巻第一號　郷土館號）

大西編輯主幹から『郷土館』號の特輯をなすから何か寄稿せよとの事でしたが、新に稿を起す時間がなかつたので、十四年前の舊稿を篋底に探り、それを示したら、ぜひ掲載するやうにとの事ですから、其の後の所懐を前記して、會員諸君の御笑草に供する事にいたします。左記の文中の「秋田郷土博物館」も、「東京郷土博物館」も、時機が早い爲に、出來ませんでした。これが出來てゐたら、今頃は、もつと實のある資料を諸君に提供し得た事を今更殘念に思ひます。

十四年後の今日になつて、眞の郷土教育の必要が唱へられるやうになつた事は、誠に嬉しい事です。最近の拙見は、昨年の社會教育（文部省社會教育課編輯）に「郷土と地理」として、六回に亘りて、寄稿してありますから、御一讀を得ば幸です。また長野縣では、從來自然科學や哲學のみの講習會丈でしたが、最近郷土思想が勃興した結果、埴科教育會ではじめて郷土地理の講習會が開かれ。私は三日間行きましたが、隨分熱心でした。これはたゞ講演丈ではなく、講演と審査と調査とに分けてやりましたから、相當の收穫が今後に得られる事と信じてゐます。なほ來年一月からの『社會教育』に『村落社會の基礎的調査』といふやうなものを、同誌の依頼によりて寄稿をしやうと思つてゐます舊稿を貴覧に供するを機とし、平素の所懐を述べ、特色ある地域を郷土としておられる諸君の郷土教育に就いての所懐を承るを得ば本懐の至です。

郷土思想の涵養と其の方法
（郷土地理の研究と郷土博物館の設立）

自己の體質、自己の習癖は如何、自己の長處短處は如何其の父系と母系より受けたる肉體的はた精神的特質は如何其の師友より受けたる感化は如何。其の郷土より得たる影響は如何。かく眞面目に自己を省察して其の眞我を捉へ、之を醇化し之を大成するに至つて個人自覺の眞意義があらはるゝのである。

かゝる自覺は個人のみならず、小にして一村一町、大にしては一郡一縣にも必要である。即ち町村民なり郡縣人なりが、其の郷土の歴史を知り、其の郷土の治蹟に鑑み、其の郷土の山川風土が如何に其の産業と密接の關係あるかを究め、更に大正時代の新町村、新郡縣として如何なる施設をなすべきかを考えたならば、其の町村なり、其の郡縣なりが確かに自覺するに至るであらう。かゝる自覺が生ずるやうになれば、町村なり郡縣なりの自治は確に點睛せらるゝので、自治の完全なる體現は、行政上の解釋以外、郷土に關する知識を豐にし、其の山川風土の特色と其處に營まれたる祖先の業蹟を偲び、自から其の郷土を愛護するの温情を養ふ事が切要である。

從來我國では、郷土なる語は小學校のみに用ゐられてゐた結果、初等教育的の意味よりないやうに誤解されてゐるけれども、獨逸の如きは社會教育的にも用ゐてゐる。即ち町村にも郡縣にも、夫々郷土的の社會教育機關が設けられてあると共に、中等教育に於ても郷土地理の研究と教授が行はれておる。社會教育機關としては、各地に郷土博物館、天然紀念物保存協會の如きが設けられ、或は論文或は著書として發表されており、中等教育に於ては、自國の地理を教授するに先ち、學校所在地の郷土地理をば學生をして實地を觀察せしめつゝ教授する事になつてゐる。かくして獨逸に於ては健全にして强固なる郷土思想が養成せらるゝのである。

余は當大學に於て地理を教授してゐるものであるが、數年前より郷土地理の知識が地理教授の基礎として最も必要なるを感じ、郷土の研究が郷土的自覺の第一義たるべきを覺り、機に乘じ或は論文に或は著書に之を發表してゐる。中等教育の方面に關しては、今般新に著したる拙著『中等國民地理教科書日本之部』に於て、卷首に郷土地理の教授要項を示し、社會教育機關としては郷國秋田縣に郷土博物館設立の建議をなし、井上東京府知事にも同氏の勸により、今夏『東京郷土博物館私案』を提出した。今東京に關する私案の綱目を抄記すれば、

第一(歴史的)には(一)先史及原始時代の遺蹟(二)德川時代以前(三)德川時代(衣•食•住•工産物•商業•娯樂•信仰•年中行事•交通機關•人口•租税•民政資料)等に分類し、第二(現狀)には(一)人口(二)産業(三)事業(四)地方との經濟關係(五)郊外農村の發達(六)世界大都市との比較等に分ち、別に參考として、京都及大阪とを比較すべき材料を集め、なほ圖書室及講演場をも置き、陳列品の説明書を編纂する案である。

幸に以上の愚見が全國府縣の知識中心たる教育界の指導者たる諸彥の顧みる所となり、幾分にても採用實行せらるゝを得ば、決して拙生の滿足のみではない。今日諸彥の我早稻田學園を訪れられたるを機とし、聊か愚見を陳して御示教を仰ぐ次第である。

二六　熊谷辰治郎「「郷土館」と地方文化の建設」

（『農村教育研究』第二巻第一號　郷土館號）

一

私は地方に郷土館の建設されることをひと一倍希望してゐるものある。いふまでもなく、如何なる地方にも郷土館を欲しく思ふが、いろいろの事情でなか／＼簡單には實現し惜いことだらう。とはいひ私は次のやうな事に惠まれた地方に於ては、萬難を排してその建設を實行すべきであると思ふ。

二

その一例として、私の經驗を話すことを許して貰ひたい私は曾て田舍に生活してをつた頃、私の郷里の隣村（岩手縣氣仙郡小友村）に鳥羽源藏といふ熱心な博物の研究家がをつた。此の先生は、蝶類の研究には、殊に深い興味をもち、郷里に於ける各種類を採集して標本とし、更にその研究の範圍を擴めて、全國各地、殊に臺灣の蝶類の研究に力め、幾つもの新しい種類を發見して、「鳥羽蝶」などと命名されたものさへもあつた。先生の研究は更に人類學、考古學、植物學、動物學の方にまで延び、その採集標本は夥しく多數に及び、參考書も可なり多きに達し、その地方を研究するにはどうしても、鳥羽先生の御助力を仰がねばならないやうになつてゐた。われわれは時々鳥羽先生のお宅を訪ねて博物の話を伺つたり、郷土の過去をきいたりするとき鳥羽先生はその說明の材料を土藏からわざわざ運んで來られて一々丁寧懇切にお話しして呉れた。われわれに說明するために先生は、幾度か標本を出したり入れたり、整理したりするに可なりの時間を費すのであつた。先生のお宅を訪ねる人が多くなればなる程、先生の勞力と時間とを經費することは益々多きを加へるのみであつた。

一瞬間を惜しまれて常に研究に沒頭してゐる先生の尊い時間を割くことを私は常にお氣の毒に思つて、何か適當な方法によつて此の郷土が產んだ研究家の研究を話す方法がないものかと考へて、「鳥羽館」を建設せよと提唱したのである。

私の「鳥羽館」を建設せよといふ考へ方のうちには、郷土館といつたやうな概念を含めてをつたのである。鳥羽先生の研究を廣く公開して研究家の參考に供すると共に、郷土的の各種の資料を陳列して、郷土の歷史を正しく、郷土の人々に理解せしめ、郷土文化建設の情熱を刺戟する一つの機關にしたいといふ考へが根幹をなくしてをつた。

その地方の人々が嘗て使用してをつた農具を陳列してその變遷を知らしめるとか、衣服の時代的の變化、住居の變化の模型農村生活者が使用した諸器械の變化、郷土が產んだ偉人を偲ぶに足る參考資料が、兎に角地方生活の傳統を知らしめるに足る各方面の資料を陳列して、郷土生活變遷の生活史の縮圖たらしめたいと願つた。

かういふ館があることによつて、地方文化の進展がどれだけ刺戟されるであらうか。地方の人々の眼を郷土の研究に向はしめるに、どれだけ有力であるかを考へるとき、われわれは、此の提唱に熱心ならざるを得なかつた。

然しわれわれが「鳥羽館」の建設を提唱して既に十年を經過してゐる。にもかかはらず今尙此の村には「鳥羽館」が建設されてゐない。鳥羽先生は今は岩手縣師範學校の博物の教諭としてこつ〳〵と研究に沒頭されてゐる。

私は恁うした熱心なる郷土の研究者のあるところは、いろいろの事情を排して、先づ郷土館を建設しなくてはならないと思ふてゐるものである。

建設されないのは甚だ迷惑だが岩手縣の遠野町には鈴木重男氏の盡力によつて「遠野郷土館」が建設經營されて、多くの研究家に尊い參考資料を提供してをつた。過般災禍に見舞はれたとか、その後如何なる狀況によつてゐるかを知り得ないが、われわれとしては、われわれの考への實現されてゐることをよろこぶものである。尙同町に臺灣の研究家として令名ある伊能嘉雄先生の臺灣館といつたやうな陳列館もあつた。これは伊能先生のお宅を開放して、臺灣に關する先生の蒐集を陳列したもので、私も一度そこをたづねて先生の臺灣の話をきき、郷土研究のお話しを承つたことがあつて、短い時間にいろいろ私の知識慾を滿足せしめられ、各地方地方に恁うした會館があることによつて、如何に惠まれるかをしみじみと感じたことがあつた。

地方に先覺者あれば、當然建設されねばならぬ條件に置かれたところには建設されてゐるが、尙建設さるべき所にして建設されてゐない所も多いやうである。われ等は此の現狀に對しては、聲を大にしてその急設を叫ぶものである

三

私はいま一つ郷土館を建設して欲しく要求するのは、歷史的に惠まれてゐる地方に對してである。

私は嘗て宮崎縣を旅行した折に、しみ〳〵と宮崎には、是非宮崎を說明するやうな博物館が必要だと思つた。御承知の通り宮崎は、日本歷史發祥の地として、歷史研究にとつては重要な土地として認められてゐる。然るに宮崎を旅行しても十分さうした歷史を語るに適切な立派な施設が講

ぜられてはゐない。私にはそれが非常に遺憾に思はれた。宮崎のやうな歴史的に恵まれた地方は矢張萬難を排しても郷土館なり、博物館なりを建設すべきであると思ふ。

　われわれのやうに旅から旅へと日をくらしてゐるものは旅先きで極めて短時間に、わりにはつきりしたその地方の概念を、一わたり胸におさめたいと思ふ。われわれのやうなものに對する親切からも、是非とも宮崎のやうな地方は何等かの方法を講じて欲しいと願ふ。これは宮崎の一例をとつたのであるが、宮崎のみに限らず、歴史的に、或は郷土的に特異をもつた地方は、如何なる障礙を排しても「郷土館」とか「博物館」を建設すべき義務がある。

四

　私は郷土館を是非建設して欲しいと思ふところに就いての二つの希望としてその人に恵まれてゐる所、歴史、傳統に恵まれてゐるところとを擧げた。然し、出來るなら、各地方々々に郷土を語るべき施設があつて欲しい。神社の境内とか、寺の附近にでもさうした會館が設けられたら、その地方の人々に地方生活を理解せしめる上にどんなにいい刺戟になるかわからない。

　一體いまの地方の人々の眼は都會文化にのみ注がれてゐる。文明とは都會の別號の如く考へてゐる。そしてすべてすぐれたものは都會にのみあるものの如く思ふてゐる。隨て地方の生活をよくするために、都會の文明を模倣することにのみあせつてゐる現狀である。われわれは都會文化との關係交渉のあることを信じてゐるが、眞に地方文化の中に、都會文化をとり入れるためには、もつと地方を研究しなければならない。地方文化研究の基礎の上に都會文化をとり入れるのでなければ眞に健實なる地方文化の建設とはならない。此の意味からも、地方の人々がもつと地方の研究に覺めなければならない。

　地方にも尊いものも、すぐれたものもあることを、深く觀なければならない。郷土館の建設は、つまりは、地方の人々の地方研究に對する正しい自覺を呼ぶ力によるところに使命がある筈だ。

五

　私は郷土館建設の使命に當る適任者として、地方に働いてゐる青年團員諸君により大きな期待をかける。いま迄の先輩は確に地方研究をおろそかにしてをつた。文化の中央集權に何等の不滿も感じてゐなかつた。地方に生活してをつて、少しも地方を考へずに、都會にのみ模倣の眼を注いでをつた。われわれははやくその時代を葬りたい。地方の青年諸君が、心から地方文化の建設に覺めたとき、生きた施設が考へられねばならない。その時郷土館なども必ず考へつく重要な施設である。

昭和四年（一九二九）

二七　田邊尙雄「東京博物館と故手島精一翁（一）（二）（完）」

（『明治文化研究』第五巻二號・三號・四號）

(一)

予の叔父手島精一翁は明治年間に於ける我國工業教育界の元勳と稱せられ、大正六年一月廿二日に歿せられてから、工業教育會は翁の傳記を編纂することを企てゝ居たが、昨年に至り漸くそれが具體化されることになつて、翁の傳記編纂委員が設けられ、不肖私も聯なる緣に由て其の委員の一人に擇ばれ、主として翁の遺記錄を調査することを任とした。

翁は非常に筆まめにて、平素公私の用務頗る多忙なる中に於て可なり多くの記錄が殘されて居る。其日記の如きも頗る詳しく、明治三十二年から以後は博文館の中形當用日記に細字にて細々と記し附けてあり、歿する日の二週日前、卽ち一月六日迄殆んど一日も缺く所なく記してある。此の一月六日に病重くなり、其月の廿二日に歿したのである。而かも此の最後の日記たる一月六日の記事は、細々と思想の變化に伴ふ國家の將來に對する把憂を述べ、聖壽の無窮を祈る旨が記してあつて、それを以て一生の日記を閉ぢてある。それ許りで無くその長年月に渡る數十冊の日記の凡ての頁は、早朝より深夜に至る迄我邦工業教育の進展に對する努力と希望に對する奮鬪の記事のみを以て充されて居る。私は此の日記を讀む處に翁の隱れたる力に對して感激の涙に充された。若し此の日記が公開されるものであつたならば恐らく我國工業教育の最も詳細な僞らざる歴史を知ることが出來るであらう。然し私は今其の事に就ては前に述べない。唯私が翁の遺物中の或る一つの大きな箱を開いた時に、その中に明治初年の東京博物館卽ち後の教育博物館の記錄を以て充されて居たことに就て、茲に其一部を公けにしたいと思ふ。

之等の記錄は多くは今日絕滅してしまつて居るので、文部省からも前記の翁の遺記錄の發表を切望して居るといふことを當局から手島家へ交捗があつたと私は聞いて居る。

東京博物館の歴史に就ては前に詳しく述べるの材料を持つて居ない。然し其の博物館の何物なるかを明らかにして置かないと、手島翁との關係が了解されないから、今其の大要を申す爲めに、文部省編纂の『學制五十年史』から一寸之を抜萃して見よう。

「明治ノ初年政府ガ物産局假役所ヲ置キ、物産ヲ蒐集シタノガ博物館ノ濫觴デアル。明治四年九月、文部省内ニ博物局ヲ置キ、尋イデ湯島大成殿ヲ以テ博物局觀覽場トナシ、翌五年三月コレヲ公開シタ。同六年三月、書籍館等ト共ニ太政官所管ノ博覽會事務局ニ合シタガ、同八年二月、書籍館ト共ニ再ビ文部省ノ所管ニ復シ、大成殿ニ移シテ假館トシタ。同年四月、東京博物館ト改稱シタ。同九年三月、東京博物館ヲ東京書籍館ヨリ分離シテ事務所ヲ上野山内坂上東四軒寺町ニ移シタ。同十年一月、東京博物館ノ規模ヲ改メ教育博物館ト改稱シ、上野公園地内ニ移轉後、八月ニ至ツテ始メテ之ヲ公開シタ。其ノ後同二十三年ニ至リ、高等師範學校ノ管理ニ歸シ、湯島聖堂構内ニ一廈ヲ新築シ、且大成殿ノ左右廊下ヲモ使用スルコトニナツタ。

以上が『學制五十年史』の記事であるが、之に由て博物館の大體の變遷は判ること丶思ふ。當時の館の規則や、陳列品目錄や、館の地圖などは凡て翁の遺品中に保存せられて居るが、今之を悉く玆に擧げることは煩はしいから省略する。但し其中で最も面白いと感じたのは陳列品の定價表である。それを見ると明治十年頃の器械（和製）の價格を詳しく知ることが出來、從て我國に於ける器械製作の狀態を知ることが出來るが、それは他日別の機會に於て申すことにしよう。

手島精一翁は明治三年（當時二十二歳）自費を以て米國に留學し、明治五年英國に渡り、同七年歸朝し、同八年東京開成學校職員となり、同九年製作學教場事務取締となつたが、其年四月文部大輔田中不二麿氏に隨行して米國費拉特費府博覽會へ派遣され教育事務取調を命ぜられ、翌十年一月歸朝、其年二月十六日に教育博物館御用掛を命ぜられた。之れは博物館副長となつたのであつて、當時の館長は田中不二麿氏であつた。同年三月十五日に本官を免ぜられて同時に教育博物館長補となり、同年八月十八日に教育博物館開業式を行ひ、翌十九日から公衆の縱覽を許した。同年十月二十日には聖上皇后皇太后三陛下教育博物館へ行幸啓あり、其際手島翁は不具者教授具及び掛物教授の應用に就て御前講演をなした。我邦に於て初めて盲人用點字器具の紹介されたのも此時である。

翌明治十一年二月には文部大書記官九鬼隆一氏に隨行して

佛國巴里府萬國博覽會に差遣され、五月一日の大博覽會開場式に臨席し、八月から博物館の爲めに教育品購求及び學事巡視の爲め英、佛、白、獨等の諸邦府を巡回し、翌十二年一月に歸朝した。

翌十三年には第二回內國勸業博覽會事務掛を兼任し、翌十四年七月六日に東京教育博物館長に任ぜられた。明治十六年には英國博覽會出品事務取扱を命ぜられ、翌十七年五月に英國倫敦府萬國衞生博覽會に事務官として差遣され、翌十八年に歸朝した。斯くて明治二十二年に博物館が高等師範學校附屬となるに及んで之を辭し、翌二十三年に今日の東京高等工業學校の前身たる東京職工學校長に任ぜられ、爾來專心工業教育界に力を盡したのである。

以上は手島精一翁が東京教育博物館と關係を持つて居た間の簡單なる記錄であるが、之より此間に於ける翁の手記並に往復書翰の數種を次に揭げて見たいと思ふ。

○明治十一年佛國差遣に際し波江元吉氏
よりの餞別書翰

「今般佛國博覽會へ御出發被遊候ニ付テハ其ノ會場ノ列品中多少本邦教育上ニ裨益アル者ハ天產人造ノ物品ヨリ圖畫書籍ニ至ル迄デ彼我ノ醜美巧拙ヲ比較シ其ノ中尤モ秀逸ナル者ヲ御購求相成候ハ閣下ノ御權內ニ可有之ト假リニ之ヲ想像シ少シク當教育博物館ノ爲ニ愚意ヲ呈セント欲ス明年ノ事ヲ話スレバ鼠ノ笑ト成ル譏モ御座候得共之ヲ顧念セズ自今當館ノ形狀ト漸次歐米諸方ノ所長ヲ取テ本邦人智ノ階級ニ從ヒ御斟酌アッテ益々盛大ニ中小學校用ノ器具標本等ヲ諸府縣ノ求メニ應シ御製造可相成トニ付テ伏て惟レハ當館ニ於テ尤モ缺乏シ之ヲ海外ニ仰カサル可カラサル者ハ第一圖畫書籍第二器具標本ナリ然トモ之レニ急徐ノ二途アリ譬ヘハ民人ノ開化ヲ進ムルニ一ハ外貌ヨリ之ヲ導キ他ハ人心ヨリ之ヲ導クノ二途アル如シ外貌ヨリ進ム開化ハ速ニシテ且容易ナレトモ華麗怠慢ノ心ヲ生ジヤスク精心ヨリ化スルハ遲ニシテ困難ナレトモ進ムニ隨ヒ質朴ヲ旨トシ益々切嗟琢磨穴ニ充テ進ムノ心ヲ發生ス可シト假想スレバ孰レヲ取ラン一ヲ取ランカ他ヲ取ランカ書籍圖畫ハ乃チ精心ノ如シ理解スル遲ク且ツ困難ナレドモ費用尠ク器具ニ比スルニ運輸等ノ爲メニ破損スル希レニシテ若シ易編三タヒ斷テ後チ通曉スルトキハ之レヲ譯セバ六合ニ及ボシ之レヲ實物ニ製スレハ用ユル所ノ雜物ハ皆本邦ノ產物ナルヲ以テ其價モ從テ下直ナラン器具標本ハ將ニ外貌ヨリ移ル開化ノ如ク得解スル容易ニシテ田夫野人モ一目シテ瞭然タレハ百聞一見ノ感覺ヲ生ジ縱令ヒ多少ノ金貨ヲ費ストモ寧ロ完全ナル者ヲ購フニシカスト一品ノ價ヒ百圓以上ナルモ意トセスシテ之ヲ購ナフ時ハ費消スル所ノ金員莫大ニシテ得ル

所ノ者ハ僅ニ數十品ニ止ラントス尤モ蒐集シタル物品ヲ館内ニ陳列シ公衆ノ來觀ニ供スル已ナレハ一目瞭然タル器具標本ヲ購求スル急務タリト雖モ爾來諸府縣ノ求メニ應シ中小學校用ノ品物ヲ製造セント欲スル𬼀ハ五方ノ器物ヲ直ニ本邦ニ用ユル能ハス必ス彼我ノ貧富ト智識ノ淺深トヲ比較シ實地應用ノ何如ヲ考究シ之ヲ改作セサル可ラス然ル𬼀ハ只一體ノ摸造ヨリ數葉ノ圖畫ニシカス而シテ其ノ製作仕樣等ヲ精密ニ辨明セントスル𬼀ハ數葉ノ圖畫ヨリ一部ノ書籍ニシカサルナリ然レ𪜈之レ一梅樹ノ根本枝葉花實ニ付テ其レノ得失ヲ論スル如ク梅樹ニ付テ一モ缺ク可ラス唯タ事ニ先後アリ時ニ急徐アリ金額ニ定限アレハ費用少ニシテ備フル所ノ者完全ナランヿヲ希望仕已ミ然リト雖𪜈豈又井蛙ノ葭管ヨリ蒼天ヲ見ニ等シキ鶩論ナルヲ以テ設ノ可否事ノ可用ト否トハ閣下ノ尊意ニ任ス故ニ元吉ノ粗忽ヲ罪セス若シ覽觀ヲ煩シ賜ハ元吉ノ幸福豈之ニ過ルモノアランヤ頓首百拜

明治十一年二月六日

波江元吉

手島精一殿

○同年夏佛國より英國へ出發に際し九鬼隆一男より手島翁に送りたる送別書翰

「蓋シ物事ヲ採集編列スルハ知識ヲ發育シ推知力ヲ增殖スルノ資料ニ供スルヤ固ヨリ論ヲ俟タス開明ヲ致スノ方法皆ナ然ラサルハナシ而シテ其序次ヲ謬認セス又苟且ニ安ニセス駸々善美ヲ逐フテ已マサレハ眞ノ文明開化ニ達スルヤ之ヲ期スルノ日アリト云フモ豈何ソ誣言トセン夫レ人知ノ進渉スル數學上ノ如ク加法上ニ進ムアリ乘法上ニ進ムモ亦アルヘシ即チ加法上ノ進歩トハ野蠻不文國ノ譬喩ニシテ一ニ一ヲ加ヘ二トナシ二ニ一ヲ加ヘテ三トナシ三ニ一ヲ加ヘテ四トナシ數毎ニ唯タ一ヲ增スノミ故ニ其進歩ノ形情蠢爾トシテ更ニ著シキコトアルコトナシ所謂初生ヲ脱セス野生ノ者ト日セラル由緣ナリ乘法上ノ進歩トハ則チ「二二ノ四」「三三ノ九」「五五二十五」「八八六十四」等ノ如ク其進ムヤ實ニ駿迅ナレハ開明國ニ比シテ可ナラン乎是全ク人知ノ工風ニ起原スルノミ豈之ヲ貴ハサル可ンヤ抑モ物事ヲ採集編列スルハ則チ一ノ工風ニシテ一擧衆ヲ利スルノ具ナリ然レハ皆之レ先進ノ遺物ニ就テ之カ適否ヲ我地ニ可裁シ以テ衆民ニ教示シ一國ヲ富利スルノ原力トナス教育博物館ノ設置ハ苟クモ此理ニ外ナラサルベシ而シテ開化ヲ以テ世界ニ雄飛スル法國ニ於テ教育博物館ノ設ケナキハ予カ大ニ疑フ所ナリシカ則チ之ヲ設クルノ勢ニ至ラサリシ原因數種アレ𪜈今玆ニ贅説セス然リト雖モ稍々本年即チ千八百七十八年教育博物館ヲ設クルニ決定セリ而シテ「チュルシモン」曾テ文部卿タリシトキ之ヲ設置センコトヲ上表セシニ聽カレス荏苒因循ニ附シテアリシモ漸ク今日之ヲ拗スルトハ眞ニ喜悦スベキ事ナラスヤ然リ而シテ此ノ國家ノ開明ニ肝要ナル教育博物館ニ我邦幸ニ之ソ設立センヤ數年前ニ係レリ其名美ニシテ喜フカ如キモ其實ナキトキハ啻ニ益ナキノミナラス

大ニ害ヲ煥起スルモ亦料ル可ラス是宜ク任者ノ看看覷破スヘキ所ナリ夫レ教育トハ世上押平シテ今所謂普通教育ノ稱ナレハ之ヲシテ専門科ノ如ク一科ノ博識者ヲ養成スルノ的ニアラス則チ世上一般ニ人知ヲ開達シ邦ノ鴻益ヲ興シ萬國ト肩比善美ヲ競ヒ衆力以テ内ハ後世ニ利益ヲ殘シ外以テ開明ノ力ヲ爭フニ在ルナリ途ニ上ルヤ出立ノ點ヲ過ル可ラス物ヲ用ユルヤ其性ノ用ヲ失ス可ラス宜ク之ヲ豫知洞察シテ行ハズンハ其ノ過害ニ陷ル後臍ヲ噬ムトモ及フコトナシ。教育講習ノ本部ト認ムルモ敢テ誇言ト云フ可ラス是ヲ以テ之ヲ觀ル時ハ其世上進否衰頽ト關スル所頗ル大ナリ實ニ國家有要ノ具ト云ハサル可ンヤ爰ニ國ノ進歩ノ順序性質等ニ就テ其設立スヘキ者ニ先後大小厚薄アルヲ云ハサル可ラス夫レ佛國ノ如キ嚢ニ高等高尚ノ學科ノミヲ主トセシ國ハ所謂人民教育ノ着手ニ遲々トシ漸ク今年ヲ以テ教育博物館ヲ創立スルニ至レリ然ルヲ以テ此館ノ目的ヤ想フニ小學教育ニ止マルモノト認メラル是既ニ中學大學等ノ盛ナルアリテ其缺ク所ハ小學ニ止ルヲ以テナリ我邦ニ於テハ殆ンド然ラズ再新ノ民ヲ驅テ大中小學ノ道ニ進マシム喩ヘハ階ヲ登ル如ク初級ヨリ二級ト進渉セサル可ラス故ニ普通教育即チ中學ノ點迄教育博物館カ從事スル所ナクンハアラス然リ而シテ其目的ヲ是ノ如ク定メ其着手今日ニ在ル者ハ先ツ幼稚園下等小學ヨリスヘシ其細情ノ如キハ之ヲ說カス故ニ必ス高尚華美ヲ主トセス勉メテ簡易便法ヲ授ケ教育家ヲ贊成セスンハアラス。生カ臆フ所未タ悉サスト雖モ其大概右ノ如キヲ以テ聊カ吐露シテ參考ノ一點ニ供セントス宜ク垂覽ヲ吝ム勿レ

夫レ兄ノ任タル前條ノ如ク大任ヲ帶ヒタル者ナレハ其居常滯巴中時々夙夜言ノ斯ミ及ハサルハナシ其後來ノ目的ニ於テ生カ感スル所少ナカラス必ス國家ノ大裨益ヲ興スノ望アリト認ムカ故ニ同業ノ熾ンナルト兄カ國家ニ盡ス所ノ篤キヲ感シ聊カ微意ヲ書シテ送別ニ替フ他日相見テ 亦說ントス 途上自重 匆々託鴛毫言。

（二）

○同年佛國巴里より英國へ出發に際し手島翁より九鬼男へ送りたる書翰、

「世ニ設立セル所ノ博物館ヲ要スルニ美術、古物、博物學、醫學等專門學科ノ博物館ニシテ其排列品ハ高尙ノモノタリト雖モ其關涉スル所ハ各種ノ學術ニ止リ僅ニ專門學者ニ裨益アルノミ、而シテ教育博物館ハ之ニ異ナリ各種ノ學術ニ入ル基礎ヲ立ツルノ物品即チ父母ノ家庭ニ用フル教育品幼稚及ビ小中學用教育品及ビ教育家參考物品等ヲ排列スル所ニシテ其物品ハ高尙ナラズト雖モ其關涉スル所ハ極メテ大且博クシテ一般人民ニ利益アランガ爲メ設立セシモノナリ之ヲ譬フルニ各種ノ博物館ハ猶ホ專門學科ノ如ク教育博物館ハ普通學科ノ如シ故ニ教育博物館ノ事業ハ啻ニ教育品ヲ排置スルニ止マルノミナラズ猶人民ノ教育ト密着シ能ク實際ニ渉リ教育具中其的ヲ獲サルモノハ各國所有ノ教育具中ニ就テ折衷改造シ之ヲ府縣ニ頒チ教育ヲ受クルノ子女ヲシテ簡單ニ學ビ得且厭倦ヲ生セサラシメ又學校器具及築建ノ如キモ或ハ模作改造シ或ハ模範學校ヲ結構シテ以テ標準タラシメ只管生徒ノ品行ヲ端正ニシ及之ガ健康ヲ補全セシムルニ在リ然ラバ方今教育博物館ニ蒐集セントスルノ物品ハ其目的二樣アリ一ハ公衆ノ來觀ニ供シ一ハ模造ノ參考ニ備ヘントスルモノタレバ其物品ハ務メテ現狀ノ教育ニ適スルモノヲ撰ビ合ハセテ構造ノ用ニ供セントスルニ在リ然ルニ該館ノ所務徒ニ高尙ニ涉ルトキハ却テ公衆ヲ益スルコト少ナキガ如ク又教育博物館設立ノ主旨ニ悖ルニ似タリ今ヤ精一教育備品ヲ購求セン爲メ英國ニ赴カントスルニ當リ聊カ卑見ヲ陳ズ。教育備品購求概目及取調ノ事項等ハ別紙ニ詳具セリ其良否得失ハ伏テ貴官ノ裁可ヲ乞フ謹言。

明治十一年七月二十八日

教育博物館長補

文部一等屬　手島精一

文部大書記官　九鬼隆一殿

〔別紙〕

教育品購求ノ品目

○幼稚教育ノ部

幼稚ノ教育ニ用フル諸具

幼稚園用具

○指物教授ノ部
算術用具
地理學用具
石盤
標本トナルベキ單語連語圖
指物教授ニ用フル植物動物或ハ金屬標本
右等ノ物品ハ教育博物館及當府博覽會ニ排列セルモノヲ除キ實地適當ト認ルモノヲ多少増減購求シテ可然乎
○理學之部
小學校所用理學器械
中學校師範學校所用理學器械
理學用掲圖
○化學ノ部
上等小學生徒ノ用フベキ化學用具
中學校師範學校生徒ノ用フベキ化學用具
中學校及師範學校敎師ノ用フベキ化學用具
右理化學用器械等平岡盛三郎ト協議ノ上購求可然乎
○動物學ノ部
小中學校用動物標本
但シ小中學校用ノ爲ニ特ニ製造シタルモノナキ時ハ見合スベキ積リ
動物學掲圖

○植物學ノ部
小中學校用植物學標本
但シ此ノ如キ製造アルヤ否ヲ詳ニセスト雖モ若シ之アルトキハ購求スベキヤ
植物學掲圖
右動植物學用具ハ有識ノ人ニ就キ物品ノ良否ヲ問ヒ他日博物館ニ於テ模造シ得ヘキモノヲ購求スベキヤ
○地質ノ部
小中學校用地質金石學標本
吹管試驗用器
○星學ノ部
近易ナル星學用器械
星學用掲圖
○學校用家具之部
椅子卓子
主トシテ木製ノモノニテ模造シ得ベキモノヲ云フ
學校用ストーブ
生徒用傘カケ
學校用具ハ殆ンド右ノ如シト雖モ尚各種ノ物品ニ就テ有用ト認ルモノハ尚数品ヲ増加シテ可然乎
○雑品
聾唖盲者教育具

幻燈及附屬

○書籍之部

教育家參考書

學校建築書

學校用記簿

年少男女ニ有益ナル書（譬ヘバ家事經濟書、教訓書、學藝家ノ傳、手藝ニ關シタル等ヲイフ）

聾唖育、廢孤院、改良院ニ關シタル書籍及用具

教科書

但シ教育博物館中英國刊行ノ教科書ニ乏シカラズ其近刊ニ係ルモノニシテ有用ナル書ヲ云フ

シーボルト氏著日本動物書

畫學標本

博物學參考書

是レハ博物學標本ヲ製スル爲メ參考トナルヘキ書類ヲ云フ

○歸朝後教育博物館ノ制度變革ニ關シ文部當局ニ差出シタル意見

「世ニ教育博物館設立ノ擧アリシハ魯國ニ始マリ我國之ニ次キ尋テ米國、白耳義、佛國モ亦將ニ此擧アラントスト是レ該館ノ世ニ有益ナル所以ニシテ我國ノ他ニ先鞭シテ此擧アリシハ我國教育ノ前途ヲトスベキナリ然レドモ該館ノ如キハ學校ト異ナリ所謂一大指物教授場ニシテ其事業ノ形ニ顯ハルヽヲ以テ世人ハ我博物館ノ排列品ニ就テ文部省ノ意向ヲ察シ之ヲ目シテ文部省ノ反射場ト看做スモ亦知ル可ラス豈愼マザル可ンヤ故ニ排列品ハ一歩モ教育ノ範圍ヲ超ヘス一歩モ之ヨリ退カズシテ須ラク能ク撰擇シ教育上完全無缺ノ物品ヲ排列セザル可ラズ然ルトキハ世人之ヲ以テ文部省ノ意向ヲ察スルモ果シテ何ノ誤チカ之アラン之ニ加フルニ文部省ノ法令ヲ實物ニ就テ目擊セシムルヲ得レバ教育ノ進歩ヲ補成スル寔ニ僅々ナラザルベシ然リト雖モ普通教育ノ事業タル我國ニ於テ經年甚ダ淺キヲ以テ教育用具學校器械等多クハ外國ノ物品ヲ用ヒ其價ノ廉ナラサルト之ヲ輸入スルノ勞貲多キヲ以テ假令完全ノ教育具ト認ムルモ我國ニ於テ實用スルコトヲ得ザルノ憾ナキコト能ハズ是レ教育上ノ一大病害ニシテ之ヲ醫セザル可ラズ今之ヲ醫スルノ術如何セバ可ナランカ曰ク他ナシ博ク外國製教育品ノ中ニ就テ我國ニ適切ノモノヲ改造シ或ハ物品附解目錄ヲ編成スル等善良ナル教育具ノ普ク實用スルヲ謀ルニ在ルベシ且夫レ教育博物館ノ職務タル方今教育具完全ナラザルノ時ニ方テハ啻ニ教育物品ヲ排列スルニ止マラズ主トシテ教育品ノ改良ニ任ズベキノ所ナレバ其之ヲ改良スルノ職ニ方リ將來事業ノ目的及着手ノ順序ハ大ニ教育ノ進否ニ關スルモノタレバ今之ヲ左ニ陳ズ幸ニ高論ヲ吝ムコト勿レ

第一、物品解說目錄ヲ編成シテ物品ノ施用ヲ解說シ時トシテハ教授具ノ得失及校舍ノ建築椅子卓子ノ製作生徒ノ健全ニ利害アルヲ論ジ又或ハ内外教育家或ハ文部省ノ認メテ以テ完全ノ教育具トナスモノハ其然ル所以ヲ述ベ且圖畫ヲ挿入シテ務メテ解シ易

カラシム

第二、書籍目錄ハ公衆ガ欲スル所ノ書籍ノ繙覧搜索ニ便ナラシメバ是レ乃チ公衆ノ讀書心《リーヂングスピリット》ヲ起發スルノ具ニシテ書籍館ノ一大要件ナリ而シテ教育博物館書籍室ハ方今既ニ骨牌狀目錄ヲ用フト雖モ亦之ニ加フルニ搜索ニ便ナル和漢洋書籍目錄ヲ編成シテ公衆教育家ノ讀書心ヲ鼓舞セバ教育上ノ裨益蓋少ナラズ

第三、椅子卓子ノ製造ノ可否ハ大ニ生徒ノ健全ニ關スルモノタレバ外國製ノ中ニ就テ堅牢且健全ニ適シ其價格ノ廉ナルモノヲ造ラントス

第四、指物教授具ノ教育ニ有益ナルコトハ固ヨリ喋々ヲ俟タザル所ナレバ博物館排列品ノ中ニ就テ其我國ニ適スルモノヲ撰ミ模造セントス

第五、指物用掲圖、理化學及博物學用掲圖ハ村落學校ノ如キ其器械標本ヲ購求スルニ餘力ナキノ學校ニ於テ最モ缺ク可ラザルモノタレバ學科ノ緩急ヲ斟酌シ外國製ニ則リ其有用ノモノヲ製サントス

第六、理化學器械ノ有用ナルハ更ニ贅言ヲ要セザル所ナレバ漸々之ガ製作ニ着手ノ筈ナレドモ未ダ模範タルベキ器械アラザリシガ今回英國ニテ購求セシ器械ノ中簡易ニシテ且廉價ナルモノアレバ之ヲ模造セントス

第七、金石學植物學動物學標本モ所謂指物教授具ニシテ之ガ要用ナルハ固ヨリ論ヲ俟ザル所ナレバ漸々製造ニ着手セントス

右ニ述ベタル第三ヨリ第六マデノ物品ハ教育博物館ノ將來任シテ製造セントスルニ非レドモ教育具ノ便且廉ナルモノハ教育ヲシテ簡易ナラシメ隨テ教育ヲ受クル人々ヲシテ世ニ立ツニ有用ノモノタラシムルノ目的ヲ達スルニ近キヲ以テ方今教育具製造者ナキノ日ニ在ラバ此大缺典ヲ見テ傍觀スルニ忍ビズ因テ該館ハ一時止ムヲ得ズ其間缺ヲ補彌セン爲メ製造者ノ事業ニ從事スト雖モ民間ニ製造者興ル時ハ該館ハ直ニ製造ノ事業ヲ廢スルノミナラズ或ハ之レ排列品ヲ貸付シテ製作ノ模範タラシメ只管保護ノ法ヲ施サントス但以上ノ諸件ハ教育博物館ニ附與セラレタル權限ヲ以テ處斷シ得ベキコトナレドモ左ノ數件ハ未ダ權ヲ得ザルモノニシテ其可否ハ固ヨリ文部省ノ處斷ニ求ムベキモノナレバ他日討議ノ際其可ナル者アルトキハ之ガ爲メニ明鑒ヲ給ンコトヲ請フ

第八、教育博物館設立ノ地ハ東京ニ在リテ固ヨリ大都會ナルヲ以テ日々來觀者ノ數ハ少ナカラザレドモ僻遠教育家ノ如キハ文部省ガ教育ノ一大指物教授場ヲ設立シタルノ仁惠ニ浴スルコト能ハズ隨テ善良ノ教育ヲ博物館ガ全國ニ普及セシムルノ媒介トナルコト少キヲ如何セン、故ニ內國博覽會ノ設ケアル毎ニ隨地ニ有益ナル物品ヲ該館ヨリ出品セバ此仁惠ノ偏ナラズシテ教育ノ普及ヲ助クルコト少ナシトセズ

第九、教育博物館ニ排列セル物品ハ主トシテ小中學校所用ノモノニ係ルヲ以テ各地方小中學校ノ實況ヲ熟知セザレバ該館ノ事業上誤見ナキヲ保セズ故ニ該館ノ吏員ハ時々地方ノ學校ヲ巡回シ親シク地方ノ教育家ニ接シ各地ノ民情ヲ目擊セバ該館ノ事務上教育ノ裨益トナルハ論ヲ俟タザル所ナリ

第十、敎育博物館ハ小中學校ニ用フルノ物品ヲ排置スルニ止マラスシテ尙之カ學科ヲ審ニシ物品ノ順序ヲ正シ目錄ヲ造ラザル可ラス然ルニ其學科中ノ二三ヲ擧ケシニ理化博物學等ニシテ此等ノ學科ニ兼備セル人ハ得テ待ツ可ラス又敎育博物館ハ世人或ハ認メテ文部省ノ反射場トナスヲ以テ將來事業ノ目途敎授用具ノ得失等議シテ以テ先後良否ヲ決シ敎育家ヲシテ其目途ヲ誤ラサラシム可ラスト雖モ如何セン一人ニシテ敎育ノ眞理ニ通曉シ且之カ事務ニ熟スルモノ今世ニ能ク得テ望ム可ラサルナリ故ニ敎育博物館委員若干名ヲ編成シ每月或ハ隔月ニ集會シ該館ニ關スルノ敎育事務ハ細大トナク之ヲ議シ其議決ノ事ハ敎育上ノ定論トナサヽルモ館長ハ委員ノ議決ヲ目途トシテ事務ヲ調理セバ將來敎育ノ順序ヲ誤マラズ其進步ニ妨碍ナキハ得テ待ツベキナリ委員選擧法ノ如キハ聊カ卑見ナキニアラザレドモ是レ第二ノ論旨タルヲ以テ爰ニ之ヲ贅セズ。

以上の建議書には文部省當局の之に對する解答が朱字にて頭記してある。卽ち前記の第一項に對しては「同意、尙列品ノ例ヲ品名ト共ニ簡單ナル解說ヲ付ケタシ」第二項には「同意」第三項には「同意」第四項には「同意」第五項には「同意」第六項には「同意」第七項には「同意」第八項には「漸次ニ施行セハ佳キコトナラン」、第九項には「急ニ行ハレ難カラン、殊ニ該館ノ大體上ニ關スル吏員ノミニテ然ルベシ」、第十項には「權限ヲ明瞭ニセザルベカラズ、文部卿ニ對スルノ責任ハ館長ニアリ」と記されて居る。

續いて明治二十一年頃に敎育博物館と宮內省博物館との合併問題起り、且つ其所管に就て大に當局の間に議論が起つたので之に就て當時の館長手島精一翁は大に論辯に勉め、其の意見が容れなかつたので遂に上奏に迄も及んだ。今之に關する手島翁の建白書二三を次に揭げる。

○建白書一

「博物館ヲ文部省ノ所管ト爲スノ益ハ槪ネ左ノ如シ、

一、本邦ニ於テ益進テ學術技藝ノ研究スヘキモノ固リ多シ而シテ學校ハ此任ニ當ルベキモノナリト雖モ其區域廣カラズ僅ニ學生々徒ニ止リテ汎ク世人ニ及ボスヘカラズ博物館ハ專門學士等ノ研究ニ係ル學術技藝ノ成績ヲ一場ノ下ニ陳列シタル一大實物示敎場ニシテ一般公衆ヲ益シ爲メニ汎ク學術技藝ヲ促進スヘキノ便多キハ學校ノ比ニアラズ故ニ數多ノ專門學士ノ集合セル官衙ニ於テ之ヲ管轄セザルトキハ啻ニ世益ヲ謀ルニ足ラザルノミナラズ夫ノ外國人ノ敏捷ナル本邦人ニ先チ孜々トシテ我博物品ヲ研究スルノ時ニ當リ我學問上ニ於テモ外國ト競フコト能ハザルノ憾ナキ能ハズ文部省部內ハ專門學士ノ淵叢ニシテ以上ノ便益固リ多シ然ルニ若シ之ヲ他省ニ轉屬スルトキハ焉ゾ能ク之ヲ望ムベケンヤ

一、博物館ヲ文部省ノ所轄トスレバ美術學校ニ於テ博物館列品中參考ニ供スベキモノヲ應用シ又同校ニ於テ研究セシ物品ハ博物館ニ陳列シ公衆ニ閲覽セシメテ之ニ利益ヲ與フル等ノ便アルベシト雖モ之ヲ他省ニ屬スレバ自ラ境界アリテ互ニ不便ヲ感シ世人ニ及ボスノ利益モ亦從テ文部省ノ有スルニ如ザルコトアルベシ。

一、東京教育博物館ニ於テハ列品ノ縱覽ヲ許スノ外從來府縣諸學校ノ便ヲ圖リ理化學器械其他教育上所用ノ物品ヲ購求セント欲スル者ニ之ヲ紹介シ又博物標本ヲ撰整シテ需望者ニ拂下ゲ且ツ大學等ノ學士ニ囑シ教員ノ爲メニ學術講義ヲ開設スル等ノ事ヲ爲セシガ故ニ文部省ニ於テ之ヲ管スレハ依然以上ノ事ニ從テ教育上ノ便ヲ圖ルヲ得ベシト雖モ一タビ文部省ヲ離ルレバ隨テ從前地方諸學校ト親密ナル關係モ離隔シ遂ニ之ヲシテ不便ヲ感セシムルニ至ルベシ

一、東京教育博物館廿年度ノ經費ハ圖書館ヲ併テ一萬四千圓ナレトモ特ニ教育博物館ニ關スル費用ハ吏員ノ俸給ヲ併テ僅々三千六百餘圓ニ過ギズ然レドモ其世人ニ及ボスノ利益ハ決シテ此僅々タル費用ノ比ニ非ズ故ニ今之ヲ他省ニ屬スルモ文部省ノ經費ハ僅ニ三千餘圓ヲ減ズルニ止リ而シテ一タビ本然タル省務ノ一部ヲ割テ之ヲ他ニ放棄スルトキハ復タ之ヲ收ムルニ難カルベシ

以上數項ノ理由ヲ以テ考フレバ博物館ヲ文部省ノ所管ト爲スハ便益少カラザルモノノ如シ。

〇建白書二

書籍館ニ就キテノ卑見

「目下公衆ノ來覽ヲ許スノ書籍館ハ僅ニ官立一公立十四（文部省第十四年報ニ依ル）ニ過ギザレトモ尙漸次增加セントスルノ傾向ナリ是レ其世間必要アリテ然ルナラント雖モ之ガ設置ト維持トハ公費ヲ以テスベキモノ卽チ國家須要ノモノナルヤ否ヤヲ判スルハ今日ニ於テ必要ノ問題ナリトス

抑モ公費ヲ支消スベキ事業ハ其直接ト間接トヲ問ハズ廣ク世益ヲ致シ且其費金ノ如キモ私人ノ力能ク辨ズ可ラザルモノニ限ルベシ乃チ其世益ヲ致ス直接ナルモノハ例ヘバ水利土功ノ如クシテ間接ノモノトハ例ヘバ教育事業ノ如シ書籍館ハ固リ教育事業中ノ一ニシテ學校ト其趣ヲ異ニセリト雖モ其世益ヲ致スコトニ至テハ殆ンド之ト伯仲セリ今東京圖書館ニ就キ一二ノ例ヲ擧テ之ヲ證センニ同館ノ閲覽者中ニハ其一身ヲ益スルノ目的ヲ以テ讀書スルモノ多ク著譯ヲ業トスル者ノ其著譯セシ書ヲ以テ世ニ裨益ヲ及ボサンカ爲メ就テ同館圖書ヲ借覽スルモノ少キノ實況アリト雖モ客年中ニ於テ來館者ノ閲覽セシ圖書ノ數ハ二十七萬零八百八十七册ニシテ其藏書ノ數十一萬七千八百三十六册（閲覽ヲ許スモノノ數ノミヲ算ス）ニ配當スルトキハ一册ニ付平均凡二回强繙閲セラレタル割合ニシテ一私人ニシテ多數ノ圖書ヲ藏スルモノノ數年間一回モ繙讀セシモノナキニ比スレバ世益ヲ致ス實ニ同日ノ論ニアラズ又客年中閲覽人ニ貸付セシ圖書ノ總數ヲ該館ノ經費ニ配當スレバ一册繙閲ノ價凡金二錢四厘トナルノ割合ニシテ其書册中ニハ一册數十金ノモノアルニ拘

ラズ此瑣少ノ平均價ニ相當スルハ乃チ公衆ヲシテ僅少ノ金額ヲ以テ貴重ノ圖書ヲ閲覧セシムルノ價益ヲ與フルモノナリ今此ノ書籍館ニ就テ是等ノ事實ヲ調査スルニ由ナシト雖モ蓋シ東京圖書館ト大差ナカルベシト信ズ然ラバ則チ書籍館ハ經濟家ノ所謂利用最多ノ原則ニ違ハザルモノニシテ少クモ一館ハ國庫金ヲ以テ設立シ他ノ多數ノモノハ地方稅區町村費等ヲ以テ維持スルノ必要アルモノ卽チ國家須要ノ具ト云フベキナリ。

書籍館ノ國家須要ノ具タルコト夫レ此ノ如シ然ルニ今一步ヲ進メ東京圖書館ノ實況ヲ觀ルニ今日ノ姿ヲ以テ國家須要ノ具タルニ足レリトスル乎決シテ然ラズ着々改良ヲ施スベキノ點少シトセズ

第一該館ノ性質ヲ確定スルヲ必要トス

凡ソ海外諸國ニ於テ設置シタル書籍館ノ性質ヲ大別スレバ、參考、普通其他二三種ニシテ或ハ一ノ性質ニ偏スルモノアリ或ハ二三ノ性質ヲ兼タルモノアリ今東京圖書館ハ其何レノ性質ニ屬スルモノナルヤヲ判スレバ固リ參考圖書館タラザル可ラズ(一)其官立タルノ故ヲ以テナリ(二)其所在地ノ上野ニ僻スルヲ以テナリ加之該館ハ特ニ圖書保存ノ責務ニ任スベキモノトス是レ凡ソ出版條例ニ依テ內務省ニ納本スルモノハ其中ノ一部ハ一葉片紙ノモノト雖モ必ズ該館ニ於テ受領スルノ權アルヲ以テナリ若シ幕政時代ニ於テ納本ノ制及其保存法ノ備ハリシナランニハ其時代ノ印本中散逸シテ今日其痕跡ヲ見ザルモノアルガ如キハアラザルベシ故ニ圖書ノ保存ハ該館ニ於テ最モ重要ノコトナリトス然レドモ幸ニ其所在地ノ上野ニ僻シ火災ノ虞鮮ナキヲ以テ此點ニ向テハ敢テ新法ヲ設クルヲ要セザルナク然ラバ則チ該館ハ參考圖書館ニシテ保存ノ性質ヲ兼ルモノナルコト判然タリ然レドモ該館ハ良書尙乏シク經費未ダ多カラズ今俄ニ完全ナル參考圖書館ノ性質ニ背カザラシメ難シト雖モ緩急酌量シテ漸次左ノ諸項ヲ擧行セシメラルレバ庶幾クハ其方針ニ進行スベケン

一、該館ノ官制ヲ制定セラレ專務ノ高等官一名乃至二名（館長幹事ノ類）ヲ置カルヽコト

一、該館ノ經費ハ其事業ノ擧ルニ從ヒ事情ノ許ス限リハ漸次增額セラレ又本省經費中餘裕アリタルトキハ其多少ヲ論セズ臨時該館圖書購求費中ニ交付セラルヽコト

一、該館ノ閲覽者ハ前段ニ述ベタルガ如ク自己ノ研究ヲ目的トスルモノ多クシテ著譯ノ業ニ從事スルモノ少キ（假令世間著譯者ノ少キニセヨ）ヲ以テ成ルベク此輩ノ便ヲ圖ラザレバ參考圖書館タルニ適セザルガ故ニ該館ノ職員ヲシテ務テ此輩ノ便ヲ圖リ其來觀ヲ促スノ方法ヲ講究セシメラルベキコト

一、同館ノ閲覽室ハ狹隘ニシテ閲覽者常ニ充滿雜沓シ其後レテ來ル者ハ往々之ヲ謝絕スルコトアリ是レ蓋シ著譯者ノ來觀少キ一因ナリ從來同館並東京敎育博物館ニ於テ蓄積セル基金五千圓餘アリ本省ニ於テ之ニ幾分ノ補助ヲ加ヘ更ニ閲覽室一宇ヲ新築セシメラルヽコト

一、明治十七年以前ニ在テハ諸官廳各圖書ヲ收藏スレドモ同年以後悉皆之ヲ太政官文庫ニ蒐藏セラルヽコトヽナリ其數固リ少カラズ然レドモ此圖書ハ諸官廳モ猶未ダ充分利用スル能ハズ況ン

ヤ一般公衆ニ於テハ全ク就テ閲覽スルノ途ナク利用最少ノモノニシテ空ク有要ノ富ヲ棄ツルモノニ似タリ故ニ是等ノ圖書ハ之ヲ東京圖書館ノ所藏ニ合セ帝國圖書館タルノ基礎ヲ立テ本省ニ於テ之ヲ管理セラルベキハ亦目下ノ急務ト云フベシ

以上開陳セルモノヽ外尚本省ガ書籍館ノ爲メニ大ニ計畫セラルベキ必要ナル事由ナキニアラズ顧フニ從來本省ガ主トシテ施設セラレタル事業ハ學校敎育ニシテ其必要ナルハ勿論ナリト雖モ學校外ノ敎育事業中ニシテ學校內ノ敎育ヲ裨補スベキモノ固リ多シ書籍館ノ如キハ則チ其最ナルモノナリ抑モ封建時代ニ在テハ學科ノ區分甚ダ多カラザルヲ以テ今日之ヲ比較的ニ論ズルトキハ有數ノ圖書モ尚學士輩ニ不便ヲ感ゼシメザリシト云フモ不可ナキモノヽ如シト雖モ自今ニ在テハ否ラズ啻ニ學科ノ區分夥多ナルノミナラズ學士輩出其學ノ蘊奧ヲ窮メントスルモノヽ多キ決シテ舊時ノ比ニ非ズ然リ而シテ學士皆富裕ナルモノヽミニアラズ豈汗牛充棟ノ書ヲ蒐藏シテ以テ其參考ニ供スルヲ得ベケンヤ是レ主トシテ官立參考圖書館ノ欠クベカラザル所以ナリ

又封建時代ニ在テハ諸藩各學校ヲ設ケテ多數ノ圖書ヲ藏スルヲ以テ地方人士ハ就テ閲覽スルノ便アリシト雖モ今日ニ在テハ圖書印行ノ多數ナルニ似ズ却テ求覽ノ便ニ乏シキモノヽ如シ又小學校兒童ノ如キモ學校ニ於テ學習シタル事物ハ卒業後高等ノ敎育ヲ受クルモノヽ外ハ概ネ之ヲ遺忘シ數年間ノ修學モ遂ニ畫餠ニ屬セントスルモノアリ是レ皆圖書閲覽ノ便ナキニ依ラザルヲ得ズ故ニ普通書籍館學校書籍室ノ設立ヲ勸誘スルハ今日ノ急務ニシテ都會ノ地ニハ普通書籍館ヲ設ケテ衆庶ノ閲覽ニ便シ地方ノ學校ニハ產業、理科、歷史、地：等ニ關スルモノニシテ就中娯樂多キ有數ノ圖書ヲ備ヘ夙ニ兒童ヲシテ其讀書ヲ嗜好セシムルノ心ヲ鼓舞シ他日進デ其業務ニ關スルノ書ヲ繙クノ端ヲ開クベシ乃チ學校敎育ヲ補フノ益決シテ鮮淺ニアラザルナリ然レドモ書籍館ニハ自ラ一定ノ管理法圖書撰擇法等アリテ既ニ獨國ノ如キハ書籍館學トシテ大學ノ大科中ニ加フレドモ本邦ノ書籍館ニ於テハ管理法ノ如キハ往々度外ニ措テ顧ミズ爲メニ其費ス所多クシテ得ル所少ク遂ニ其維持ヲ全フスルコト能ハザルニ至ルモノアリ當局者固リ默視スベキニアラザルナリ東京圖書館ハ地方ノ書籍館ニ向テ直接ニ裨益ヲ及ボシ難シト雖モ同館ハ設立已ニ久フシテ其經驗ヲ積ム少カラズ殊ニ書籍館管理法ニ關スル圖書ヲ藏スルコト亦多シ故ニ彼是參酌シテ書籍館管理法ノ書ヲ編シ以テ之ヲ世ニ公ニシ且ツ多數ノ重複圖書ヲ藏スルヲ以テ廉價ニ地方書籍館學校書籍室等ニ賣與スルノ方ヲ設ケ其他是等館室ノ爲メ中心トナリ方針ヲ示セバ其便盆シ少キニアラザルベシ

要スルニ書籍館ハ國家須要ノ具タルコト既ニ明カナレバ本省ハ官立ノ書籍館即チ東京圖書館ノ事業ヲ擴張セシメ兼テ地方書籍館ヲ奬勵セラレンコト今日ノ急務ト云フベキナリ

（完）

○帝室博物館と教育博物館とを合併して帝國博物館を建設するの建議案

「凡ソ博物館ノ世ニ裨益ヲ與フル少カラザルハ今日既ニ輿論ノ許ス處ニシテ我政府夙ニ此館ヲ設置セシモ蓋シ此ニ見ル所アリテノ故ナラン現今公衆ノ來觀ヲ許スモノハ宮内省ノ博物館ト我教育博物館トニシテ一ハ新古諸般ノ物品并博物品ヲ藏シ一ハ教育學問ニ關スル物品ヲ收メテ共ニ世ノ裨益ヲ計畫セリ然ルニ二館其趣ヲ異ニスト雖モ其相類似スルモノモ亦少カラズ恐クハ政府尙重復ノ事業ニ國庫金ヲ費ヤスノ議アランコトヲ賓ニ今日財政上ノ點ヨリ觀察ヲ下スニ二館ヲ兩立スルトキハ啻ニ其譏ヲ免カレサルノミナラス各其費金ノ充分ナラサルヲ以テ教育學問ノ進歩ヲ促シ興業殖産ノ利ヲ擴ムルコト能ハサルヘシ故ニ目下ノ急務ハ二館ト東京圖書館トヲ合併シ之ヲ帝國博物館ト稱シテ其力ヲ一ニスルヨリ善キハナカルベシ

三館二十年度ノ經費ハ宮内省博物館ハ三萬二三千圓教育博物館圖書館ハ一萬四千圓ニシテ之ヲ合一スルトキハ殆ンド五萬圓ニ向ントスルヲ以テ稍ヤ世益ヲ興スノ利便ヲ得博物館設立ノ本旨ニ背カザルニ至ルベシ

今帝國博物館ノ所管ニ就テ考フルニ文部省ノ他ニ之ヲ管理スベキモノナシ文部省ハ教育學問ヲ管理スル所ニシテ博物館ノ列品中之ニ關セザルモノ少ク或ハ興業殖產ニ關スル品具ナキニアラザルモ亦其源ヲ學術技藝ニ發セザルモノナキヲ以テ視ルトキハ本館ハ勿論文部省ノ所管ニ歸セザルヲ得ズ宮内省ハ固リ人民直接ノ事業ヲ爲スノ所ニアラザルガ故ニ博物館ヲ同省ニ屬セシムルハ允當ヲ欠クモノ丶如シ帝室御物ノ保存ハ既ニ圖書寮ノアルヲ以テ足レリトスベシ

帝國博物館中ニハ教育部、農工商部、美術部、圖書部等ヲ置キ各部長ハ專門學士ノ既ニ各廳ニ奉仕スルモノヲ撰テ兼務セシムルヲ便ナリトス是レ部長ノ職ハ當方專任ニ非ルモ事務上敢テ差支ナカルベク且ツ給額等モ多費ヲ要セザルヲ以テナリ

教育部ハ教育博物館ノ列品ニ宮内省博物館ノ之ニ該當スル物品ヲ併セ農工商部モ亦該館ノ之ニ該當スル物品并專賣特許品商品見本等ヲモ陳列シ美術部ハ宮内省博物館中其物品ニ乏カラズ圖書部ハ東京圖書館ヲ以テ之ニ充テ宮内省博物館ニ有スル圖書ヲ合併シ又内閣記錄局ニ有スル圖書モ其多數ナルニ似ズ供用少キヲ以テ該局

ニ於テ所要少キ分ハ之ヲ圖書部ニ移セバ大ニ藏書ノ數ヲ增シ求覽者ヲ稗益スルコト少カラザルベシ（圖書館ヲ博物館中ニ設クルハ英國等ニ於テ往々見ル所ニシテ經濟上管理上大ニ便ナルベシ）

今帝國博物館ノ官制按ヲ左ニ掲グ

第一案（省略）

第二案（省略）

此建議に就ては手島館長は強硬なる意見を有し、献身的に努力したが遂に當局の容るゝ所とならず、最後の決意をなして直接上奏の手段に出でた。その上奏文は左の如きものであつた。

奉請博物館合併表

臣誠惶誠懼頓首頓首謹言

「凡ソ人ノ智識ヲ啓發シ國ノ開明ヲ增進スルノ資タル極メテ多シト雖モ然レドモ其誘導上ニ於テ最モ近ク且切ナルモノハ蓋シ學校ト博物館トヲ以テ之ガ首トナス其レ博物館ノ旨タルヤ國ノ内外ヲ問ハズ其萬有ヲ網羅シテ之ヲ館内ニ臚陳シ以テ公衆ノ縦覽ニ供シ其天產物ノ如キハ則チ有機無機ノ物質ヲ問ハス悉ク皆之ヲ收メ其名稱ヲ付シ其類屬ヲ正シ以テ科學上ニ於ケル學者ノ參考ニ資シ又人作ノ物什ノ如キハ則チ細大精粗ノ別ナク之ヲ蒐集シ其物質ノ如何其製作ノ如何ヲ細別シ以テ工業上ニ於ケル學者ニ資シ皆一目瞭然タラシムルヲ要シ其他或ハ百般ノ學科ヲ說示スルニ足ルヘキノ器械標式等ヲ排列シ以テ學術上ノ幽微ヲ闡發シ或ハ古器ノ攷據ニ足ルベキモノヲ陳列シ以テ人民ノ氣韻ヲ高尙ノ域ニ進マシムル等ノ事ニシテ是レ皆國家開明ノ基ヲ立テ人民ノ福利ヲ興スノ一大要具ト謂ハサル可ラサルナリ故ニ今開明ヲ以テ稱セラルヽノ國ニシテ皆此館ノ設ケアラザルハナキナリ我國ニ於テモ朝廷ノ夙ニ博物館設置ノ擧アリシハ

聖主ノ斯民ヲ愛撫セラレ其知識ヲ啓キ其福利ヲ興サシメ玉フノ

盛意ヨリ出ツルニ外ナラス臣誠惶感激ノ至ニ堪ヘサルナリ

今ヤ我國ニ於テ博物館ヲ官設シ以テ公衆ノ縦覽ヲ許スモノ凡テ三即農商務省ノ博物館文部省ノ東京教育博物館陸軍省ノ遊就館是レナリ而シテ此三館タル各自目的ヲ異ニスト雖モ然レトモ農商務省ノ博物館ニ於テ動植物及ビ金石或ハ軍器等ヲ排列スルカ如キハ是レ則チ東京教育博物館及ヒ遊就館ノ陳列品ト全ク重複ス夫レ重複ノ事タル同事同物ヲ以テ之ヲ各所ニ蒐集調査スルカ故ニ今之ヲ一所ニ於テスルモノニ比スレバ則テ其徒費徒勞ハ固ヨリ多ク亦研究上ニ於ケルモ其詳悉ヲ得ルニ至ラサルハ乃チ勢ノ然ラシムモノニシテ又多言ヲ俟サルナリ啻ニ如此ノミナラズ農商務省博物館及東京教育博物館ハ齊シク其地ヲ上野公園内相距僅ニ數十步以内ニ占メ又齊シク同一ノ物品ヲ二館ニ收ムル多キヲ以テ最モ恐ル皮相ノ輩ハ或ハ之ヲ目シテ政府徒費ノ多キヲ喋々センコトヲ假令此輩ノ賸口ナカラシムルモ今ヤ勤儉ノ　聖意ヲ擧行セラルヽノ際ニ方リ此ノ如キ徒費徒勞ノコトアルヲ坐視スルニ忍ヒンヤ因テ遊就館ハ暫ク措キ專ラ他ノ二館ニ就テ左ニ上奏スルコトアラントス

抑モ博物館ノ事務タル固ヨリ極メテ廣大ニシテ今此ニ具悉スルヲ得ザルモ誠ニ其一事ヲ擧テ之ヲ例センニ動物ノ如キハ今ヨリ凡ソ五十年以前ニ在テハ其名稱等ヲ詳ニスルコトヲ得ル者僅ニ七萬餘種ナリシモ今ハ則チ其物質名稱等ノ研驗ヲ得シモノ三十二萬餘種ノ多キニ及フト云フ又英國ノ不列顛《ブリチス》博物館ニ藏スル所ノ昆蟲ノ如キハ其數極メテ多ク中ニ就テ未ダ其名稱ヲ詳カニスルヲ得サル今尙ホ凡ソ一萬五千餘種アリト又客年我國ニ航セシ英人某ニ我國ノ甲蟲ノミヲ調査シテ之カ名稱ヲ與ヘシモノ二千有餘ノ多キニ至リシモ內國人ニ至テハ猶反テ其品類タモ知リ得ル能ハサルモノ多シト云フ又動物學ノ始祖トモ稱スヘキ佛人キユービエー氏一タヒ此學ヲ講セシ以來未タ百年ニ至ラスシテ斯ノ如キ進步ヲ呈シタルハ其間此學ニ從事スル者輩出セシニ因ルト雖モ抑モ宇宙ノ廣キ未タ其名質ヲ詳ニスルヲ得サルノ動物其幾十萬ノ多キヲ知ル可ラストト云フ是等皆彼國學士ノ恒言スル所ニシテ又歐米ノ學士孜々益々此學ヲ講究スル所以ナリ故ヲ以テ外國人ノ我動植物ヲ研究シ之ヲ書ニ著セシモノ亦少ナシトセス又現ニ外國ニ於テハ諸博物館ヨリ學士ヲ我國ニ派シ我博物品ヲ蒐集研究セリ是レ我國ノ物品ニシテ外人ヲシテ先鞭ヲ此ニ着ケシムルニ至リシハ豈坐視スヘキノ時ナランヤ抑モ外國ノ學術ヲ得テ之ト相競進シ益自國ノ福利ヲ計ラント欲セハ盍ソ所言重複ノ弊アルモノハ應時截然之ヲ改メ其館ヲ一ニシ其物ヲ齊フシ然ル後チ全力ニ頼リ以テ外國ト競ハサルヤ況ンヤ我國ノ如キ學士巳ニ乏シク博物學科ノ如キニ至テハ皆外國ノ書ニ據リテ之ヲ研究スルコト多々ナルノ時ニ在リ依然重複徒費ヲ改メス自ラ其力ヲ壓殺シ其全力ノ發生ヲ礙ルカ如キノ擧アルヘケンヤ其レ動物ノ一事ニ於ケルモ前途猶尙ホ此ノ如ク夫レ盛ナリ若シ夫レ植物、金石、及農工所用ノ物品ノ如キハ其品類滋々衆ク益々繁シ是皆專門ノ學科ヲ立テ其性質効用ヲ研究セシムヘキハ學術上ニ論ナク又利用厚生ノ道ニ於テ最モ急務ナルモノトス殊ニ我國ノ位置タル南北ニ蜒蜿スルヲ以テ寒温ノ兩度其差等甚タ烈シク隨テ天造ノ物品亦富饒ナルハ之ヲ諸國ニ較ルニ未タ其比ヲ見サルナリ然リト雖モ從テ品類ノ多饒ナルノミニシテ其質ヲ悉シ其名ヲ詳ニセシモノ未タ幾許モアラサルナリ又人造ノ物品ト雖モ其用法ノ充分ナラスシテ須ラク改良ヲ加フヘキモノ又最モ多キヲヤ是レ皆其力ヲ專ラニシ以テ其功ヲ遂ケシムヘキノ時ナリ且兩館ノ位置タル本ヨリ相接近シ之ヲ合併スル又支障スル所ナキヲ以テ速ニ之ヲ一途ニ歸セシメ從前鬆散ノ衆力ヲ一館ニ結集セシメ其全力ヲ盡シ以テ研究ノ力ヲシテ充分ノ位置ヲ占メシムヘキナリ

兩館ノ物品ヲ擧ケテ之ヲ一所ニ集合スルノ便益タルハ既ニ具陳スル所ノ如シ又其他ノ圖書ニ於ケルモ亦復タ然リトス夫レ圖書ノ博物館ニ必需ナルハ固ヨリ論ヲ俟タス今夫レ兩館所藏ノ圖書其數少ナシトセス然ルニ之ヲ各所ニ收藏スル時ハ例ヘハ某書ノ初篇ハ甲館ニ其後編ハ乙館ニ在ルカ如キノ類少ナカラズ是レ一書ニシテ各其所ヲ異ニシ一ハ讀者ニ不便ヲ與ヘ一ハ兩館往々重復ノ圖書ヲ架藏シテ反テ備フヘキノ書ヲ未タ備ヘサルノ患ヲ招ク是レ即チ兩立ヨリ生スル所ノ病ナリ若シ菲言ヲ棄テ玉フナク幸ニ之ヲシテ一ニ歸セシムルノ結果ヲ見ルニ至ルヲ得ハ其不便ヲ一掃シ其費途ヲ減

シ未購ニ係ルノ貴重圖書ヲモ購ヒ得貯書モ亦其完全ヲ得其他合併歸一ノ便益ヲ概スルニ一ハ人民寄贈ノ物品其所ヲ一ニシ以テ品物増加ノ便ヲ開キ一ハ外國ノ博物館ト有無ヲ交換スルノ途ヲ開キ一ハ剩餘ノ品具ヲ擧テ國内設置ノ博物館ニ交付シ各地人民發蒙ノ資料ニ供スルヲ得ヘク加之又一大福利ヲ増進スヘキモノハ人民一般ノ諮問ニ應シ動植物及金石等ノ性質效用ヲ調査シ或ハ化學製品ヲ分析シ或ハ器械ノ用法完備セサル所アルハ其改良ノ法ヲ示ス等是レ卽チ農業歩ヲ進ムルノ媒工藝又疑訝ヲ解クノ資トナル是レ兩館ヲ併テ一トナシ其全力ヲ擴充スルヨリ生スル所ノモノニシテ其盛大ニ赴キ益々社會ニ必需タルニ至ルヤ期シテ竢ツベシ。」

博物館ノ事務タルヤ其レ斯ノ如ク擴張セサル可ラサル急要ナル今日ニ方ルヲ以テ又主トシテ要スヘキモノアリ何ソヤ卽チ博學多識ノ人ナリ苟モ其人ヲ得サル時ハ施設其宜シキヲ得器械圖書備ルト雖モ其事業ヲ擴張シ其利用ヲ廣大ナラシムルヲ得サルナリ今試ニ其任ニ當ルヘキモノヲ論スルトキハ文部省卽チ是レナリ文部省ハ全國ノ學事ヲ統攝スルヲ以テ學士亦自ラ乏シカラサルモノトス是レ其主省ト爲ス所以ナリ又之ヲ海外ニ考フルニ外國ニ於テハ文部省ヲシテ博物館ヲ管セシムル所以ノモノハ蓋シ亦學士ノ多キニ由ルナリ例ヘハ英國「サウスケンシングトン」博物館ノ如キハ初メ通商局ノ所轄ナリシカ一千八百五十七年ノ比ニ於テ更ニ之ヲ教育樞密院ノ所管ニ屬セシメタリ又佛國ニ於テ諸博物館ハ從來皆文部省ノ所轄ニ屬セリ加フルニ巴里府工業博物館《パラスランタストリー》ハ客年ヲ以テ更ニ文部省ニ屬セリト云フ然ルニ我文部省及農商務省ハ皆齊シク

陛下統御セラレ玉フ所ニシテ何ゾ此彼職權ヲ爭フカ如キノ非擧アランヤ彼此職權ヲ爭フトハ何ゾヤ俚語ニ曰ク同業相忌ト是レナリ是レ本ト兒戯ニ屬スルカ如シト雖モ同質同種ニシテ各自別立スルトキハ各自ニ己ヲ尊フノ弊自ラ生ス是レ情ノ然ラシムル所ニシテ博物館ノ罪ニハ非サルナリ是故ニ今博物館ノ實益ヲ大ニセント欲セハ先ツ兩省所轄ノ博物館ヲ併セテ一ト爲シ常務ヲ理スル吏員ノ外ハ皆之ヲ事務關係ノ諸省官吏ヨリ取ルヘシ若シ如此ハ則チ啻ニ事務ノ重複ヲ招カサルノミナラス一ハ費途ヲ減シ學術及農工ノ業ヲ稗補スルノ實益ヲ得ルコト淺尠ナラサルナリ

聖上民ノ識ヲ啓發シ其業ヲ勸メラルヽノ　叡慮宵肝不措ヲ奉體シ
敢テ謹テ區々ノ愚意ヲ上陳ス
叡裁ヲ賜フヲ得ハ特リ臣カ幸ノミナラス寔ニ國家ノ大幸ナリ

臣　誠惶誠懼頓首頓首」

此の上奏も亦何の効を奏することなく、斯くして手島精一翁は教育博物館長の職を去つたのである。

以上の諸記錄は今日全く湮滅し、唯僅かに翁の遺記錄中に其自寫を見るのみである。それすら大部分は蠹害の爲めに殆んど判讀に苦しむものがある位である。然しながら之等の記錄によつてよく明治初期の教育の裏面が觀察されることは寔に面白き好資料である。

完

昭和四年（一九二九）

二八　谷津直秀「現代の博物館」

（『農村教育研究』第二巻第一號　郷土館號）

「科學とは常識を整理したものである」とハックスレーがいつた。この言葉には反對する人もあるが、兎に角現代の常識が變つて來たことは爭はれない。

文明の進歩と共に生活が安易になり、金さへあれば衣食住みな他人が作る樣になつた。然しそれには弊害も伴つてゐる。昔の人は生きる爲の研究を卑しんだが、今日程生活に科學知識を要する時代はない。バーミンガムに技術博物館が出來た當時、世人は之を輕んじたがその時代としては止むをえないことであつた。

然し今日では學問と生活との關係を重視するやうになつた。生物學の敎へ方の如きも昔とは變つて、人生との關係が主眼になつた。中學や高等學校に於ける敎授にも、ヒューマン・インテレスを重んじ、生活に對する興味を增進することを主眼とするやうになつた。その爲に列品室が敎育上重視されてきた。

外國には小さな町でも學校、敎會、圖書館、博物館の四つは、必ず備へ付ければ恥とされてゐる。博物館にも種々ある。美術博物館は可なり多額の金がかゝるが、自然博物館であれば人口一萬未滿の町でも作ることが出來る。

博物館の特色はいろ〳〵あるが、その一つは年齢に關係しないことである。こゝに成人教育機關としての價値がある。又多くの教育機關が階級的に獨占されてゐるに反し、博物館は階級を超越した教育機關である。

博物館の起源を尋ねるに、教會への寄附品を陳列したもの、個人の採集品を陳列したもの、宣教師の蒐集品を陳列したものと種々ある。「種の起源」の發表以來、比較解剖が盛んになり、博物學會のミュザアムが出來たが、その昔風のものは今は變へてゐた。

現代に要求されてゐるのは生きた博物學である。種々の物を陳べるのみでなく、説明するものでなくてはならぬ。石器や土器の如きも、たゞ陳列するだけではなく、當時の生活を知らせる工夫をすることにより始めて圖書館の意義を發揮することが出來る。動物も剝製を陳べるのみではなく、その生活狀態、場所、分布等を知らせなければならぬ。

今日の石川博士の手紙の一節に「美術博物館も必要だが、乞食が自動車に乘る樣なことはしたくないものだ云々」とあつた。味はべき言葉である。

最後に未來の博物館について考へてみたい。完成した、出來上つた博物館は死んだも同然。死んだ博物館は無用の長物である小さくてもよいから絶へず成長する博物館が方々に出來ることを切望する。(十月十三日同前講演)

昭和四年（一九二九）

二九　柳田國男「郷土館と農民生活の諸問題」

（『農村教育研究』第二巻第一號　郷土館號）

歴史の見方

郷土館については前にいろ〳〵考へてゐましたが、此頃は少し疑問を持つて來ました。といふのは郷土館では到底我々の考へてゐることが實現出來ないにも關はらず、これがあるとこれを絶對のものゝやうに思つて、それ以上に考が進まない嫌があると思ふのです。

歴史の見方の相違ですが、今日書かれてゐる歴史なるものは上流社會の事件の羅列にすぎないものです。國民の大部分を占めてゐた百姓の生活といふものがてんで書かれてゐない。百姓のことを專問に研究してゐる人とても百姓一揆とか治水工事とかを念入りに調べて書いてゐるが、こんな出來事のあつたのは五十年に一回、百年に一回のことで而も同じ所に二度三度繰り返したといふのは殆んどないのです。稀に發生した事件にすぎないことをもつて農民の歴史を綴るなんてことは出來ないと思ひます。

これと同じことです。郷土館にいろんな遺物を陳列したからとて郷土の祖先の生活が分るものではないのです。たとへそれが系統的に陳べられたとしても、それだけが全部でなくとも主要な部分であると考へさせることは大へんな間違ひです。そこに陳列してあるもの相互の間をつなぐものに尊い値打があります。これが歴史の大切な點でありながら、それが郷土館には出せないのです。

あなたのゐる高井戸邊の畠の間を歩いて更に十町か二十町西の方の畠の間を歩いてごらんなさい。借手があつたら直ぐに貸さうといふ心持の百姓の畠と、さうでなくて一生懸命にやつてゐる所の畠とは確に違つた所があります。例へば牛蒡なら牛蒡を作つた畠でも、一方はきちんとさくの角がついてゐるが、他方はまるくなつてゐます。これは一つの象徴ですが郷土館のやうに固定したものが出來るとこんな微妙で重要な生きた資料が顧みられなくなるのです。私はこれを恐れるのです。

マルミツトの日

私も先年外遊の際に郷土博物館に類したものを大分見て來ました。その話を少しいたしませう。郷土博物館にもその土地のために作つたものと、旅行者のために作つたものと大體二種類あります。然し土地のために作つたものでも旅行者向きになり易いものです。

スヰスには旅行者向きのが澤山あるが、大學生なども相當利用してゐるやうです。小學校では小さい時と大きくなつてからと二度位學校から一緒に連れて行きます。やはり敎員が連れていつて適切な說明をしてやらぬと、子供が勝手に行つて見るだけでは好奇心がすぐ冷めてしまひます。同じ資料でも說明の仕方では絕えず新しい印象と深い理解を與へることが出來るのです。

ゼネバの町には傳說的な一つの昔話があります。我國の千早城と同じやうな話です。隣國のサボア城主が遽に攻めよせて來て夜明け方に梯子を城壁にかけて攀ぢ上らうとした。城の中で早くから起きて炊事をしてゐた祖母さんがこれを見つけ、早速そこにあつた煮湯を上からかけて勝つことが出來たといふのです。

この傳說的な昔話を記念して十二月の半頃、三日間に渡つてマルミツトの日といふ行事があります。マルミツトとは鍋といふので、つまり鍋祭です。チヨコレートで鍋の形を作り、その中へいろんなお菓子を入れたりしてお祭をします。このお祭は舊敎でいへばカーネバルに相當するものです。このゼネバにも博物館がありますが、その中にサボア軍が使つた梯子だとか、當時の鎧だとかゞ陳べてあります。その側の說明には「この梯子は當時のものではないが壁の高さや其他當時の事情を想像して確にこんなものであつたらうと思ふ」と書いてあるのも面白いです。さてマルミツトの日が來ると子供たちは先生に連れられて此所へ來て、その梯子の周りを取り卷いて建國の昔話を聞いてをります。西洋では市が即ち國であるので愛市心は即ち愛國心となるので、かうして鄕土博物館も有益に使はれて居ります。私は丁度そのお祭の際に行つたので親しくその盛況を見て愉快でした。

いくら遺物が多くても、よい指導者を得なければ全く無意味なものになつて終ひます。たゞ旅人の好奇心をそゝるたゞけで、土地の人には何の興味もないものとなり易いのです。この點は家庭としても注意すべきことです。西洋ではよく親が連れていきます。が、その親たちの說明ぶりもなか／＼うまいものです。簡單に要點を十語なら十語位で說明するやうな一種の型が昔から傳はつてゐるかも知れません。陳べ方も親切なもので決して冷淡ではありませんでした。とにかく青少年に十分に利用されるやうなものでなくては駄目です。物好きな旅行者の好奇心を買ふのみで終ることのないやうにしなければなりません。

生活の跡

何處の博物館にも隨分多くの物が陳列されてゐるが、私の最も必要な知識だと思ふものがありません。所謂歷史的變遷を語る遺物よりも、むしろ家庭的經濟的の資料、即ち我々の祖先の生活の跡を語る衣食住についてその形式と材料と色とが最も大切だと思ふのです。それらは一度に變つたものではなく、形式が變つても材料が同じであつたり、材料が同じでも色が變つたりして、極めて除々に變つて來たのではあるが、兎に角、現代には昔のやうな衣食住は何所にも殘つてゐません。こんな變遷の跡を極めることによつて國風や人生の變化を知ることが出來ると思ひます。

今日は年代記や傳記歴史の他に農民の歴史といふものはありません。もし郷土館といふものが現はれるならば、此の弊を補ふことに努め、説明を注意すると共に常に印象が新しいやうにすればよいと思ひます。これは極めてお粗末であつた祖先の生活を如實に知るそのことが目的であつて決して今の人の贅澤を抑へるなどといふためではないのです。農村が衰微したといふがそれは主觀的のことであつて昔と比べると食物でも隨分よく變つたものです。もとの形をよく知らせたいと思ひます。

この趣旨から假りに着物を陳べるとすると、その陳べ方が大へんで、又汚いものです。夜具を例にすれば敷布團はまだ新しいものですし、掛布團に綿を入れることも近頃のことです。保温には藁や籾殼を使つてゐました。一番下に籾殼を入れその上に柔な藁を敷き、更に茣蓙を敷いて中を少し窪ませてそこへ横ばり、上には自分の着物を置いた位のものです。北國の寒い所では麻布で作つた大きなかいまき樣のものを作り、その中へ繝ぐそを入れることになつたのです。それが今もなほ殘つてゐる所があるが、とてもこわくて折りたゝむことが出來ないし、大きなものであるから一寸運搬にも困る、垢でよごれたその汚いものを郷土館に並べるのも工合がわるいといふことになります。

尙寒い所ではゐろりの側に寢たり、或は裸になつてゐろりの火で體を溫めて寢たりしたものです。こんな時代が永らくつゞいて、綿を入れた布團を用ゐるやうになつたのはまだそう古い話でもないのです。それでこの間の夜具の變遷だけを示さうと思つても、なかなか困難です。

お茶の子

次に食物のことを考へてみませう。食物のことは我々にも興味が深いが、子供は特によく注意をします。「昔の人は何を食べてゐたらう」といふことは、子供にとつては非常に興味のある問題です。

食物を作る道具の一つの搗臼、あれは籾すりよりも新しく、中國邊でも二百年位しか經つてゐないでせう。搗臼で「はつたい」を作るが、あれは、「はたきもの」といふ語の轉化したものである通り、その前は石の上に穀物を置いて木か石でたゝいたものです。

何でもたやすいことを「朝飯前」とか「お茶の子」とかいふが、あれはシノニウムです。朝仕事前に食ふものを「お茶の子」といつたのです。これは廣く各地で用ひられたものであるが、地方によつて大へんな相違があります。米の團子は上品な方で、粟、稗其他いろ／＼な物を材料としたものです。一握りばかりの團子を作り、ゐろりに入れて燒いて、灰だらけになつたまゝ持つて出て、馬の背などで食べます。そして朝飯前の空腹を一時しのぐのです。この起源は古いものらしく、今も廣く行はれてをります。田植の特別忙しい時以外は常に用ひられてゐて、日本人にとつては想ひ出深いものです。

このお茶の子の概念も郷土館が出來れば子供に與へたいものゝ一つであるが、それでは親が恥をさらすことになります。百姓の心理としては自分の子にも隣の人にも、こんな拙いものを食べてゐたことを隱したがるのが自然です。もし強ひてこれを陳列すると、それは單に旅人の好奇心をそゝるに止まることになるでせう。

今日では粟や稗の栽培面積がだん／＼減つて來ました。その後へ桑などを植えてゐるのでせうが、桑さへも出來ぬ地にも粟や稗はよく育つものです。「野のもの」といつて野外植物の實や根で食料になるものが隨分あるが、これが採集出來る春から秋への時期を除いては、お茶の子が是非必要で、これがなくては生活出來ません。隨分邊避な山國に人が住んでゐるのは、この野のものとお茶の子に負ふ所が少くないといつてもよいのです、所がこうした重要なお茶の子が、實際に郷土館に陳列出來ないといふことになると考へなければなりません。

ひてうち

農村勞働問題と關係の深い燈灯について考へてみませう夜業しなければ小農は立ちゆかぬのが常です。殊にぞうりわらじ、まぶし、ふご等は晝間に作つてゐる餘裕がありません。そこで夜業に燈灯が要ることになるが、これは長い間ゐろりの明りを用ひました。家族や仲間が大勢集つて、土間で夜業をするやうになると、土間と床の上と兩方を照らす必要から、上り口の踏台の上などで火を焚いたものです。その役は子供が受持つたもので、「ひでばち」の上で肥松を焚きました。菜種を作り油をとつて燈火に使ふやうになつたのは德川時代のことで、歴史的にいへば新しいことです。蠟燭が發明されたが、これも最初は松脂蠟燭といつて細長いものでした。野外の照明のためには松火を用ひたがその作り方にも種々あつたやうで、一寸調べかねる程です。

こんな例を一々擧げてをれば限りがないことです。兎に角、昔から生活技術の變遷した跡は無限に連つてゐるのでそれを顧みなければならぬと思ひます。何處の國でも昔の農民生活を知らせる爲にはよほど工夫してをります。

二つの問題

農民生活を綜合的に知るために、昔の住宅の形をそのまゝ殘すやうなことも企てられてをります。

スヰスのある博物館では外は石造ですが中へはいると農家になつてゐます。そしてこの家は何年程前のもので、何村から持つて來たものであり、地主、或は小作人の生活してゐたものであるといふ說明がついてゐる。こんな例が幾つも列んでゐました。地下室へ下りると臺所の道具を始め家庭用品が、あるべき所にちやんと置いてある。粉を挽くもの、麩を選り分ける篩と箕、パンを燒く道具などが、そつくり昔のまゝ置いてある。たゞ昔の人がゐないといふだけです。こんな眞似を日本でもしたらと思ふが、日本の家は四壁がないから工合がわるいです。

スエーデンのスカンセンの博物館などは、ある半島全體をこの目的のために使ひ、種々の人種の種々の住宅を、丁度それ〲に相應しい位置に建てゝ、而もその中に事務員を住まはせてゐるといふ念の入り方です。

こんなに念入りにやつてもなほ不滿足な點が多いのに、まして深い計畫もなく、たゞ偶然手に入つた材料だけを寄せ集めるやうな鄕土館を作ると、利益よりも不利益の方が多いと思ひます。假りにある所で表彰された孝子の材料と刑に服した囚人の遺品とを陳べたとしたらどんなものでせうか。孝子や惡黨の出現はアクシデントです。自動車でいへば轉覆に相當するものです。自動車はいつも轉覆してゐるものではないのです。こゝが最も大切な問題です。

村の人に敎へたいことは何であるか、及び村の人達の疑問――即ち公の疑問――は何であるか、これを計畫者に考へてもらひたいものです。この二つの大切な問題に對する答として鄕土館を設計してもらひたいものです。

埋もれたもの

言葉の硏究も歷史的硏究には是非必要なものです。例へば我々は下水といふ言葉を使ふが、關西の我々の田舍では風呂の底へ入れる板をげす板といひ、東北では便所の踏板をげす板といつてゐる。げすといふのは汚水の溜りといふ意味でした。

こんな硏究を深く掘り下げていくと、どうしても農民心理の硏究をしなくてはならぬのです。農民生活と天然との折れ合ふた所に生ずる天然のもや、これが農民心理といふものでせうが私自身。この點に一つの行き詰りを感じてゐるのでこの硏究をもつとしなければならぬと思つてゐる所です。こんな硏究はいくら立派な鄕土博物館が出來ても、解くことの出來ぬものです。要するに鄕土館は農民の歷史を語るものとしては完全ではないが、その種々な方法の一つとして設備するといふ位の意味しかないことを自覺しなければなりません。鄕土館に陳列しうるものは農民生活の枝葉にすぎないもので根幹部は深く土の中に埋もれてゐて容易に掘り出せないものなのです。

素朴な疑ひ

いよ／＼郷土館が經營される場合、政策としては必要なことは疑ひを持たせることです。あらゆるものに率直な疑ひを抱かせ、その解答資料として郷土館を利用するやうにしたいものです。然るに現在の指導者――先生でも、役人でも――はたゞ解決を與へることに急いでをります。疑問を持つことが罪惡でゞもあるかの樣に恐れて、理非を辨へずにたゞ解決へと急ぎ、いゝ加減な理屈で抑へつけやうとします。誰でも十四五歳まで澤山の疑問を持つてゐるが、それから後は疑問を殺されてしまふ、そして三十過ぎてから再び疑問を起すと詰まらない二つの結論に到達するやうです。此の世は苦の世界だとする諦めと、個人主義で押通さうとする惡い考です。少年時代の純な疑問、素朴な疑ひに對して何處までも親切に丁寧深く導いてやるのが先輩の勤めだと思ひます。

同じ地方へ二三回出かけますと、初めは屬であつた若い人が十年二十年と經つ中に書記になり、郡長になるといふ風にだん／＼出世して頭にも白髪が生えてくる。そんな連中が青年を澤山集めて誠しやかにお座なりの訓示を與へてゐます。いゝ加減な理論を引張り出して聲を激まし、理論の不足は感情で補ひ、感情の燃燒しない所は理論でごまかし、それでも尚ほ足りない時はすぐに神樣を引つぱり出すといふやり方です。これでは幾ら經つても青年は救はれないし村もよくなりつこはないです。

私は元來樂觀家の方です。農村問題もいろ／＼叫ばれてゐるが、誰もが認めて正しいと思ふ施設をして改良していけば必ず農村は救はれると思ひます。明るい平和な農村を將來することはさう難事ではないと信じます。そのためにも今日の農村教育には反省しなければならぬ點が澤山あります。が何れ近い中にこの方面で私の考へてゐることをまとめて發表しいたと思つて居ります。（談）

昭和四年（一九二九）

三十　吉田　弘「兒童博物館の經營」

（『兒童教育』第二三巻第三號）

概要

近時學校生活の社會化運動の一實際問題として、兒童博物館の經營は正に有意義なものであらう玆には兒童博物館施設の必要を述べ、その利用法及經營上の注意を述べることゝする。

一　博物館施設の必要

作業主義の教育、個別本位の教育に於ては言ふまでも無いが、學級本位の教育よりするも兒童博物館を設くることは目下の急務である。作業主義の教育、個別本位の教育に於ては一つの學習の場處として、此の博物館が利用される又學習結果の發表機關として、學習の奬勵機關として、ニウスの機關として種々の方面から利用することが出來る。學校園や圖書室の施設の必要なることは久しき以前から高潮されて來た事ではあるし、そして又之に對しては可なりの了解がなされその施設も各地に廣く見ることが出來るので喜ばしい事であるが、この博物館の施設についてはあまりやかましく言はれないので、それほど未だ必要が認められてゐない樣である。

學校園、圖書館の必要は言ふ迄もないが、將來の學校施設として更にこの兒童博物館と活動寫眞映寫室と手工教授を課せざる學校に於ても工作室（作業室といふか）とを設け度いと思ふものである。極言するならば小學校の教育は圖書館、學校園、實驗室、作業室、博物館、活動寫眞映寫室、講演室、音樂室、運動場のみを以つてなされ得るものと信ずる。そして又之ほどに徹底するならば、今日以上に徹底した眞の教育がなされ得るものと信ずる。

二　發表機關としての博物館

兒童學習の結果たる成績物は多くの場合、兒童と敎師との間の交渉のみに委せられ、その成績物が學級全體の批判に委せられることは珍らしい位であつた。之を具體的に言ふならば、習字、圖畫、手工、裁縫、綴方等敎師が見て採點したり批評を加へて兒童に返へすのが普通で、これを一堂に陳列して全級兒童の批判に委することが少かつたといふのである。尤もそれらの成績物を採點し、よく出來た物を奬勵の意味で敎室の壁などにはつて展覽に供する樣な事は普通に行はれるが、眞の意味の發展がどの程度に行はれ又行はれて來たものか疑問である。

眞の發表は何といつても觀者の批判に委する意味がなければならぬと思ふ。もしそうでないとすれば、山野無人の世界に發表する場合や、博士論文を幼稚園の敎室內に發表するのと同じことに墮するからである。されば方法は兎も角として發表の場合には無批判の儘、觀者の前に並べ適當に批判せしむべきである。その批評が妥當であるか否かは批判に指導を要するか否かのバロメーターであつて、批評が妥當でないから兒童に批評せしめては宜しくないと斷定してしまふべきではない。

又批評そのものは各人の主觀に屬する部面もある故、その批判が妥當であるか不當であるかは敎師と雖も直ちに決定するわけには行くまい。寧ろ一個の意見として大いに之を尊重し、殊に多數の兒童がそうした意見を持する場合には、敎師自身の意見そのものを反省しなければならぬと思ふ。但しかかる批判が兒童の誤つた知識や、狹い知識の結果なされる場合もないではないから、かかる場合に敎師の指導を要するのである。

つまり成績物に對する兒童の批評眼の養成と、多數兒童の批評の傾向を見るために、是非とも前述の眞の意味での發表の機會を作り度いと思ふのであるが、この發表の對象は學級、又は同學年、全學校等種々の場合がある。その對象が學級の場合には學級內の問題で敎室外に出る必要がないけれども、それが同學年とか、全學校といふ事になると學校としてこの發表のために施設をなさねばならぬのであつて、之が兒童博物館施設を主張する一因である。

三　奬勵機關としての博物館

賞讃を與へることが兒童の學習に對して大なる奬勵の機

會となることは實際教育に當らるる諸君の常に經驗さるゝ處であるが、前項に述べたる如く學習成績物の發表機關として我が兒童博物館を利用する時には、適當の批判を與へられる事によつて兒童は非常なる奬勵を受くるものであるかくして奬勵されだる兒童が學習上に一大飛躍をなし學級全體の學習傾向によき影響をもたらすは言ふ迄もなく、又一面には自分もそうした榮譽を得んものと他の兒童を發奮せしむることも可能である。

又學習の成績物や、作業の成績品といふものが、兒童博物館に陳列されることになると、その研究や作業やの目的が極めて顯著になつて、單に敎師に叱言を言はれないために學習するとか、敎師の命なるが故に學習するとか、敎師に賞められんがために學習するといふよりは、數段勝れた自主的の活動がなされ得るものである。實際社會に於ける研究とか考案工夫といふものが促進されるのは何に因るかを考へ見るに一面には利益といふこともあらうが、それよりもつと強く、そうした努力を促す物は社會的に賞讃を博すること、つまり、名譽心の滿足であると思ふ。學校生活に於て學習の結果を博物館に發表せんがために、研究や作業をなすといふことになると、學校生活が實際社會の縮圖らしき機構をそなへることが出來て、今日やかましく言はれる作業主義の敎育とか、自由主義の敎育といふものが始めてなされ得るものと考へる。敎育上に於て新しい主義が叫ばれる時にはそれがための敎育的環境といふものが常にやかましく言はれるが、今日の敎育的主張から見て、我が兒童博物館はその敎育的環境として是非とも必要なる機關となるのである。

四　ニウースの機關としての博物館

兒童博物館に黑板を用意し、新聞雜誌中から適當な材料を選擇して板書し、兒童達に告げ知らすことは有意義の事である。告知すべき材料としては美談感話といふべき類、兒童の了解し得る政治上外交上の大變動、非敎育的でない驚異談、運動その他のレコード、發明發見の事柄等、ニウスとして價値ある事柄を速報するのである。尙必要に依つてはニウスのみでなく、ニウスの中に挾まれた兒童に了解し難き事項を適當に解說するもよいと思ふ。

ニウス揭載は敎師の方にてやるもよいが、最も面白いことは兒童自身にやらせるがよい。すると兒童達は常に新聞雜誌等の記事に注意し、その記事をまとめて掲載するのであるから、兒童達は責任を以て行動すること、各種の事件に注意するために社會の事情に通じ常識を豐富にすること等、それによつて達成される教育的の效果が、なか〳〵大なるものがある。さればニウス掲載の當番でも設けて凡べての兒童を之に當らせる樣にすれば、大變面白いことである。

五　作業の切所としての博物館

兒童博物館をして眞に意義あらしむるがためには、單に兒童に見せるがためのものでなく、兒童自身の經營にかゝるものたらしめねばならぬ。即ち兒童を第三者として之に對せしむるのでなく、當事者として之に當らしめたいのである。しかし漫然と兒童全體の經營にかゝるものとしただけでは仕事は運ばぬから、期間を定めて兒童の係員でも設け、教師の係員が之と協同して仕事を運ぶといふ樣にし、係員は博物館行事を協定し、係員のみの作業にてすむことは係員にて なし、兒童全體の協力を要することは係員から適當な方法を以つて全體に布告し、全體から出品物を集め、之が陳列に當り、その陳列を了したる上にて始めて全部の觀覽批評に供するといふ樣にしたらばよいと思ふ。博物館行事といふものは係員の計畫に屬する事故、一概に博物館行事はこんなものといふわけには行かぬが、自分自身の從來の經驗と、自分の考へ得る限りに於て、例を上げて見るならば、北海道に關する展覽會、臺灣に關する展覽會海の展覽會、山の展覽會、鐵道に關する展覽會、交通機關に關する展覽會、衣服に關する展覽會、住居に關する展覽會、採集植物の陳列會、工作物陳列會、貝類陳列會、鳥類展覽會、魚類展覽會、考案製作物展覽會、歷史上の或る時代に關する展覽會、世界中の一國を選んでそれに關する展覽會等、地理、歷史、理科、手工、裁縫、圖畫その他の諸學科に關する興味あり內容ある一問題をつかんでそれに關する萬般の研究物、成績品、蒐集品、繪葉書、寫眞、調査物、調査表等を集めて展覽に供するのである。

かくの如く決定されたる行事を全體に布告して、その協力に訴へる手段に對しても、多くの教育效果を期待することが出來る。例へばポスター樣のものを作成して一般に訴へるとすればポスターを作成することの教育效果も大なるものである。ポスターの文や圖案に工夫をこらすこと、文字や繪を書くこと、その他これに關する種々の作業等、單なる習字、單なる繪畫といふよりは餘程目的化されたる習字、繪畫等がなされるので面白いと思ふ。

その結果出品された品物を如何に陳列し、如何なる說明を之に加へるか、之は博物館係りの兒童の主要なる作業である。先づ計畫の協議がなされねばならぬ、そこに創作的の働きと他との協調がなされねばならぬのであつて、共同作業の特長たる自身の獨創は大いに主張するが、他面他の兒童の獨創にも傾聽し、或る點に於ては自我を抑制して他と協調するといふ、共同動作の訓練に資することが出來るのである。かくて決定されたる各種の仕事を分擔して夫々の責任を全ふする處に共同作業の形式的價値を認むることが出來るが、反面に又それによつて得られる實質的の價値といふものも大なるものである。例へば出品物は單に陳列しただけでは興味も薄く、知識的に寄與する處も少いが、之に適當に兒童相當の說明を加へることが出來れば、その弊を無くすることが出來る許りでなく、之が說明をなす博物館係りは、それがために各種の調査研究をなし、說明書を作製する間に、大なる學習效果を擧げ得るものである。

即ち斯く考へて來ると博物館といふものの教育價値は單に見させることの價値よりも經營の任に當らせることの價値の方が大である。

六　博物館作業を學習へ利用

前項に述べたることは學校中の各級から博物館係りを數名づつ出し、計畫されたる展覽會へ學校全部の兒童の出品を期待する場合について述べたが、博物館の作業としてはそれのみではない。殊に面白いことは一つの學級が一つの計畫を立て、それを實現するまでの各種作業を、その學級の學習に利用することである。地理に關する目論見ならば地理學習、歷史又は理科、手工等に關することならばそれらの學習として利用するのである。例へば北海道に關する展覽會といふものが目的であるならば、住民に關すること山に關すること、川に關すること、產物に關すること、官廳學校に關すること、名勝舊跡に關すること、交通に關すること等（かゝる分け方に就いては妥當か否か疑問であるが）作業の分擔事項を分ち夫々の擔當者を定め、一定の期間を置いて、之が調査研究に當らせるのである。するとその學習は目的が顯著であるから、その作業には自然熱心が現はれることになり、大なる學習效果を擧げ得ることゝ思ふ。かく學習に利用する場合は形式的陶冶よりは寧ろ實質的陶冶を目指してゐるとも言へようが、學級本位にやる場合にはこの形式的陶冶の方面は殊に面白く出來るのである先づ計畫を立てるにしても、學級を一國とした議事制にして、その計畫を何れにすべきかを議決せしむるにも都合よく、その分擔をきめるにしても、學級内では御互ひが各兒童の特長をも知つてゐること故適當に行はれるであらうし又共同作業にしても氣質を互に知り合つた同學級の事故面白く運ぶであらうし、指導の任に當る教師も萬事に都合がよいことゝ思ふ。

　又學級本位でなくても、學級から選ばれた博物館係りだけで計畫から、調査蒐集から、陳列まで全部なす場合もあらうし、或は同學年が數學級ある場合には、その同學年の間に協定して共同の目論見を立てゝやる場合もあらうし、或は特別の關係にある數學級が共同してやる場合もあらうし、或は又理科室主催、地理室主催といふ様にして理科なら理科、地理なら地理を學ぶ學校中の全兒童がそれらの學課に關する目論見を立てゝやる場合もあつてよいと思ふ。

七　博物館經營上の注意

以上述べ置いたる如く博物館の教育的效果は見せることよりも、見せる様にするまでの作業に存するものであるがさればといつて、それを見に來る人がない様では、博物館の生氣は失はれて、その效果を十分に發揮せしむることが出來ぬ。

　されば博物館に常に新鮮味を與へ、いつも一日に一度は行つて見たいとの心持を持たせる様にせねばならぬ。併し乍ら日々全部の陳列替をすることは困難であるから、これについては大いに工夫を要するのである。

　博物館作業を學習に利用する場合には、數週間を要することもあらうから、陳列週間の豫定を立てゝ置き、それまでには間違なく間に會ふ様に作業を進行させる様にし、かゝる種類の陳列は折角の苦心をしたもの故、一日やそこらで引き取らせるのも氣の毒故一週間か少くとも三日間位は陳列して置く樣にするがよいと思ふが、かゝる陳列を主要のものとし、日々の面目を新たにする上には出來得るならば日々、それが出來ねば隔日、それが出來ないならば少くとも一週に二回位はニウスの記事を新たにする樣にすれば兒童を日々博物館に引きつけることが出來ると思ふ。陳列の模樣替へを一週二回とし、月火水に木金土といふ樣に分割すれば水曜の午後と土曜の午後とは模樣替のために入場不能とすべきを以つて、火曜と金曜とをニウス掲載日とすれば、月曜は陳列の第一日であり、火曜はニウスの日であり、木曜は又陳列の第一日であり、金曜はニウスの日であるといふ樣に、模樣替の日を除いて一週中の日々を新にすることが出來るので、見物人を絕えず引きつけることは容易の事である。しかしそれがためには指導教師の不斷の熱心と博物館係りの大車輪の奮鬪とを要する事は云ふまでもない。

しかし斯うした努力を常になさねばならぬことは、その仕事を職業としても容易でないのに教師は學科や學級を擔當し、兒童は日々の學習に追はれてゐるので容易なことではない。されば時々休養の期間を置くの意味で、博物館係りの作業を煩はすことなく、或る期間を學級本位の展覽會期間とすればよいと思ふ。例へば、第何週は何學級、次の週は何學級といふ樣に、各週間を各學級に振り當て、計畫から陳列まで全部學級の自由にまかせ、學級擔任に責任を持たせる樣にしたらばよいと思ふ。

◇ペスタロツチの言葉

バーゼルの商人フェリックス・パテイェルへの献辭

君よ！君は私が路傍の打ち碎かれた草となつてゐるのを見つけて、足で踏みにぢられることから救つてくれた。この書物を讀んで、私の感謝を受けて吳れ玉へ。私の最も大切な意見は君の助力がなかつたら、決して熟することはなかつただらうから。私の實驗の重荷はなほ君の上に重い。私は今までもなほ自分の仕事の基を眼前にしてゐる。がそれは僅かに夢のやうなものだ。私の息の續く限りは、私は目的をしつかりと見つめよう。そして私のはじめの實驗を呼びおこしたあの理想の實現の成功してこそ、私ははじめて幸福を感ずるであらう。

昭和五年（一九三〇）

三一　秋保安治「産業開發の先驅としての博物館事業」

（樺太廳博物館『博物館教育』創刊號）

一、

一國産業の開發には夫々官憲の保護も當業者の努力も素より極めて必要なることは言ふまでもないが獨りこれのみによりて其目的を達し得ると思ふならばそは大なる誤りである。産業の進歩を促がす原動力は當業者よりは寧ろ其國民の産業知識に存する場合多く國民の産業知識の盛んなる國に於ては自らに産業界を刺戟し奬勵して當業者を奮勵せしめ政府をして之を保護奬勵せしめずには置かぬ結果を招來することは歐米の事例乏しからず。而して國民一般をして普く此方面の根底の知識を培養せしむる捷徑は實に博物館を惜いて他に求むべからず。産業敎育の勃興は實に産業の根底を養ふに力あること論なき處なれども之れは産業の實際家たらんとするものを養成する機關にして國民一般の利用を許すものにあらず。民衆一般に其利用を均霑せしむるものは圖書館と博物館の二者あるのみ。而も産業上の知識の如きは書冊の上のみに得らるべき性質のものにあらず。或は實物標本により又は模形により若しくは實地の實驗を試みて始めて役立つ知識となるものなるが故に圖書館のみに依賴すること不可能に屬す。

此故に歐米の先進國に於て一たび新領土を開拓せんとするや必ずや先ず博物館を建設するを以て先驅と爲す。近く布哇のビショップ博物館の如き其好適例にして而も例を斯る外國に求むるまでもなく我國の如く內地に於て博物館事業の振はざることに於て文明國中唯一の特例たる國に於てすら臺灣と朝鮮とには內地に觀るを得べからざるが如き堂々たる科學又は產業的博物館を有するに觀ても此間の消息を伺ふを得べし。

二、

顧みて之れを一地方事情として考ふるも又同一にして其鄉土の事情、其資源、其產業、其基礎知識を地方民衆に展開する設備なくして其地方產業の勃興を促さんことは其根本に培かはずして其枝葉の繁茂を期待するに異ならず。而るにも不拘我國に於ては臺灣、朝鮮等を除外しては多くの場合思を玆に致さざるの憾あるは抑も何によりて然るか。吾人の觀る所を以てすれば蓋し多年の因襲に支配せらるゝものに外ならずとなすの外他に其の理由を發見するに困しむものである歐米先進國に於ては十七八世紀の頃より既に一國一地方の開發には先ず以て道路建築の完備を期し、次ぎには圖書館、博物館の建設を以て先驅となし然る後に於て學校を起し產業者の養成に着手す。獨逸が戰爭直前より擴張充實に着手したる世界的科學博物館たる「ミュンヘン」の獨逸博物館は彼の大戰に惱まされて一時其工事を中止したるに拘らず大戰一度終るや國力の疲弊其の極に達しつゝあるに拘らず第一着手として此擴張事業を繼續して今や世界に一二を爭ふ完備せるものとなしたるが如き即ち此好適例たらずとせず。斯るが故に彼國民は其職業の如何を問はず其貴賤貧富の何人にも一度此博物館に脚を入るれば産業の基礎たる有ゆる科學知識は數日にして得らるゝこと實に羨望に耐へざるものあるなり。

三、

顧ふに樺太の如きは其天然資源に於て本邦の寶庫たるの觀あるの地なるを以て內地人の來り遊ぶ者に對しては一目瞭然實地實物によりて此廣庫を展示し樺太の民衆に對しては之等資源の利用發展に必要なる知識を直覺的に與ふる博物館の完備の如きは實に第一に着手せねばならぬ緊要施設にはあらざるか。

由來我國民は獨り樺太に限るにあらず、國を通じて產業知識の幼稚なるの點に於て文明國として最も缺陷ある國民たり。蓋し本邦文化の發達の順序は遠く維新以前より政治法律文學等を先驅として普及し自然科學及其應用たる產業知識の如きは維新後歐米文化の輸入と共に來れる關係上、國民一般の風潮も兎角政治、法律、文藝等に傾きて自然科學の方面を輕視するの傾向今尙嚴として存するものあると一面人文科學の方面は書籍の上のみによりて得易きに反して自然科學方面は書籍と實物との對照を必要とするが爲めに自然今日の偏向を馴致したるものに外ならず。而して今や一國一地方の盛衰興亡は實に產業の進展如何によりて分るゝ時勢に際會せるを以て今にして玆に覺醒し此博物館の如き設備に先んずるの奮發なきに於ては永久の其繁榮を望むこと能はざるべきこと想像に難からず。此根底を培かずして若しも產業の旺なるが如き觀を呈するありとせば、そは恐らくは根のなき花にして旬日にして凋落する種類を出でざるべし。

四、

顧ふに從來本邦に於て博物館と稱せられしもの其殆んど總てが書畫骨董を集めて之を陳列したるもの丶みなりし關係上博物館が斯く歐米の夫れの如くに産業又は科學的知識の民衆化に貢献するものなるを知るもの少なかりしことは博物館事業の普及を妨げたる一大要因たり。茲に於てか吾人が樺太地方の如き方面に必要を痛感する博物館は少なくも科學的産業的の資料の陳列と之を民衆知識として徹底せしむる施設とを併行するものたり。而も斯る博物館は從來の所謂博物館に比すれば其の設立も其經營も頗る手輕にして相當の面積を有する建物を得れば其之れに陳列し運用する標本機械等の如きは其大半を篤志家の出品又は貸與に待ち得る点に於て今日まで本邦人に因襲的腦裡に印せられし博物館より遙かに便利を有するものあり。彼の世界一を誇る英國の大英博物館に於てさへ其陳列せらる丶標本機械等の六割六分位は他より借入れ等に屬するものなるを觀るも此事實を了得するを得べし。

五、

之を要するに今日までの本邦の文化の進展は實に法律、政治、文藝等人文科學に於て先んじ來れるに反し産業又は自然科學的方面に於ては實に文明國の資格に於てさへ缺くる程幼稚なるものあり。從つて産業進步と稱するもの丶大半は悉く歐米の模倣を脫する能はずして所謂産業不振に苦しめらる丶もの恰も根のなき花に水を注ぎつ丶其凋落を憂ふるの態と異ならず。發明創造の乏しきも敢て怪しむに足らず。而しながら今や時勢は此儘に放任すべきの時にあらず。遲れたりと雖も先進國の例に學び一國一地方の産業開發の先驅としては先以て自然科學的産業的の博物館の整備に向つて官も民も共に大いに力を致し以て産業の將來をして根强き永久の力あるものたらしむべきなり。（完）

昭和五年（一九三〇）

三一　上田光曦「樺太博物館の經營」

（樺太廳博物館『博物館教育』創刊號）

樺太の南半が我が領土となるや、樺太民政署は開拓の劈頭明治三十九年五月に植物調査を宮部博士及び三宅農學士に依囑せしを始めとして、地質・鑛物・動物等の調査研究を續々と行ふたのである。蓋し領土の開發には殖産興業を第一となし、殖産興業は其の地の天産物の研究調査が其の基礎をなすからである。爾來二十餘年本島の拓地殖民乃至殖産興業は思ふやうに進捗せず尙ほ遺憾の点も尠くないといふのは、領有當初よりの斯かる有益なる基本的の調査研究が其後繼續して振興せなかつたこと、及び本島住民に研究心が乏しいこと等も有力なる因をなすものではなからうか。後ればせながら今回中央試驗所なる研究機關が設けられ、科學的研究と學理の應用とが遺憾なく本島の資源を處理する運びとなつたことは、本島開拓の一大指針が建てられたのであつて今後の開拓が合理的に進展すべきは申すまでもなく、私は殖民地の住民として最も大切なことでありながら本島民の缺陷であるところの科學思想を啓培し普及せしめる上に於て大に貢献することゝ思ふ。斯かる産業、科學に關する智能を民衆に普く且つ平易に傳達することは、正に博物館の職能である。斯る意味に於て、眞の博物館は米人グードの警告した樣に骨董的な生命のないものであつてはいかぬ。殊に新興殖民地の博物館は潑溂たる活氣に滿ちたものでなくてはならぬ。

現在樺太博物館は天然物の部と產業の部とを併置し、一方では動・植・鑛物等本島產の自然物を蒐集して之を學的に取扱ひ、自然科學博物館の形態を保たしめ、他方では農產・林產・水產・鑛產・工業等本島の產業に關する一班を系統的に排列して、この兩者をして相關不離の關係にあらしめ、且つ之に加ふるに、樺太の歷史考古學的資料や、少數民族に關する資料を蒐集して、本島の特色を保有せしめることになつてゐるが、開館日淺く規模甚だ小なるため、見るべきものは少ない。將來は旣設部門の擴充を期すると共に更に氣象海洋部を設けて、本島の氣象及び海洋に關する智識を傳達し水產の根柢に培ふべく。保健衞生部を設けて本島人としての營養、疾病、衞生等獨立せる研究資料を以て、島民に保健衞生の常識を與ふべく。科學部を設けて現代科學の智識を實驗觀察によりて修得せしめたい。この外附屬植物園の經營や、史跡天然記念物の調査等も本館とは密接な關係があるのである。斯く博物館としては頗る多岐に亘るやうであるが、殖民地としてはかゝる科學產業を主体とした綜合的な拓殖博物館として發展せしめることが適當であると思ふ。

本島の動植物中には、本島乃至世界特產も尠くないので、之が蒐集を行ひ、完全なる目錄と共に其の標本を永久に保存したい。現に菅原氏採集の植物標本は學界に大いに貢献しつゝある。鑛物地質方面では各種標本の蒐集と共に、本島特產のアンモナイトを現地に保存の道を講ずる外完全なるアンモナイトの標本室をもちたいものである。

歷史考古學方面の硏究は本島として最も重要なるものゝ一である。この方面は兎角世間の興味を惹き易いため濫獲壞滅に歸することの惧も最も多いのであるから、島民の自重と相俟つて調査の歩を進むべきである。

尚ほ本島博物館事業としては、廳博物館の完成を期するは勿論、各地に小博物館を設け少額の經費を以て、其地に必要な施設をすることが大切である。又本島特有の原生林を相して之を自然の儘に保存することは、學術上、拓殖上有益な企であつて本島にして始めて企劃し得べきことである。就中急を要するは史跡天然記念物の調査と完全なる保獲である。本島に來て先づ感じたことは博物館の經營と記念物の保獲とであつた。前者は卑見を具して當局に進言し、後者は理科研究會より請願した筈である。爾來僅か三年間に於てさへ植物の濫獲、埋藏物の發掘等相當に甚しい様である。今にして適當の法を講じないと、恰も本邦の國寳が維新前後海外に流出し貴重な史跡が煙滅した様な苦い經驗を吾人は郷土樺太に於て嘗めなければならぬと思ふ。

扨て博物館の使命であるところの島民の敎育—樺太の正しき宣傳—學界への貢献等を遺憾なく果すためには、其の運用の機關や設備が必要であることは申すまでもない。ところで現在の博物館には之を全く缺いてゐるのは實に遺憾に堪へない。せめて映畫講演室、圖書室、研究室を持ちたい。又雜誌やパンフレットの發行もやりたい。今回發行の「博物館敎育」も僅かにこの切實な要求の一端が現はれたにすぎないのである。

斯く考へ來れば、樺太博物館の使命は重且つ大であり、而も企劃實施すべきことは眼前に山積してゐる。本館は本廳各產業部及び中央試驗所を始め、島內各硏究機關と連絡を密ならしむるは勿論普く本島民の奉仕的援助と內地の學府並に專門諸家の指導後援とにより健全な發展を遂げ、名實共に備はれる大拓殖博物館への生長を期待するのである。

昭和五年（一九三〇）

三三　伏木弘照「兒童教育博物館について」

（『學習研究』第九巻二號）

記念會館

私は次に新潟師範記念館の大體を紹介したいのである。同館は創立五十年の記念事業で工費設備費維持費等總計約五萬圓餘りで計畫されたもので、維持金の一萬五千圓を除いた殘りは皆本縣の有力者並に本縣出身の東京成功者からの寄附によつたものである。この樣なことは餘り例のない特殊な事柄で教育の爲め心ひそかに喜んでゐる。

本館は鐵筋コンクリート二階建、總坪數八十、階上は教育の諸會合研究に、階下は兒童教育博物館に、附屬建築は木造二階建で約四十坪、主として同窓會員の宿泊所に使用してゐる。その中で特に御參考に供したいのは兒童教育博物館の內容の一端である。

この博物館は附屬小學校の父兄會同窓會の經營にかゝるもので、附小校創立五十年の記念事業の一として始められたものである。三年前の當時の父兄會長は現新潟醫大の學長で、同氏は屢々歐米各國に於けるこの種の施設をも視察せられ、廣義に於ける社會事業が異常の發達をなしてゐるにも拘らず、我國ではこの種の社會事業の殆んど見るべきものがない事を遺憾とされてゐた。貧民を救濟する細民に同情する所謂社會事業も結構であるが、それは皮相的一時的なやり方で時に其の方法をあやまると却つて人間を墮落さす怖がある。積極的に根本的に人間を陶冶育成して行く處に其の文化的の社會事業の眞意が存する樣に思ふ。從つて兒童教育博物館は珍貴なものを輯めたり、骨薫的なものを集めたりする計畫はない。

大體材料輯集

(一)鄕土の偉人傑士の俤を偲び得る精神的材料

(二)小學校の各教科の教材を具象化する材料

(三)常識養成を主とする具體的材料

の三ヶ條を標準としてゐる。限られた（博物館經費は年四百圓位）財源で相當多くの材料を輯集するのであるから、一々購入するとしたら何程のことも出來ない。併し幸ひ日本內地は勿論海外に遊ぶ父兄だけでも年々數名以上ある。それ等の諸氏に豫め適當な材料を寄贈して貰ふべく內容の充實を計つてゐる。之を陳列するケースの如きも縣の商品陳列所の廢止に伴つて保管轉換された三十數間がある。今は空ケースではあるが九尺廊下を利用し配置して博物館の延長を計つてゐる。本館の方では大正天皇の御大葬御調度品八咫鏡、鉾、鉾棹、旗をはじめ當時愛用された入澤侍醫頭の聽診器、鈴木參謀總長の朝鮮軍司令官時代に乘用された鞍、同大將が大將親任最初の肩章、或は大倉喜八郎翁の寺石山頂に於ける肖像並に直筆の狂歌賛、其他製油製紙の順序過程を示した實物、鮭の人工孵化の實物標本、さては國史地理理科の教科關係に屬する實物標本等千數百點陳列されてゐる。そしてそれら實物に添へて兒童にも解り易い說明を加へて學習の便に供してゐる。例へば燈火では、尋六の讀方「人の火」（卷十二）と連絡を取つた。

アンドン→ロフソク→ランプ→ガス→電燈

と發達過程を示し、

が到る處にかゞやき渡る時代とはなつた。

と簡單な說明を加へてゐる如きそれである。春秋に於ける縣下各小學校兒童の修學旅行の場合などには勿論公開してゐるが、當校兒童の日常學習して行く場合にも自由研究時を利用して各學級備付の兒童文庫と相俟つて之が活用を心がけてゐる。只材料を蒐集する場合に費用を投じて購入するのでないから之を組織的系統的に分類することが非常に困難である。將來一層內容の充實擴張を期して各教科との連絡、各教科に卽しての系統的な指導案等は目下考究中である。大方の御來館御指導を切望して擱筆する次第である。（十二月八日）

昭和五年（一九三〇）

三四　森　金次郎「米國の兒童博物館」

（『學習研究』第九巻八號）

米國の兒童博物館はチルドレンスミユゼアム又はジユニヤーミゼアムと云ひ大體二種類がある。第一種は特に獨立した建物を有し獨立した經營をなして居るもので第二種は普通の公開博物館中の一部に設けたる兒童室を指して兒童博物館と呼んで居るものである。私が訪問した前者の例はニユーヨーク市ブルックリン區にあるブルックリン兒童博物館及びボストンの兒童博物館である。又後者の例はニユーワーク市（ニユーヨーク附近にあり）にあるニユーワーク博物館の兒童室及バッハアロー市の科學博物館の兒童室等である。前者は全く多くはないが後者は大概の公開博物館に於て見ることが出來る。

　先づ前者の一例としてブルックリン兒童博物館の實際を述べて見よう。本館は目下新舊兩館より成り一八九九年即約三十年前の創立で世界最初の兒童博物館である。陳列物は動物、植物、鑛物、地理、歷史等に關係ある標

ブルックリン兒童博物館新館の外觀

本や繪畫寫眞や又玩具等で凡て兒童に理解し易く又兒童の興味を引くやうに陳列してある。每日十時から五時まで又日曜休日は午後二時から五時まで開館される。入場は勿論無料で最近一ケ年の入場兒童數四十萬人、其一ケ年の經費は

約五萬餘圓で大部分寄附金や維持會員の會費等で維持されて居る。毎日四時には幻燈やフィルムを利用した御話が初まり土日曜には特別の講話もある。又陳列室にての説明案内は豫め小學校から申込めば何時でも博物館の職員によつて行はれる。圖書室には九萬五千册の兒童讀物、八千枚の幻燈板、五千枚の寫眞、四千册のパンフレット等があつて一年に八萬五千人の兒童が利用して居る更に本館には貸出部があつて自然觀察用の小形標本箱二百個の外工業掛圖や各國の着物をきせた人形や自然物、地理等の參考品が多數あつて學校へは勿論個々の子供にさへ無料で貸して居る。最近一ヶ年間に此貸出品を利用した兒童數は五十萬人に上つて居る。尙子供等によつて組織されて居る種々の會例へば樹木の會、自然クラブ、愛鳥クラブ等の中心が博物館に置いてあつて館と密接の連絡をとつて居る。又時々は博物館の主催で子供遠足や標本採集會等も催される。

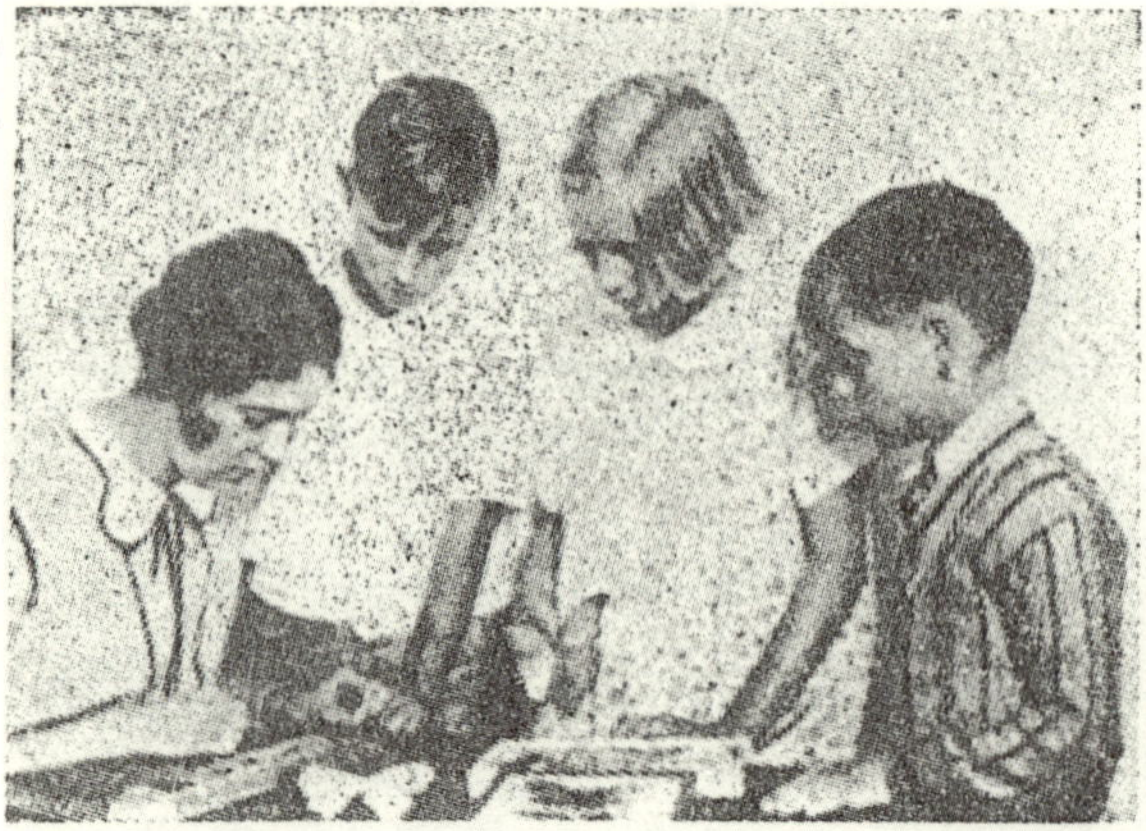

ブルックリン兒童博物館にて採集遠足の後標本整理の状況

　私はある日曜同館の館長ガヤラップ孃を訪問して色々の話を聞き又實際子供等が嬉々として觀察もし讀書もして居る樣を目擊して羨望の念に堪へませんでした

　次にボストン兒童博物館は市の稍場末のジャマイカ池畔の小高い丘の上にあつて其附近には森や草原があり實に心地よい靜かな位置にある。建物は餘り大きくないが一階建で一見富豪の邸宅の感じがする。一ヶ年の經費約四萬圓の大部分は維持會員の會費と基本金の利子から收入される。支出の大部分は勿論俸給與で全支出の六割餘を占めて居る。陳列の內容や種々の事業は大體前記ブルックリンのものと大した相違はない。私が同館を參觀して特に氣のついたのは日本の地理や產業、日常生活を知るに足る多數の物が陳列されて居つたことである。其日は丁度日曜であつたので午後活動映寫があり一人の若い婦人職員が自ら携帯映寫機を廻はして映寫もし又説明もして居つた。

　次には第二種に屬するニユーワーク博物館の兒童室について述べる。私が同館を訪問した時は丁度三月の頃で日本の雛祭に因んで日本の陳列會を催して居つた。其室の廣さは約七十坪で一隅には大きな雛壇を飾つてある。又先年日本から贈られたミス大阪も陳列してある。其他日本の地圖や、寫眞や、玩具や、衣服や日常生活品のモデル等が列べてある。一組十數人の兒童が先生に連れられて入場して來た。此室の係職員が子供等に十枚宛の質問カードを渡した。子供等は早速このカードを見ながら愉快さうに室内の陳列を見廻つて居る。何事かと思つて係員に聞いたら之れは博物館競爭(ミユゼアムゲーム)と云ひ子供等に與へた質問の解答を彼等は陳列品について研究するもので多數の正解を得たものが勝利者となるのだとの話。私も試に其のカードの二三を見るに「日本の經度緯度は?」「日本の名山は?」「日本の茶は砂糖を入れてのむか?」「琴とは何か?」等の質問がある。成程この子供等は實物觀察により又自己の研究發見によつて日本の地理や産業風俗を十分確實に併も半ば遊びながら習得し得るので日本の學校のやうに先生のお話と教科書の文字から諳記的に學習するのとは雲泥の差があることに氣づいた。

　勿論この博物館には兒童室の外數多の常備陳列室があつて全體が兒童の觀察材料となつて居るが特にこの兒童室は斯樣に時々陳列替をして子供等の興味を引いて居るのである。同博物館副館長の話によれば先日雛祭デーを

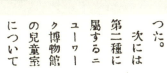

催し其日には此地に住む日本の御孃さんにも來て貰ひ又土地の娘には日本着物を着せ一同が日本茶を飲んで樂しく暮したとの話、どうも彼國教育の仕方の徹底さには感嘆の外はない。

バッハアロー科學博物館の兒童室も參觀したが此處では臨時の陳列會は行つて居らなかつたが室内の凡ての陳列品が如何にも子供の知識程度にしつくり合ひ又子供等の手工品圖案等の成績品も陳列してあつた。斯樣に公開博物館中に兒童の爲めの特別陳列室や圖書室を備へることは米國一般の傾向で美術館でも同樣である。

最後に米國博物館と學校教育との連絡について述べることは最も肝要のことと思ふ。如何となれば彼國では博物館が學校教育を助け又學校が博物館を利用し其の兩者間に密接重大な關係があるからである。何れの博物館にも大抵は教育部があり數人の職員は專ら此方面の事業に當つて居り又市が特に數名の女教員を博物館に配屬せしめて居る處もある。就中ニューヨーク市にある自然博物館の此方面の活動は實に驚嘆すべきものがある。同館は多數の陳列館をもつて居るが特に學校教育館と名付くる五階建約二千坪の別館があり講堂、特別陳列場、學級教室、兒童扣室、食事室、自然研究室、兒童圖書室等があり又教師の爲めには扣室、圖書室等がある。其外幻燈板（約八十萬枚）や、活動フィルム（約千卷）や寫眞等の製作、整理、貸出試寫室等もある。

ヒラデルフィヤ市商業博物館陳列室の一部に机を並べて授業の狀況

小學校兒童及中等學校生徒等は教師と共に此の教育館に來り豫て學校教材と聯關せる計畫表により講話を聞き標本を手に取つて觀察し又幻燈やフィルムも觀たる後一般陳列館に行つて大物の標本陳列を觀るのである。觀察後の整理をなすこと勿論である。斯樣に此建物は全く學校の延長と觀るより外はない。同館が如何に多數の兒童を教育しつゝあるかは次の館長報告書の一節によつても判る。「ニューヨーク」市は三千人の教師が百萬人の兒童を教育して居る。又コロンビヤ大學は百八十人の教員が三萬三千の生徒を教へて居る。然るに吾博物館は五人の教師が四百萬の標本によつて年六百萬人の兒童生徒を教育して居る云々」

クリーブランド美術館武器室で歴史を學習してゐる小學兒童のクラス

ヒラデルフィヤ市にある商業博物館も亦盛に學校兒童に實物教育をして居る點に於て有名である。同館では陳列室に臨時机腰掛を持ち出して授業さへ行つて居る。例へばゴムを教へるにはゴムに關する陳列の附近に机を並べて觀察も實驗もさせる。市の教育局には兒童を博物館へ送迎する爲の自動車數臺が備付けられ電話一つで何時でも各學校の要求に應ずると云ふ有樣である。其他此方面の活動の有益にして重大なることは到底彼國の實際を目撃したものにあらざれば理解出來ぬ程である。

さて我國に於ける此問題を今後如何にすべきか。之れは中々の大問題である。第一種に屬する獨立せる兒童博物館の設立は容易に望まれないと思ふ。さりとて今日處處の學校に見る如き從來の標本室を單に子供等に開放したに過ぎない。貧弱不徹底のものでは到底滿足されない。されば吾々の差當り希望することは全國相當の都市に必ず少くとも一個の公開小博物館を設立し之れを社會教育の中心機關とし又實物教育の補助機關となすことである。之には必ずしも多額の經費や立派なる建物を要せずしても實現可能性があると信ずる。併しこの點に就ては稿を改めることゝし本稿は一先之にて擱筆する。(終)

三五　森　金次郎「學校外に於ける科學教育上の施設に就いて」

（『日本學術協會報告』第六巻）

横書き
296頁へ

きは主として國民教育會が實施して居る。又各學校には相當の標本があつて，米國の如く博物館からの貸出品に依頼して居らぬ。併し獨逸博物館の教育活動は，今後尚十分の餘地があることは識者の唱ふる處であつて，現に先年ベルリン動物博物館長チンメル博士も米國を視察歸國して大に此方面の改良と奮起を高唱して居らるるから漸次米國風になると思はれる。

併し，獨逸國内には盛に教育的活動を行つて居る大博物館も尠くはない。例へばミュンヘン市にある例の獨逸工業博物館の如きは，科學及工業の知識を國民に普及する上に，大なる作用を呈して居る。又ドレスデン市にある獨逸衛生博物館も衛生教育の一大中心機關である。最近デュッセルドルフ市に出來た社會及經濟博物館は全く教育上の見地に基きて設立せられ大に，彼國民を覺醒しつつある。獨逸工業博物館長ミラー博士が，この新博物館創立の言に曰く「凡そ博物館ほど一般國民階級の教化に，良い手段は他にあるまい」云々と述べて居らるるが誠に至言と云はねばならぬ。

我國博物館の現狀

顧つて我國の現狀を見るに，昭和四年文部省の調査によれば，本邦に於ける博物館其他常設觀覽施設の數は79にして，この年經費は約170萬圓となつて居る。卽ち一ケ處平均年額約2萬圓となる。此中年額1萬圓以上のものは僅に18ケ處にして大多數は數千圓，甚しきは千圓以下のものさへ17ケ處もある。其設備及活動に於ても其貧弱なること歐米の三流四流のものにも及ばぬ狀態で，博物館らしき博物館は我國には全く無いと云ふも過言ではない。彼國の大博物館に於ては，年經費數十萬圓を投ずるものは珍らしくはなく，中には百萬圓以上のものさへある。彼のニューヨークの博物學博物館の如きは實に年額300萬圓を投じて居る。

我邦の博物館事業が，斯くも幼稚で發達を見なかつたのには種々の原因あらんも，之れ迄我國に眞に價値ある博物館が無くて，國民一般が博物館其物を理解しなかつたことが，有力な一理由と思ふ。博物館と云へば官設骨董屋か，又は死んだ動物園位ひに考へ，二三の老事務員が唯品物の守番をする處位ひに考へ居た。然るに今日歐米のものを見るに，斯かる「死んだ博物館」ではなく　實に學術研究上にも國民の教育上にも，ひいては產業の發展，國富增進上にも重大な職能をもち，其必要程度に於て決して學校や圖書館に一歩も讓るものでないことが明になつた。近來我邦に於ても漸く博物館事業促進の機運が勃興し來つたのは，洵に當然と云はねばならぬ。(終)

（備考）講演終了後，歐米各地の博物館に關する幻燈畫數十枚を映寫說明す。

同國の國立博物館其他の大博物館は，建物も大きく陳列品も豐富にして學術的で，專門の職員によつて管理せられて居るが，地方にある小博物館に於ては規模貧弱で，其教育的活動も行はれて居らぬ。元來英米國の博物館を比較するに，其建設維持の方法大に異なつて居る。英國では最初旅行者や有志者の手によつて物數奇に集められた雜種の物品が，次第に世人に公開せられるに至り，玆に私立の博物館が出來る。而して一旦出來た博物館は早速之を市町村の經營に移し，公費で之を維持せんとするに至つた。市町村は之が爲めに法令上許されたる制限內の課税を行ひ，以て博物館を維持するのであるから，大體に於て經費も少く，十分の活動が出來ぬ。然るに米國に於ては建物の建設や維持は主として市町村がなすが，經營の主體は獨立的の財團の手にある。この財團の理事達は有力者で，奉仕的精神に富んだ人々が當つて居るから，博物館事業に對し十分の理解と努力を拂ひ，爲めに此事業が著しく發展を見た所以である。

英國博物館の教育的活動，特に學校との連絡は上述の理由によつて，近年まで餘り盛んでなかつたが，近頃大に改良せらるるに至つた。マンチエスター市地方は此方面に特別の注意が拂はれ，市教育局は博物館に教員二三名宛を配屬せしめて居る。而して各學校は必ず兒童を博物館に引率して見學せねばならぬ規定になつて居る。又大博物館では每週時日を定めて公開講話や館內の巡回說明を行ひ，又兒童の爲めの特別案內も行つて居る。私の見た科學博物館の最大のものは，ロンドン市內の科學博物館 Science Museum，と大英博物館 British Museum (Natural History)，とである。この外ロンドン市，ケンブリツヂ市，オツクスフオード市，エヂンバラ市，リヴアプール市，グラスゴー市，マンチエスター市，カーヂフ市等には優秀の博物館がある。

獨逸國博物館と其の科學教育

1929年發行の獨逸博物館年報（ライプチッヒ大學シユラム教授著）によれば全博物館の數は大小合せて1506館に上つて居る。其約45%はプロシヤ州に，17%はバイエル州に，8%はザクセン自由國及ライン地方にある。博物館の種類別は，國民教育博物館が45%で最多數を占めて居るが，この大部分は鄉土博物館 Heimat Museum と稱するものである。次は古代博物館の26%で此中には多數の史傳博物館を包含して居る。次は博物學博物館が13%，美術及工藝博物館が10%，其他は商工博物館，人種學博物館，醫學衞生博物館等何れも少數である。鄉土博物館の多きことは此國の特色で，其の規模にも大小あるが中には學校に附設せられて居るものあり，又教員協會の經營に屬するものもある。蒐集品は其の鄉土地方に限られ，專ら鄉土の自然及文化の資料を陳列して，幾て愛鄉の精神を涵養せんとするものである。此國の博物館は大體に於て米國の夫れの樣に，各方面の教育活動を行つて居らぬが，之は米國では博物館が中心となつて行つて居る事業を，獨逸では他の機關が行つて居るからであらう。例へば講演の如又學校の教師と博物館との連絡もよく行はれて居る。ニューヨークの博物館では師範學校の生徒を數週間預つて博物館事業を見習はせる。又アルバニーとバッファロー兩博物館共同の下に，教師の爲めにアレガニー博物學校が設けられて居る如き其の實例である。

斯くの如く米國博物館の公衆及學生への教育作用は，實に活動的で有効なものであるから，米國民が博物館を信頼し利用し，又之を援助することは想像以上である。1927年度のニューヨーク博物學博物館の報告に曰く「本館は此一ケ年間に大ニューヨーク市内643校約1000萬の兒童に對し，何等かの方法で科學教育を施したが之は全市の兒童が一年間に9回博物館教育に觸れたことになつて居る」云々と。

次に一ケ年間に於ける一博物館入場者數と其所在都市の人口數との比例を二三擧げて見るに

	人口	入場者	百分比
ミッソリー州立博物館（ジエフアソン市）	16,602	142,148	856%
米國々立博物館（ワシントン市）	552,000	1,816,161	330
ミルオーキー市公立博物館（ミルオーキー市）	544,200	1,000,000	184
加州學術協會の博物館（サンフランシスコ市）	585,300	540,702	93
ピーボデー博物館（ニューヘブン市）	187,900	84,181	45
ロスアンセルス博物館（ロスアンセルス市）	1,420,000	617,677	44
フイールド博物學博物館（シカゴ市）	3,157,400	1,023,627	33
アメリカ博物學博物館（ニューヨーク市）	6,017,000	901,231	15
ブルックリン兒童博物館（ニューヨーク市ブルックリン區）	2,308,631	261,637	11

（人口は1928年の統計，入場者數は1928年度の統計で，米國博物館協會の調査表による）

英國博物館と其の科學教育

1928年英國カーネギー財團出版の報告書によれば，グレートブリテン及アイルランド聯合王國に於ける公開博物館の數は，530にして其の八割はイングランドにある。大都市，大學都市及產業地方には特によく發達して居る。ロンドン市のみでも43館ある。ウオーキック州の如きは，全州民人口の八割餘が博物館を有する市町村に住んで居る。博物館の種類別より見るときは507館中

	館數	百分比		館數	百分比
一般博物館	約300	60	美術及工藝博物館	35	7
歷史博物館	71	14	博物學博物館	22	4
大學專門學校病院附屬	60	12	工業博物館	16	3

次に米國博物館の最も努力しつつあるは，學校の兒童や生徒に對する教育作用である．この點は歐洲の博物館に比して遙に活動的である．この作用は以前は專ら小學校にのみ限られて居たが，漸次中等諸學校，專門學校，師範學校に及び大學教育にまで擴張せられつつある．又以前は多人數主義であつたが，近頃は少人數主義に變り，一學級の兒童生徒を本體として，教育指導を行ふに至つた．今其の作用の重なるものを擧ぐれば

（1） 博物館教室に於ける學級教授

博物館教授は，全く學校の教室と同じ意味のもので，博物館員又は市から博物館に配屬された教師によつてなされる．完全な標本や幻燈映畫等によつて直感的に教授せられ，後陳列室に案內せられる．而して其の教材は學校の教授と，密接なる關係を有して居る．費府の商業博物館では陳列室內に臨時机や腰掛まで持ち出して授業をやつて居る．全く博物館は學校の延長と見るべきもので，博物館の補助なくしては學校教育は不可能とさへ考へられて居る．

（2） 兒童生徒への講話と映寫

其の實施方に就いては一樣ではないがニユーヨーク，シカゴ等の博物館では豫め，一年の初めに其の年內に行ふ講話及映寫の時日や，題目や聽講に適する學年等を定めて，印刷に附して各學校に配附せられる．各學校ではこの豫定表を見て，希望の日に聽講を博物館に申込むのである．これは主として，大講堂で數百の兒童を集めて行はれて居る．每週二三回位行はれて居る．又幻燈及フイルムの映寫會を行ふこともある．

（3） 兒童博物館又は少年博物館

之れには二種ある，第一種のものは公開博物館內の一室又は二室を特に兒童の爲の陳列室とし，之を Children's Museum 又は Junier Museum と呼んで居る．第二種のものは獨立の建物を有する兒童博物館で，ニユーヨーク市，(ブルツクリン)にある Children's Museum，ボストン市にある Children's Museum of Boston 等は代表的のものである．之等は幼ない子供達に自然研究の趣味を與へ，科學的常識を高める上に大なる効果を擧げて居る．

（4） 館外貸出事業

これは博物館から市內の各學校其他へ小形標本箱や，幻燈畫や活動フイルムを無料で貸付ける事業で，米國博物館の大きな事業の一つである．其配給は博物館備付の運搬自動車でなされる．ニユーヨーク博物學博物館には，この貸出標本箱が約 1200 個，幻燈畫 80 萬枚，フイルム約 1000 卷もある．同館は最近の一年間 500 校に貸出し，170 萬の兒童が之を觀覽したと報告して居る．バツフアロー博物館では，幻燈の映寫機までも貸付けて居る．

以上の外尙學校の兒童と博物館との連絡上，各種の事業が行はれて居るが，就中博物館競爭兒童の遠足會，剝製指導，子供中心の科學の會合，盲目兒や聾の子供に對する實物教授，實驗材料や觀察材料の供給，等は最も有効のものである．

館の中には博物學博物館が多數を占め，工業博物館は現在は極めて少數である。又歴史，科學，美術の全般に渉り，各種類の物品を陳列する地方博物館（Local Museum）は近來著しく增加の傾向を示して居る。私の見た最も大きい博物學博物館は，ニューヨークの American Museum of Natural History，シカゴ市の Field Museum of Natural History で，何れも博物學の陳列品と人類學の陳列品とを有つて居る。前者の陳列面積は 20000 坪，後者は 13000 坪，其の經費は前者は年額 300 萬圓，後者は 250 萬圓を算して居る。

其他私の見た科學博物館を擧ぐれば United States National Museum（ワシントン市），Commercial Museum（フイラデルフイヤ市），Peabody Museum of Natural History（ニューヘブン市），ハーバード大學内の各博物館，Baffalo Museum of Science（バツフアロー市），Milwakee Public Museum（ミルオーキー市），Carnegie Museum（ピツツバーグ市），Educational Museum（セントルイ市），Los Angeles Museum（ロスアンゼルス市），California Academy of Science の博物館（桑港）等である。シカゴ市に目下建設中の大工業博物館 The Museum of Science and Industry は陳列面積約 1 萬坪，建物 1000 萬圓，蒐集費 6000 萬圓と云ふ極めて大規模のものである。

次に米國科學博物館の陳列方針を述ぶれば，多くの大博物館に於ては，一般公衆に觀せる陳列室と學術研究用の標本室とを區別し，この兩者は全く其の陳列方針を異にする。即ち前者に於ては極力民衆に分り易く，又興味を惹く樣に陳列し，例へば動物は凡て生態的に自然の生活を現はし，植物は多數の造花モデルを用ひ，鑛物地質の如きも成るべくモデル及ジオラマを用ひて陳列する。然るに後者即ち研究標本室の方は，特別研究者にのみ見せるもので，純學術的及系統的に配列されてあつて，決して一般陳列室の樣に派手でない。一般陳列室の陳列品には極めて要領を得たる說明ラベルが附けられてあり，又陳列品解說の案內書や小冊子の如き印刷物が種々出版されて居る。一枚刷の說明書が備付けられ，自由に持ち歸り得る處もある。又大低の博物館には附屬圖書室があつて，陳列品に關する參考圖書や雜誌を自由に見せて居る。

次に米國博物館の科學教育作用の大要を述ぶれば，一般公衆に對しては陳列館の案內說明と公開講演とが主要なるもので，其の外ラヂオの放送とか，自然研究の遠足會等も行はれる。又近來各地で Nature Trailes と云ふものが流行する。之れは自然の山野其の儘を博物館の目的に應用したもので，大低は廣大な公園地內に數多の自然研究の小道を設け，之に沿ふて步けば澤山の揭示板があつて，自然觀察上の指導が示されて居る。ニューヨークの博物學博物館附屬の Nature Trailes はハドソン河の上流インターステート公園內 Bear Mountain と云ふ處にあつて 20 エーカーの面積がある。又科學知識普及に關する民間の各種團體と博物館とは，聯絡提携し，互に助け合つて居る。斯樣にして民衆と博物館とは極めて親密であるから，博物館は民衆の科學趣味を廣め，又科學知識を進める上に莫大な作用をなして居る。

學校外に於ける科學教育上の施設に就いて

森　　金次郎

昨年文部省の命により．歐米に於ける科學博物館の施設を實地調査したるにつき，其等博物館が公衆及學生に對する科學教育上の活動の一班を述べやうと思ひます．

米國の博物館と其の科學教育

先づ米國博物館の概況を述ぶれば，1926年の米國博物館協會の報告によると，總數875館ある．而して東部地方特に其の北部が最も發達し，中部地方之に次ぎ，西海岸は概して劣つて居る．ニユーヨーク州，カリフオルニヤ州，イリノイス州，オハヨウ州，マツサチユーセツツ州，ペンシルヴアニア州の六州が，博物館の最もよく發達せる地方である．博物館の種類より見る時は，歷史博物館最も多く，次は美術博物館と科學博物館とが殆んど同程度にある．科學博物

昭和六年（一九三一）

三六　秋保安治「博物館當事者より觀たる博物館建築」

（『国際建築』特輯・博物館　第七巻第一號）

一

博物館と一口に言ふても博物館にも中々種類が多く、其方面次第で建物設備に對する希望も異る譯であるから余が玆に述べんとする處も自然余の目下關係して居る方面の博物館に偏した考を述ぶるに過ぎないこと丶思ふ。

さて苟も建築と名の付く以上は建築家なる專門家があつて有ゆる方面の建物に就て夫々に硏究が積まれ、經驗も出來て居る筈であるから門外漢の容喙を許さぬと言いうるかも知れぬが、實際の事實に想到すると必ずしもそうでもないやうな氣がする。十年ばかり前に或る地方の縣廳舍が東京の堂々たる建築家の手によりて設計されて輪奐の美を誇つたまでは皆かつたが、さて之れが實際の行政廳として使用して見ると幾多の不便があり、誠に困つたといふ話の中に、特に議事堂の參與の席が誠に窮屈で而も說明材料などを突差の間に供給せんとすれば參與の席後のドーアが椅子につかへて明かぬなどの滑稽さえもあつたといふ樣に、其使用目的に多年從事した人から觀ると幾多の不便不都合の起ることが珍しくない處から考ふれば、素人の勝手な言分も必ずしも無駄でもあるまい。特に博物館のやうに我國に採るべき範の無い國では一層素人評なども無用とは申されぬであらう。勿論歐米の先進國には美術博物館にしても科學の博物館にしても其他の博物館にした處で幾多の堂々たるものがあるのであるから建築家などは逸早く調査も硏究も出來て居ることも疑ふものではないが。而しながら日本の國情は歐米と著しく各方面に異なる處が多い爲めと一つには歐米の夫れは餘りに大規模であるに反し、本邦現時の狀勢に於ける博物館の新設が如何にも小規模である等の關係から。歐米先進國の夫れを猿眞似することも困る。極めて卑近な例で言ふても下足預りの問題とか小泥棒が多いとか子供のいたづらが多い。紙屑を無遠慮に棄てる。處嫌はず唊をはく。便所を汚す。西洋風建築に馴れぬ。規則を嚴守せぬ等々數え擧ぐれば、幾らでもあるといふ此特色此特色は歐米には先づ餘り見當らぬ日本人の特色であるから、有象無象を客とする博物館では此特色を寧ろ大なろ事柄として考へねばならず。又氣候風雨の相異などより品物の保存整理等にも特殊の研究を要するなど、博物館當事者の責務であると同時に此等を無難に解決さする様な建築構造の上の注意も必要である。

二

今建築物の部分々々に就て一二の問題を捕へて考へて見ても、建物のプランにしても余の言ふことは建築家に向つては釋迦に說法であるにしても、隨分困難なものだとつく〴〵味いせられる。陳列館と事務館との連絡、一般陳列館と研究標本室との關係、研究標本室と標本倉庫との連絡、特別陳列館の配置、便所の數量と其位置、講堂、講義室、圖書室、研究室との連絡、公衆食堂と觀衆との關係、休憩所、喫煙室等の配置等は實に無づかしい様な感じがしてならぬ。又窓の採光、又は換氣通風にしても隨分建築家には理屈があることであらうが。理屈を盡して建てたと稱せらるゝものを觀ても使ふ方から觀れば隨分取かへしの付かぬものになつて居ることもある。トップライトとサイドライトの區別位は建築家に聽くとしても其配置其戸の開閉裝置など悉く陳列の場合に兎角支障が起り易い。特に暖房などになると室內溫度の理論計算などから割出される爲めに入らぬ處にやたらに多過ぎて陳列ケースの配置に困つたり。陳列品の保存に支障を來したりすることもあるらしい。觀覽者は寒ければ外套に襟卷のまゝで見物するのであるから、陳列館の採溫は僅かに看守人の風引かぬ程度で宜しい筈である。水道の位置でも電氣の配線でも瓦斯管の設備でも中々建築家の考へたまゝで宜しいとは遺憾ながら申し兼ぬる場合がある。

特に室內の仕上裝飾等の事に到ると、之れこそ建築家の技量に信賴すべきが如くにして中々以て左様には參らぬ、博物館の種類によりて。種々の要求があるべき筈のもので、余の關係する博物館などは全然室內裝飾は無くてほしい種類であるが、種類によりては相當の裝飾も入用な場合もあらう。

斯く數へ來れば博物館の設計などいふものは建築學術上或は藝術的に滿足するだけでは相成らぬ。寧ろ建築上多少の不體裁はあつても使用上に無駄なきことを本體とすべきであらうと思はれる。

三

以上はプランニング又は設計上の比較的大きな問題のみの話であるが。其細部に到るとまだ〳〵澤山の問題があるが、此微細な澤山の問題の方が却而當事者に採りては大きな問題なのである。特に先刻述べた日本人の特色に思到るのとき多くの博物館陳列館の一年三百六十五日苦勞させらるゝ問題は此微細な方面に多いのである。

例へば室の比較的汚れぬ樣にするには何うすればよいか。床をハイカラーにするとて建築家は泰山燒の布目のタイルなどを或場所の床に用へたとしても、毎日幾千人の男女老弱が汚して吳れるのであるから之れを掃除するには建築家には笑はれても掃除費の少ない平面タイルの方が宜い場合もあり、體裁上スウキッチは普通定まつた位置にあるべきではあらうが、子供達にいたづらされて三日に一度づゝ修繕せねばならぬ位置などに付けて貰ふことは當事者の耐え切れぬ苦痛である等の事がざらにある。余の關係して居る博物館などでは夜間まで開館時間を延長する日もあることなどを想像すると、此處にも建築上支障なしとせられし建物も當事者には幾多の支障も起つて來るし。松坂屋の便所に行つて觀ると窓の戸締りの眞鍮金物が皆無になつて居るのも日本人の特色の災だと思ふと、自分の博物館にも此心配もあることを豫期してかゝらねばならぬが、建築家は先づ最高級の金物を用ひたことのみを誇らんとして居る等、一々擧ぐるのも却而煩いしいから此邊で止めて置くが、觀覽者の方も從業員の方も双方日本人であるから、獨り觀覽者のみが日本人の特色を觀覽中に發揮するのみではなく、從業員の看守にしても小使にしても掃除夫にしても日本人であることを忘れた設計は如何に工學的に完全で藝術的に立派な建物も、博物館としては困つた建物であると言はねばならぬ。

四

要するに博物館の建築は建物の中でも特殊なもので、多くの場合都市の美觀地區に置かるゝ場合多く、又美觀地區にあらざる場合に於ても其都市の觀覽場の主なるものゝ一つに數えられべきものであるから、建築家に採りては最も力瘤を入れたがる建築物の種類に屬する。從て工學的にも藝術的にも何等吾人素人の彼是を許さぬ立派なものゝ出來る事は請合である。而しながら、使ひよくて經常費が少なくて濟み、日本人が經營して日本人を御客樣に迎へても寔にうまく出來ることは簡單ではないと思ふ。米國あたりでさえ博物館を建築せんとする場合には建築家に任せきりにせず、博物館長と建築技師とが少なくも二ヶ年設計を練上げねば駄目だと或る著書に發表して居る程であるから、まして日本の樣に自然事情にも人事にも特色の多い處で、手頃な範の見當らぬ環境の許に其建築を設計するならば、當事者と建築技師とが三年五年の歳月を設計などに費やすことが敢て長いと申してはいけない。

而しながら日本の斯様な事業は多くの場合國家又は公共團體の設立に係るもの﹅多きが故に、年度割豫算決算等の事情に制肘せられてそんなのんきな事は許されぬから、先づ一ヶ年内には何んとしても設計は出來ねばならぬ點に一層の困難が伴ふ。

之れは建築の話ではないが米國ワシントンに今出來つ﹅あるナショナルミュゼアムにて太古の樹木（シダ）の標本を作るに鱗狀樹皮の一片毎に研究して作る爲めに一本の樹木の標本に五ヶ年を費やすといふことであるが、本邦では余の博物館で此初夏の頃に室内害蟲數種の擴大模型を作して居るが未だ出來ぬ。來三月までに出來ねば年度がかはり支拂が出來ぬことになるといふ始末で、萬事が此筆法の日本で眞の意味の博物館建築を生み出すことは其生みの惱みの歐米人などの到底想像し得られぬ大なるもの﹅有ることを忘れてはならぬと思ふ。

元來余は建築家にもあらざれば博物館長としても極めて未熟者であるが、夫れでも小さいながら博物館を經理する位置に立つて觀ると、以上の樣な多種多樣な問題に苦勞せねばならぬのであるから。經驗の長い大なる博物館の經營に當つて居る人などに言はしたら、未だ〱澤山の傾聽に値する意見が出ることであらう。

從て今後の博物館新築改築等に略設計の懸賞募集は、名案であるにしても其後の本設計、デテール等に渉りては有ゆる方面から觀たる注意を聞き、周到なる考慮を拂ふて眞に日本人を客とし、日本人の特色を遺憾なく具備して居る從業員に毎日の仕事を托しても尙不便不都合なき博物館建築即ち眞の日本の博物館建築を何れかに實現せらる﹅ことの一日も早からんことを切望して已まぬものである。（昭和五年十二月五日）

昭和六年（一九三一）

三七　岸田日出刀「博物館建築の計畫」

（『国際建築』特輯・博物館　第七巻第一號）

1 博物館建築の重要性

各種建築に於て、日本が歐米よりもをくれてをるものは夥しくあるが、特にこの博物館建築に於て此の感を深ふする。

過ぐる大正十二年の大地震により壞滅に歸した東京帝室博物館の建築も、機漸く熟して復興實現の緒に就かんとするに至つたことは、欣快の至りである。博物館建築として最も理想に近いものゝ實現完成の一日も速かならんことを希ふこと切である。

近く競技設計の形式により、優秀なる建築計畫案を廣く天下に公募するといふ。必ずや刮目に値する佳作に接しうることゝ思ふ。

2 陳列品の範圍と陳列法

博物館の種類により、その平面計畫にも種々の差異を生ずることは言ふまでもない。茲では差當り當面の課題として、日本の古美術博物館に就いて考へたい。

まづ陳列品の範圍が問題になる。（以下述べるところは東京帝室博物館建築設計調査委員會の議事要領に基く）

陳列品は東洋古美術とする。

東洋とは日本を中心として支那朝鮮を含むは勿論印度波斯其他なるべく廣い範圍に亘るものと解釋する。更に陳列は主としてかゝる東洋物を以てするが、時に或は東洋以外の物をも陳列する。古美術とは大體明治維新以前に屬するものと定めるが、明治時代の作品でも、舊い傳統を追ふものはこれに加へるも妨げない。

次に考ふべきは陳列の形式方法である。陳列品の種類は大凡そ次の五種に分類できる。

（一）繪畫、書蹟
（二）彫刻
（三）應用美術
（四）考古學的資料
（五）建築資料

そしてこれらの陳列方法は左の如くする。

（一）掛物額面等本來床ノ間又は壁面に懸くべき繪畫書蹟等は、なるべく陳列箱に入れないで入込壁(Recess)を造つて其中に陳列する。
（二）卷物、册子、扇面等に裝せられた繪畫、書蹟の類は、陳列箱に容れ傾斜面に立掛け又は水平に置いて陳列する。
（三）屛風、襖等に裝せられた繪畫書蹟の類は、掛物同樣入込壁内に陳列するか、又できれば前後兩面から見得るやうな陳列箱の内に容れる。
（四）彫刻は壁前又は其他適宜の場所に各々其の大さ形狀に相應する高さをもつ臺を設け、その上に安置し、又特に必要ある場合には各品物を區劃するための設備をなす。
（五）彫刻の種類によつては、適宜棚を設け其上に集合陳列をするもよい。
（六）應用美術品及考古學的資料は陳列箱に容れ、又時としては入込壁内にも陳列する。
（七）建築資料及考古學的資料の特殊なものは、廣間、廊下、中庭等適宜の處に陳列するもよい。

3　博物館建築の平面計畫

博物館建築の平面計畫には種々なる形式取扱が考へられるが、歐米に於ける多くの實例に就いて見るに、その標準型とも言ふべき一つの基準的構成が認められる。

左圖は該標準型の略圖で、前後に渉る中央部（ハッチを施せる部分）に主要玄關・廣間・階段其他一般陳列室以外の所要諸室を配し、その左右に一列又は二列から成る陳列室群を圍らし更に二つの中庭部(イ)及(ロ)の部分に

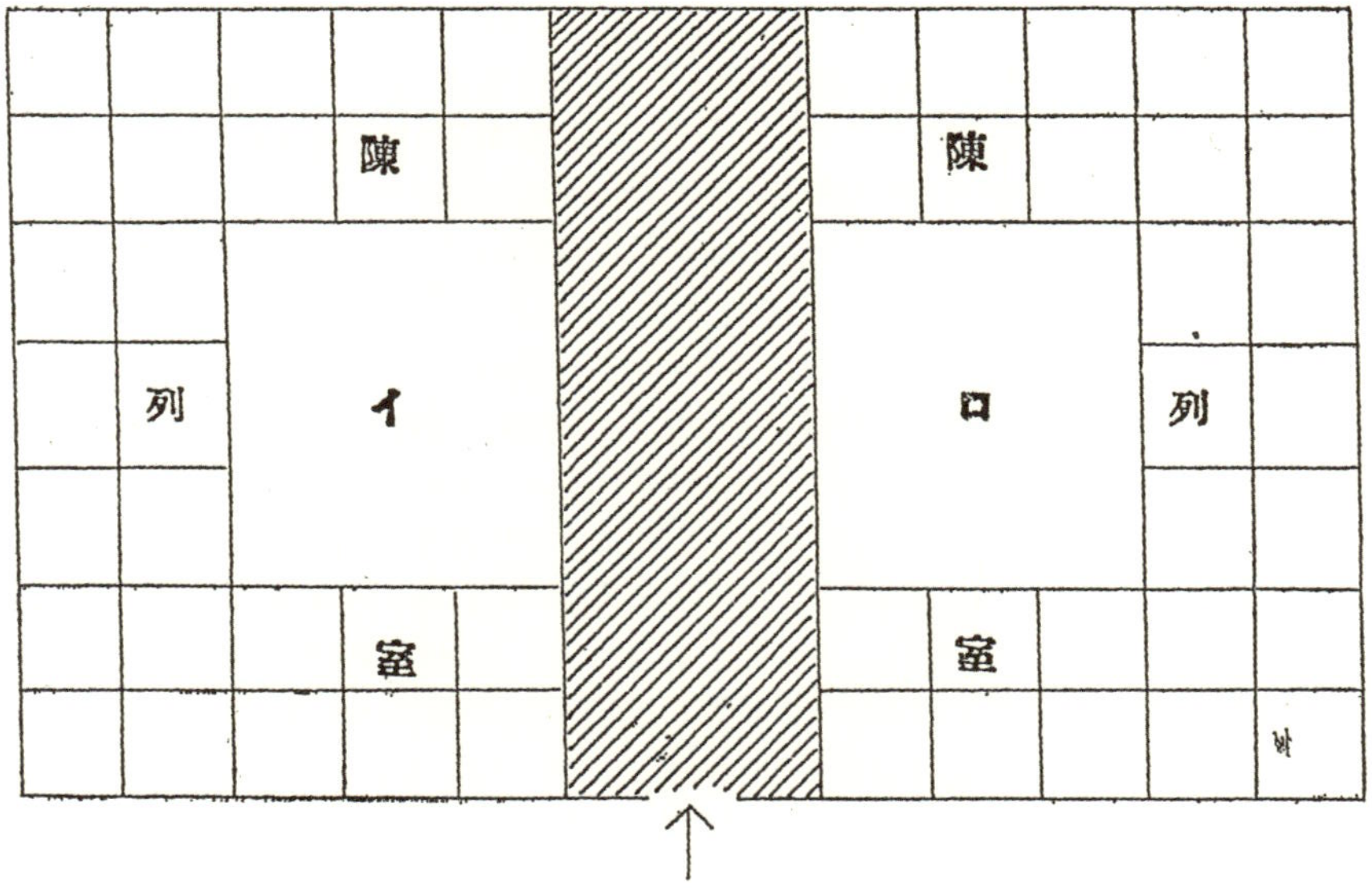

も屋根を架して陳列室とし、特殊彪大なる陳列品の陳列に充てるか、或は大オーディトリューム等に應用する。

左にかゝる標準型とも言ふべき平面をもつ歐米の著名の博物館の數例を擧げる。（プレート參照）

Museo Nazionale, Napoli　(1586)　（プレート59）

Museum of Fine Arts, Boston　(1871)　（プレート53―55）

Kunsthistorisches Hofmuseum, Wien　(1872)　（プレート65）

Art Institute, Chicago　(1893)　（プレート56）

（右記のものは陳列室大體二列である）

Altes Museum, Berlin (1829) (プレート31・61)
Neues Museum, Berlin (1829) (プレート32)
National Museum, Stockholm (1866) (プレート59
Pennsylvania Museum, Philadelphia (1876)
Ryksmuseum, Amsterdam (1885) (プレート66)
(右記のものは陳列室大體一列である)

博物館の平面計畫中特に重要なのは、陳列室を如何に配置するかといふ問題である。觀覧順路の考慮上、その配置は簡單にして圓滑なるを旨とし、觀覧のための動線が逆行せぬやうにする。

陳列室の配置形式には普通次の三つが考へられる。

(一) 廣間式(又はバジリカ式)
(二) 通抜け式
(三) 廊下式

各々特長あり、一概に其優劣を言ふことはできない。これら三式の適否は、主として博物館の規模によつて決まる。廣間式の配置は左圖の如く、床面積の利用上最も有効であり、普通小規模の博物館に適する。諸外國に其例多く、日本の奈良や京都の帝室博物館も大體この形式に據つたものである。

通り抜式及廊下式の配置は、主として大規模の博物館に應用される形式である。上野の美術館はその陳列室の配置は通り抜式で、この通り抜式の利益は、廊下式に比し床面積の効率が大きいといふ點にある。しかし他面廊下式のもつ種々なる利點に缺けてをる。今日の大博物館の陳列室を全部通り抜式にするといふことは望ましくない。さやうの例は殆んどないと言へる。

廊下式陳列室配置形式のもつ唯一の缺點は床面積利用上の効率低いにあるが、他の多くの利點は、これを補つて餘りあるであらう。今日の大博物館では、此の廊下式配置を以て、陳列室配置上の骨子と考へる。利點の主なるものを列記すれば、

(イ 或る奥の陳列室に直接行かうといふ場合に、餘儀なく必要ない諸室を通り抜けることの不便がなくなる。

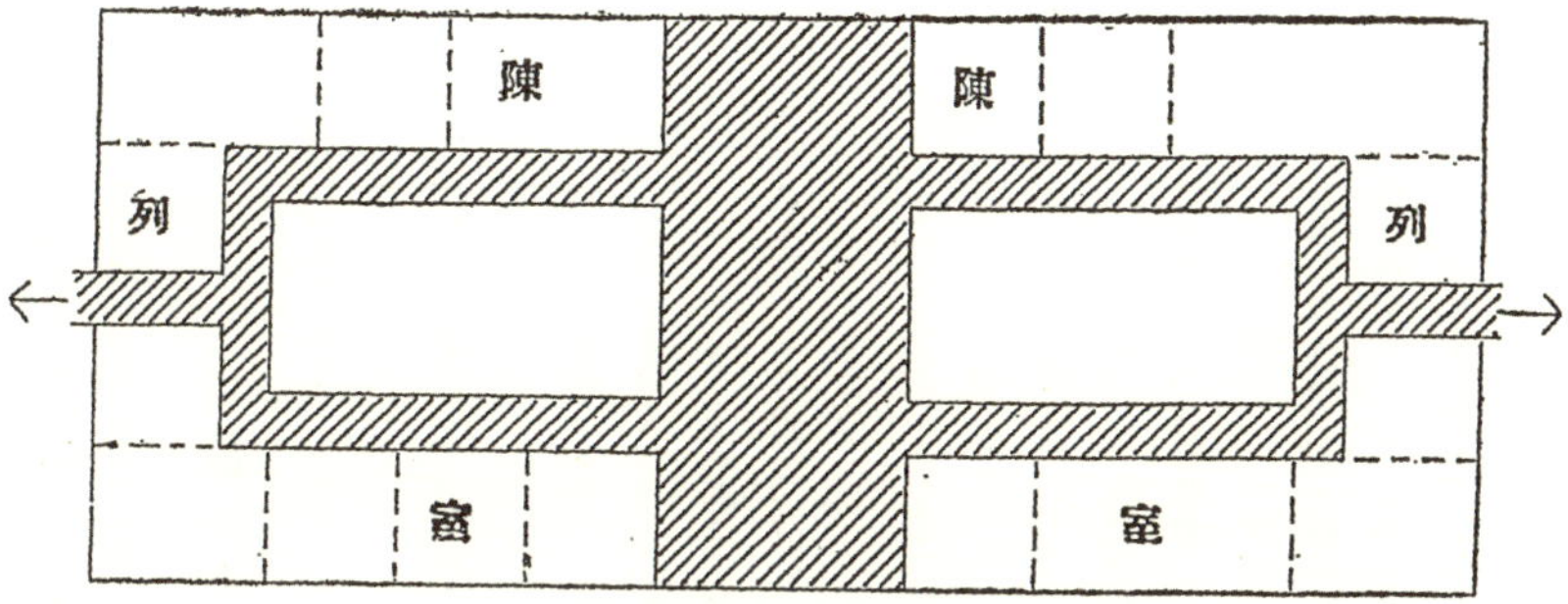

廊下式平面

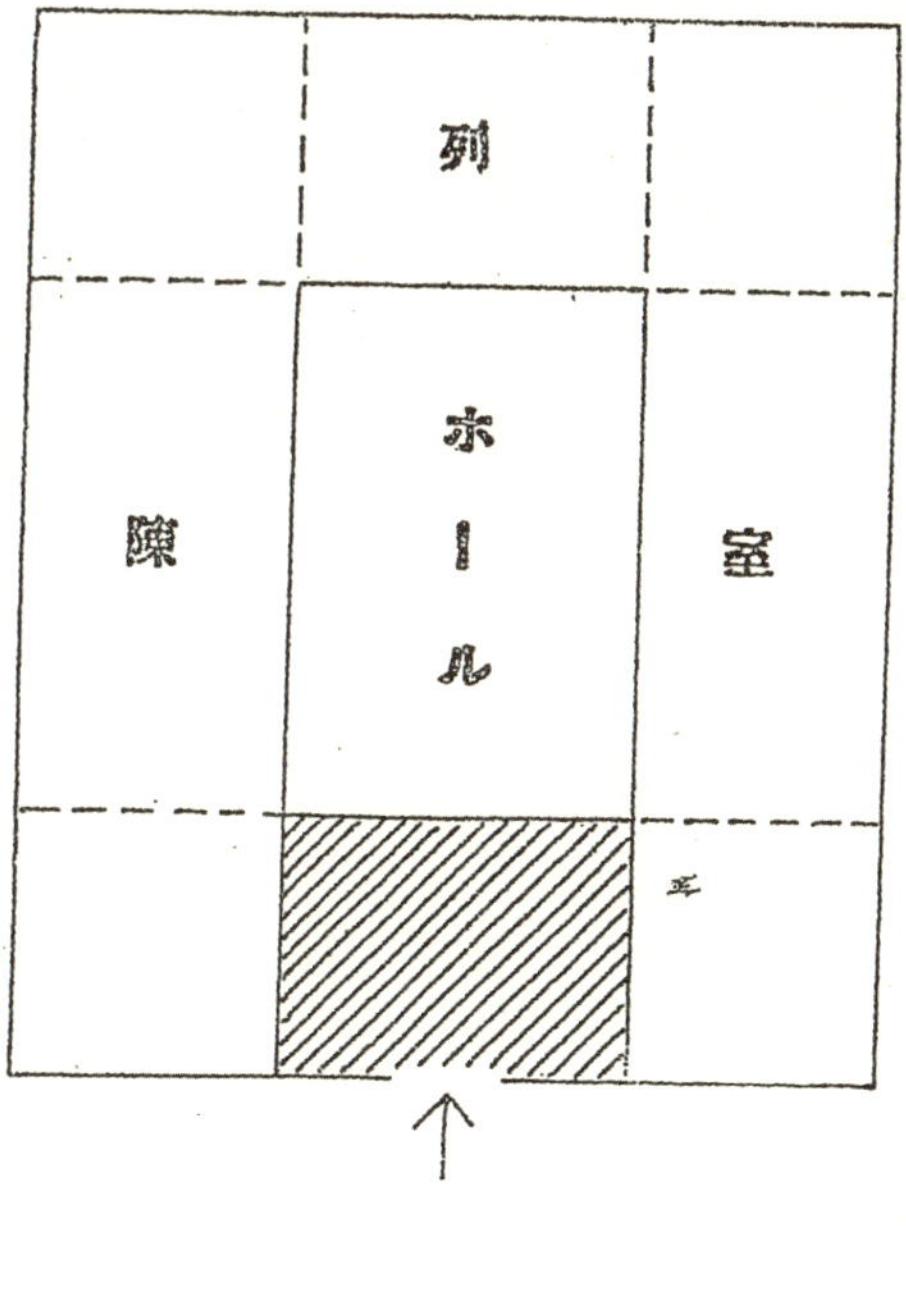

廣間式の配置

（ロ）連續配置された陳列室の一つ若しくはそれ以上を特別室とし一般に公開しない場合にも、廊下の利用により觀覽順路を毫も妨げずにすむ。（ハ）一室又は數室の陳列替をなす場合、開館時にあつてもこれらの部屋を閉鎖して容易に陳列替ができる。廊下なき場合は閉館時に是非共陳列替を了る必要が起る。（ニ）廊下の幅が相當あればこゝを觀覽人の休憩所又は喫煙所等に利用するは甚だ妙である。

４　博物館建築に於ける所要諸室

博物館建築に要する諸室は、該博物館の規模や管理事務の形式方法の如何により、適宜考慮さるべきもので、絕對的のものではない。

左に列記さる諸室は、東京帝室博物館建築設計調査委員會に於て、東京帝室博物館に要する諸室として決議したものである。（建物を三階建とする假定の下に計畫されてをる）

地　階　修理室（若干）、物品整理室（若干）、荷解室（一）、雜品倉庫、（一）機械室、醫務室（一）、寫眞室（附屬室共一）、事務員食堂（一）、監視人室（二）、小使室（二）、浴室（一）、番人控室（一）、携帶品預場、下足預場、賣場、豫備室（若干）

第一階　入口廣間（玄關）、陳列室、講演室（五百人入、附屬室共一）、館長室（附屬室共）、事務長室（一）、事務室（一）、館長應接室（一）、事務員應接室（三）、貯藏室、部長室（一）、部事務室（一）、特別觀覽室（一）、觀覽者喫煙室（一）、雜品倉庫、事務員宿直室（二人入一）、監視人宿直室（十人入一）、小使宿直室（一）、豫備室（若干）

第二階　便殿（化粧室共）、便殿附屬室（二）、陳列室、會議室（五十人入一）、貯藏室、部長室（一）、部事務室（二）、特別觀覽室（一）、觀覽者喫煙室（一）、雜品倉庫、豫備室（若干）

第三階　陳列室、書庫（一）、閱覽室（研究室一）、編纂室（一）、圖書室（一）、貯藏室、部長室（一）、部事務室（一）、特別觀覽室（一）、觀覽者喫煙室（一）、雜品倉庫、豫備室（若干）

これら多數の部屋を如何樣に配置するかゞ平面計畫なのだが、部屋の性質上大體二つに分類できる。卽ち陳列室及其附屬諸室と、事務管理用諸室との二つである。これら二つの部分を同一建物內に配すべきか、或は少しく分離せしむべきかに就いては種々異見のあることゝ思ふ。博物館管理の實際家の言によれば、同一建物內に配置するのが、必ずしも常に最上の案とは限らないやうだ。同一建物内に配置する方が、分離せしめるよりも、管理上の動線が短縮できて便利なことは、常識的にも考へ及ぶところだが、動線が短縮する代りに、事務室其他の諸室の日照や方位が犠牲になる場合もないではない。かやうな場合には、その利害得失を深く考へて、その何れによるべきかに就いては、特に熱心な討究を必要とする。

陳列室附屬の諸室中特に重要なものに貯藏室がある。貯藏室の大いさは陳列室と相對的に考ふべきものであるが、標準ともなるべき數字は一寸擧げられない。歐米の多くの博物館に就き見るも、その比率區々にして基準立て難く、管理に携はる實際家の意見にも強い主張は認められない。日本では大體陳列室總面積の二割前後にて足るものと考へらる。

其位置としては、貯藏室に近く且つ物品整理室と修理室とに便利な位置にあるべきは言ふまでもない。

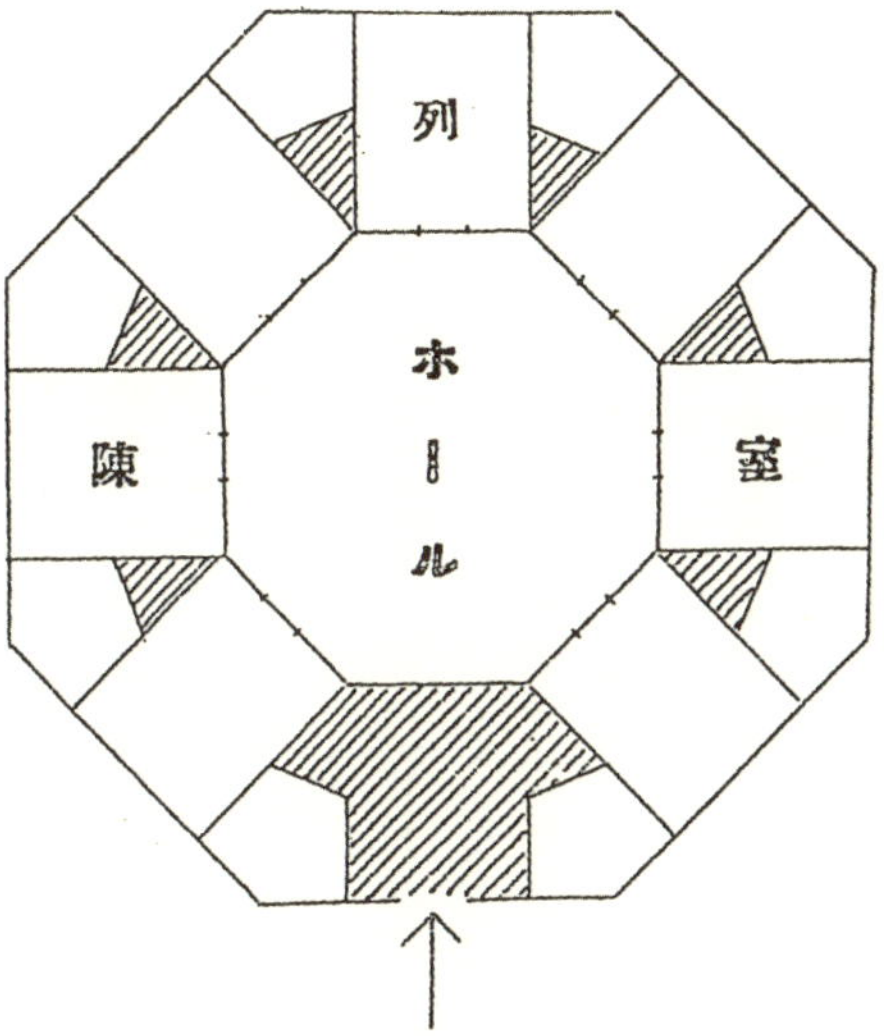

圖は陳列室配置の一工夫で、八角形狀に配し、ハッチせる部分に附屬諸室、貯藏室、階段等をとつたものである。

5 陳列室の大いさと採光法

陳列室の大いさは、陳列すべき物品の大いさ種類に應ずべきものであるのは言ふまでもないが、此の方面の專門家であるアメリカのギルマン氏（Benjamin Ives Gilman）は其著 "MUSEUM IDEALS" 中に、三十四呎立方の大いさを以て、陳列室の單位標準量と擧げてをる。（注意、天井高三十四呎の中には採光形式の考慮が入つてをる）

東京帝室博物館建築設計調査委員會にて決定せるものは、一般陳列室にして入込壁を設けずして兩側に品物を陳列する場合にあつては、室幅は十二米を最少限度とし、又入込壁を兩側に設ける場合の室幅は入込壁の後壁(外壁）から計つて同じく十二米を最小限度とするといふ標準である。（最小限度と言ふよりは以上の寸法を適度の寸法と考へる方妥當ならん）且つ入込壁の寸法は、框の高さ約六十糎、奥行約七十五糎、天井は相應の高さ。

陳列室の採光方法は、博物館乃至美術館建築に於いて、最も重要の事項と言ふも敢て過言でない。
建築物の採光方法には原則として左の三つの形式が考へられる。

（A） 側 光 線 (Side Light)

（B） 頂 光 線 (Top Light)

（C） 高側光線 (Attic or Clerestory Light)

今これら各々の形式につき一通り考へて見る。

（註、本採光に關する記載は大體文献的基礎から成り立つものであることをお斷りする。採光の如き問題の研究は實驗的材料にその基礎を置くべきものであるのは言ふまでもない。東京帝室博物館建築設計調査委員會にては、實物大の模型により中村清二博士指導の下に*平山、井上兩工學士及神谷理學士等の協力にて鋭意實驗研究中なるも、未だ其結果の發表までには進捗してゐない。本實驗完成の曉は、日本に於ける陳列室採光法に對し最も權威ある研究の發表が期待できると思ふ）

A 側 光 線

側光線は普通一般の建物に應用される採光形式であるが、特別に光線導入の方向を考へないでもよいやうな物品を陳べる陳列室に部分的に應用される程度で、原則としては博物館の陳列室には不適當な採光形式である。其理由は、床上低く恰も眼の高さに配置された側窓面からくる厭ふべき多量の眩輝《グレアー》(Glare)があり、壁面に掛けられた畫面(油繪ならばその油繪面、水彩畫其他の表面に張られた硝子面)や陳列箱硝子の各面から起る眩惑的反射があり、繪畫其他を掲げる窓間の壁面は左右の窓面に比し其照度著しく少なく、更に何よりも壁面の不經濟を招く。博物館の陳列室は、陳列された繪畫、彫刻、工藝品其他を見ながら歩く部屋であつて、居室やオーディトリユームとは其性質の根本を異にする。

普通の側窓に眼が直面するとき、眼は強い眩輝に射られて精神上の平衡狀態はたとへ少しながらでも破られ、更にその直後にあつては生理上物體を見てもはつきり認められないことは、我々の屢々經驗するところである。かやうな缺點を少なくする方法として考へられるのは、窓の下端を眼の高さよりも高くするといふことである。しかし此場合不徹底な窓の上げ方では、所期の目的を達し得ない。眼の視野角度は水平にも垂直にも各六十度である。卽ち眼の視野空間は頂角六十度の圓錐空間で表はされ、其頂點に眼があるものと考へられるからである。從つて今假りに窓下端を床上二米餘に高めても、眼がグレアーを感じないのは、壁面から僅々四五十糎の近距離に於てだけである。

現在博物館乃至美術館の陳列室に於ける採光形式として常用されるのは、普通頂光線である。十九世紀初頭以後數多く建設されたものゝ殆んど大部分は、すべてこの頂光式採光法に據つたものであつた。博物館や美術館の陳列室採光法と言へば、何等の躊躇なしに頂光線を考へ、またさう考へて一般に怪まなかつた。

B 頂光線

陳列室の採光形式として頂光線がよいとされるのは、單に側光線よりはよいといふだけの理由からに外ならない。事實側光線よりは優つた採光形式ではあるが、尙多くの缺點をもつてをり、決してそれが理想的の方法とは考へられない。

側光線の室內導入の方向は水平線で表はされ、頂光線のそれは垂直線で表はされる。(次掲の圖參照)更に光線を室內に導入する方法としては、その方向が斜(Diagonal)なものが考へられる筈である。Attic Light 又は Clerestory Light とも言ふべきもので、其意味から假りに高側光線と名付ける。(High Side Light) このハイ・

サイド・ライトの形式は、光線導入方向の性質上、側光線と頂光線を適宜に組み合せたものと考へてよい。

歐米の博物館及美術館の陳列室で、此高側光線を應用してよい効果を改めてをるものが少なくない。左に其數例を擧げる。

●スミソニアン・インステイテュート（米國ワシントン市、一八五五年完成）の西翼部

●ケルヴイングローヴ博物館（英國グラスゴー市、一九〇一年完成）の中央大ホール

●ボストン博物館（米國）の壁織物室

●カイザー・フリードリッヒ博物館（獨逸ベルリン市、一九〇四年完成）の中央大ホール

●メトロポリタン博物館（米國ニューヨーク市、一九一〇年完成）の裝飾品部

これらは何れも高側光線により、頂光線からくる諸種の缺點を除去或は改善し得て想像以上の良好な陳列効果を示してをるが、かやうの例はむしろ除外例とも言ふべく、歐米の博物館の最大多數は原則として頂光線を採用してをると見てよい。日本に於ても、上野の表慶館・奈良帝室博物館・上野美術館等すべて此頂光式採光法に據つてをる。

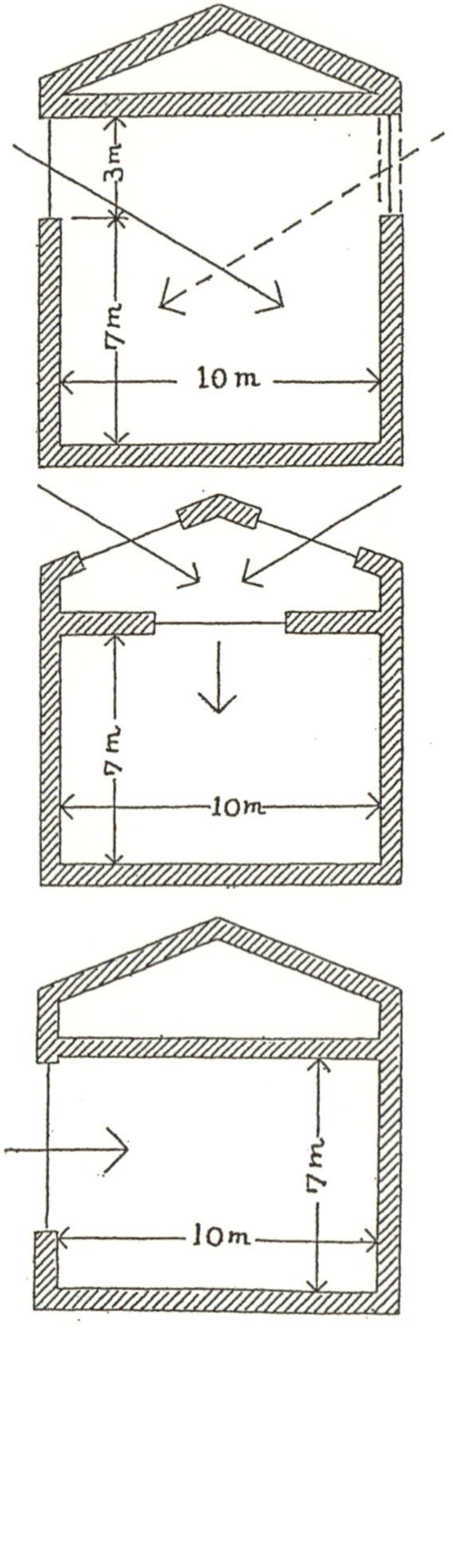

頂光線を從來博物館や美術館の陳列室に採用する起源乃至理由論として、次のやうな說がある。興味は覺えるが、俗說であり、根據なきものと思ふ。「その起源は希臘の神殿建築からきたものだ。卽ち古代希臘人は彼等の製作した美術品をば頂光線の室内で觀るを好んだ。希臘神殿の頂光による採光法は、それのよい證明である」といふのである。しかしながら希臘神殿が果して頂光窓による採光法に據つてゐたかどうかに就いては、猶多くの議論がある。

頂光線の陳列室への應用の根本は、側光線による採光上の缺點の除去と、壁面積の經濟といふ點に立脚したものに外ならない。

6　陳列室の光線

物體を見るための自然光線を考へる。

明るくさへあれば足るといふのは誤りである。必要以上の光線量は不必要である許りでなく、むしろそれは害がある。餘りに强い光線を受けた物體は却つて其微細な部分を正しく判別する上に不都合である。且つ餘りに强い光線は眼を疲勞させる。陳列室なるの理由を以て必要以上の照度をば要求しない。むしろ過度の照度は之を阻止すべきである。

陳列室の光線——卽ち窓——の課題は、其量卽ち窓の大いさにあるよりも、より以上にその方向卽ち窓の位置にある。頂光窓によるべきか、將た高側光窓によるべきかの重要の問題が玆に起る。

畫家や彫刻家のスタデイオやアトリエで最も好ましい光線は高い側光であることは、古くから實際に知られたことである。立體的なものを取扱ふ映畫や普通寫眞のスタデイオもさうである。レオナルド・ダ・ヴインチの言葉に、「藝術家は物體の投影が物體の高さに均しくなるやうな光線の下で製作すべし」といふのがあり、彼以後の藝術家により寶典視されたことは著名のことである。ダ・ヴインチの言ふ光線は、射入角度四十五度の光線に外ならない。製作時に最も好ましい光線は、また製作品の觀賞時に最も好ましい光線である筈である。

（註）製作時の光線が、陳列室内での觀賞時の光線と一致しなければならぬといふ理論に對し、些か矛盾すると考へられるのは日本の古い佛像等の場合である。飛鳥時代寧樂時代或は其他の時代の佛像の多くは、大てい下から見上げる場合下からくる光線を豫想して製作されてをり、これに高い側光を與へるのは些か好ましくないことになる。しかし頂光線によるよりは遙かに優つてゐる。

普通側光の好ましからざる例二つ　（プレート39參照）
頂光の好ましからざる例　（プレート40參照）
高い側光の好ましい例　（プレート41參照）

高い側光線が、偶然陳列室の採光によい結果をもたらした例として、ローマのヴァティカン宮殿の數個の陳列室があり、ナポリ博物館の陳列室の光線が案外よいのも、一五八五年兵舎として建造された時の高い側窓から採りしてをるためであり、またドレスデンのアルベルティナムの頂光による缺點が高側光により大いに改善されたりしたやうな例も尠なくない。更に最も興味あるものに、ローマ・ヴァティカン宮殿のシスティン禮拜堂がある。本禮拜堂は一四七三年に建設されたもので、禮拜堂といふ宗教建築としてよりは、現在では世界で最も貴重な畫廊の一つと考へる方が妥富だが、こゝの光線が案外よいのは、それが高い側窓から採光されてをるといふ理由からである。部屋の長さ百五十七呎、幅五十二呎、天井高五十九呎、窓の下端は床上三十五呎の高さにある。窓下に壁畫を描くことを豫想して窓を高くとつたことが偶然畫廊としてのよい採光形式と一致したものと考へられて興味ある一例と思ふ。

7 頂光線と高側光線との比較研究

（A） 物體を立體的に見る點で、高側光線は頂光線より遙に優る。

奈良帝室博物館中央廣間に陳列された法隆寺の百濟觀音像は頂光線下に立つが、その陳列効果甚だ不良である。博物館に陳列される物品の內容は種々雜多であるが、大別すれば平面的なものと立體的なものとの二つに考へられる。頂光線はかゝる立體的物品の上部の水平面だけはよく照らしうるが、垂直面や水平に相當深く喰ひ込んだ部分を明瞭になしえない缺點がある。

（B） 頂光窓による部屋は、その內部にある時、窖の中にをるやうな感じを與へ、人をしてオプレッシヴな重苦しさを覺えしめる。高側光窓の部屋でも、その高い位置にある窓を越して室外の景色を眺めることはできぬが側壁に窓がある——我々はかゝる部屋に平常生活する——といふ聯想からだけでも、頂光室の重苦しさから幾分救はれることができる。

（C） 降雪時に雪は屋窓面を埋めて光線大部分の射入を阻む。また日本の如き雨量大なる地方では、雨水の屋內浸入に對し多大の苦心を技術的に要し、且つ萬一の際に完全を期し難い。

（D） 陳列室內の眩輝を考へる時、高側光線は頂光線より斷然優るものと考へる。このグレアーこそ陳列室の採光形式を決定する最も重要の要素なのである。

陳列室とグレアーの問題

歐洲に於て本問題に就き組織的に實驗研究せる例あるを筆者は知らない。唯一のものとして、米國ボストン市の博物館より特別出版された "Museum Ideals" なる一書を、同館見學の際入手したが、恐らくこれ以上に組織的に、グレアー問題を研究したものはないかもしれない。本書は同博物館にあつて多年此方面を專心研究せる前記ギルマン氏の研究報告書とも言ふべきもので、該書中に發表せられてある諸種なる結論が、そのまゝ陳列品の內容や地理的諸條件を些かなりとも異にせる日本の博物館や美術館の陳列室に、どの程度まであてはまり應用の可能性あるものなるかは、今遽かに推斷するを得ないが、充分參考するに足る貴重の文獻なることに就いては、疑を容れない。

本書中グレアーに關する部分の結論の要旨だけを左に摘錄する。因みにギルマン氏が其實驗に際し用ひた部屋の大いさ其他は大體次の如きものであつた。

一、頂光窓の部屋。長さ三十四呎、幅三十四呎、高さ二十一呎。頂光窓(天井の)面積十七呎平方。

二、高側光窓の部屋。長さ三十四呎、幅三十四呎、高さ三十四呎。窓は床上二十三呎、窓高さ十一呎、窓幅十三呎。(窓下を二十三呎としたのは歐米に於ける主なる博物館美術館十に就き其陳列室のピクチュアー・ゾーンの平均値に據つたからである。)

かやうな規模の陳列室空間を選んだのは、博物館乃至美術館の陳列室單位大いさとして、最も適當なものであり、且つ頂光窓の部屋が左程著しい缺點を露はさないといふことを條件としたからである。

陳列室で考ふべきグレアー(Glare)には次の五つがある。

(1) 窓からくる直接のグレアー
(2) 床，机式陳列箱の上部硝子面からくる反射
(3) 直立(獨立又は壁付)陳列箱の垂直部硝子面又は壁に揭げられた畫面の如き垂直面からくる反射
(4) 直立陳列箱や低く揭げられた畫面(油繪等)に映る觀者自身の像
(5) 太陽照點からくる間接のグレアー

ギルマン氏は之等各々に就き、頂光窓と高側光窓の二つの場合を實驗と圖式解法により仔細に比較考究を進め

て次の如き結論を下した。

(1)の場合。概して高側光窓の方優る。

(註) 窓がある以上やむをえない現象である。頂光窓の場合は室長が大なる程この缺點は著しい。

(2)の場合。高側光窓の方決定的に優る。

(3)の場合。高側光窓の方遙かに優る。

(4)の場合。高側光窓の方優る。

(5)の場合。高側光窓の方遙かに優る。

(注意。解決の道程に就いては一切省略する)

建築的に右記二形式を比較し考ふるに、高側光窓の陳列室は天井高三十四呎を要し、頂光窓室の二十一呎に比し、室空間として三十四×三十四×十三立方呎を損する。(注意。壁面利用上の効果は全然相均しい)しかしそれは考へ樣による。これだけの空間は陳列室の機能を完全ならしめる上に必要缺くべからざるものとする時、毫も損失とは考へられないのである。

8 物品保存の問題

博物蒐藏品の保存問題は、建築的計畫としては、表面に表れないことだが、管理上最も重要の事項である。特に日本の古美術品に關しては獨自の工夫を要し、諸外國の例は殆んど參考とするに足らないといふ難しさがある卽ち物品の保存に對し最も不利なる地理的諸條件に直面する上に、且つ古美術品其物が歐米のものに比し保存に極めて苦心を要するものが多いといふ點からである。

東京帝室博物館建築設計調査委員會の第二部の調査事項中に、物品の保存といふ一項目が擧げられてをるが、同委員會の調査報告の要旨を左に摘錄させて頂くことにする。

『博物館内に收納すべき物品の保存に關しては、如何なる溫度・濕度を適當なりとなすかは、其根本問題なりと謂ふべし。本特別委員會は正倉院の御物が千數百年間良好に保存せられあるを思ひ、奈良に於ける校倉建築の內外部に於ける溫度及濕度の狀態を調査せむと欲し昨年(昭和四年)十二月十八日奈良公園內手向山八幡宮所屬校倉の內外部に自記濕度計及自記溫度計を設置し其記錄は每週本會に到達しつゝあるを以て相當の時日を經過せば之に關する何等かの報告をなし得べし。』

また漆器・纖維質類・顔料及染料の保存に就いては丹羽重光博士が夫々專門家の意見を聽取し綜合せる結果により、次の如き報告が作られてある。

『漆器類は常に乾燥しつゝありて其乾燥し盡したる時は卽ち漆の生命の終りたる時なりと謂ひ、漆の乾燥は濕度高き場合に於て促進せらるゝものなるを以て、其保存には成るべく濕度の小なるを可とするが如く、又漆器は光線により其保存を害せらるゝものなるが如し。

紙・織物等の纖維質類に關しては、一般に動物性の纖維の外は耐朽性に富み、其腐朽する主なる原因は酸化作用と細菌作用との二なるが、其中最も考慮を要するは細菌の作用なりと謂ふ。然も博物館內に保存すべき物品に對し考慮すべき黴菌は、溫度と濕度との低下のみに依りて其繁殖を妨ぐるは殆ど不可能にして、其殺菌は消毒劑に依る等の方法に求めざるべからずと謂ふ。然れども是等物品の保存に關しては、溫度・濕度共に高からざるを可とするが如く、又染料及顔料の褪色及變色は光線に因る影響大なりと謂ふ。依て彩色せられたる纖維製品は溫度・濕度共に高からざる暗所に置き、其室內に流通せしむべき空氣は細菌が塵埃と共に侵入するを防ぐがために洗滌せる空氣を以てすること保存上理想に近きものなる如し。』

昭和六年（一九三一）

三八　平山　嵩「博物館建築の採光」

（『国際建築』特輯・博物館　第七巻第一號）

1　DAY LIGHT

DAY・LIGHTを譯して晝光と云ふ。此は太陽の直射光と、天空光とから成り、天空光は青空光或は雲の反射及び透過光を意味するものである。近代博物館建築及び美術館建築は之の晝光を天窓に依て取入れるものであつて、抑、天窓或は高窓より晝光を取入れて博物館建築の形式を造たのは Hubert Robert 氏が一七八六年ルーブル美術館計畫案を作り更に一七九六年に提案されたナポレオン博物館案だと言はれてゐる。其の後一八一六年―三〇年に Leo von Klenze に依るミュンヘンの繪畫館が實現せられ、Lunette（弧形屋窓）より晝光を取入れる樣に工夫された。

然し此等の建築は科學的基礎に基く採光に非ずして經驗より割り出されたものなることは當然である。扨然らば晝光とは一體どの位の照度かと云ふと、太陽の直射光に依る地表に於ける法線照度は 100,000―150,000ルクス（1ルクスは1燭の光源を半徑1米の球の中心に置いた時の球面上の照度）であり、天空光に依る照度は四季を通じて殆ど一定であつて、青空光に依る照度が 11,000ルクス、薄曇りの時 30,000―50,000ルクス、曇天の時 10,000―15,000 ルクス、暗い雨天の時 7,000―10,000 ルクスとなる。即ち晴天の時の青空光よりは薄曇りの時の方が遙かに照度の大なることを知る。大凡3倍乃至5倍の明るさのあることは意外の事實である。

2　陳列室の形と採光

博物館に於ける陳列室を陳列品の種類に依て分類すれば

A.　繪畫陳列室

B.　彫刻陳列室

C.　硝子函陳列室

の三種に大別され、同時に採光上より言ても右の三種に大別することが必要にして且充分な分け方である。何となればAの繪畫陳列室は top-light が良いが彫刻陳列室は side-light が良く、硝子函陳列室は兩者何れでも良いと云ふ區別があるからである。

A.―繪畫陳列室は更に之を細かく言ふと油繪、水彩畫、我國古來の佛畫、軸物等の陳列場所であつて、一般には天井光線を可とするが佛畫軸物等の如きは其の皺等が目立たぬ爲 side-light の方が良い。洋畫の中でも特に伊太利古代畫の如きは side-light の方が美的効果のあることを力說されてゐる樣な有樣で一概には定め難い。或は又古代佛畫は幽幻な場所に調和する樣畫かれたものであるから、此を觀賞するにも又同樣な場所を作るのが作者の意思を尊重する所以でもあり又同時に最も適した觀賞方法なりとする史的派があるかと思ふと、研究家は充分なる光線の下で、微に入り細に亘て研究出來る樣にするのが良いと云ふ、前とは全く反對な說をなすものがある。

博物館は此等兩者が見分する場所であるから、其の何れにも偏することは出來ず結局其の折衷案が一般向きとなるのである。卽ち照度は微細な處まで見得て、然もその明る過ぎて感じを惡くしない程度にすることが必要である。

B.―彫刻陳列室、と云はれる中には大理石、石膏像を始め、古佛像古器物、其他硝子函に收めらない總ての陳列品を含めて言ふたのであるが、此には殊に西洋彫刻の場合 side-light が宜しい。且窓は成可く高處に設け觀覽者自身の影にならぬ樣にし、又室內に一樣に光線が分布する樣にす可きである。佛像の場合はその色彩が一般に暗色である關係上特に照度が充分なることを要する。ギリシヤローマの寺院の採光は何れも高い側光に依て內部に安置された像を照明したものである。

C.―硝子函陳列室、此の硝子函內に收められるものは動植物地質鑛物類の標本、器物、古書、繪卷、古道具、衣裳、模型等廣い範圍に亘る物を硝子函に收めたもので、或は側面より或は上側より覘く樣に出來てゐる爲觀覽者の像が硝子面に映らぬことを第一の必要條件とされてゐる。市內の展覽會陳列會等に於て屢々あることであるが、室を明るくして硝子函の內部が比較的暗い爲、像が映て甚だ見難い場合が多い。

扨上述の如く採光法としては天窓に依る方法と側面窓に依る方法とがある譯だが、天窓の場合は更に天井ガラスを用ひて、天窓ガラスとの間に小屋組の構造を收めるのが常である。
天窓光線の場合を次の如く別ける。

一、直接法

二、screen式

三、反射面式

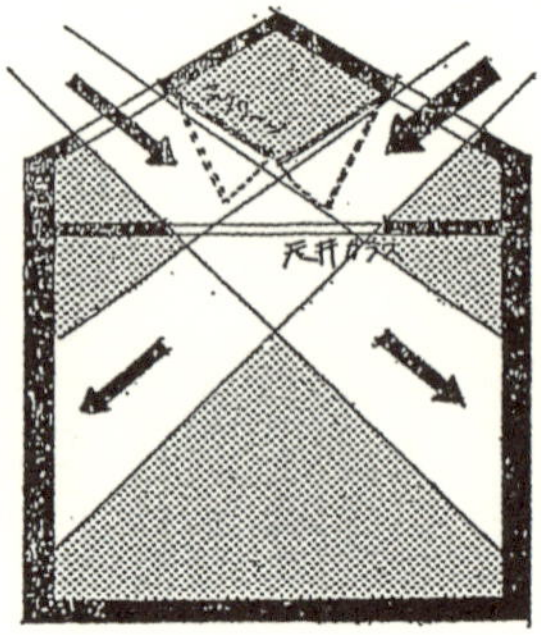

第2圖

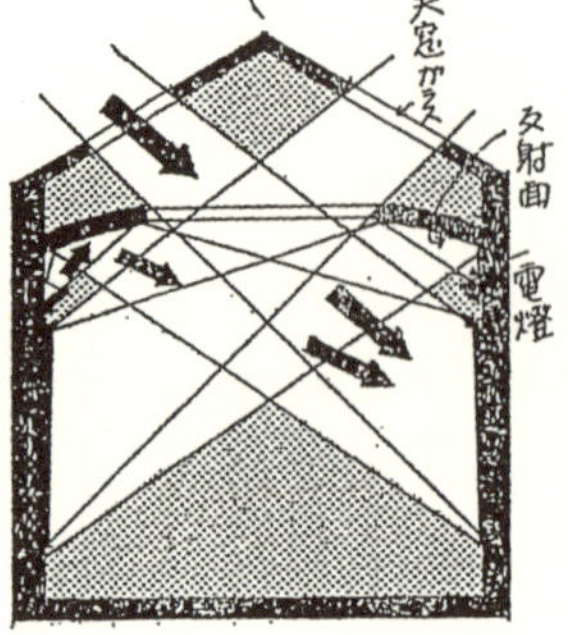

第1圖

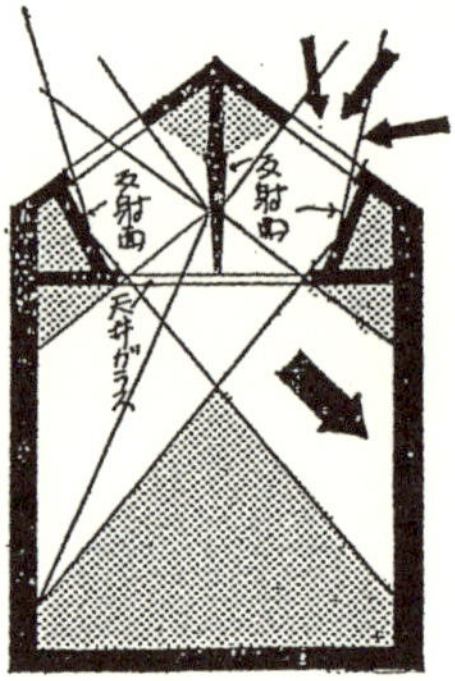

第2圖

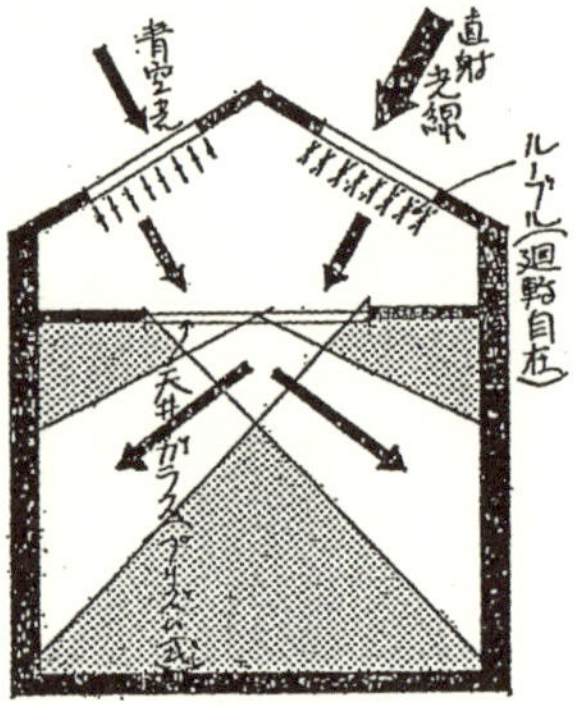

第3圖

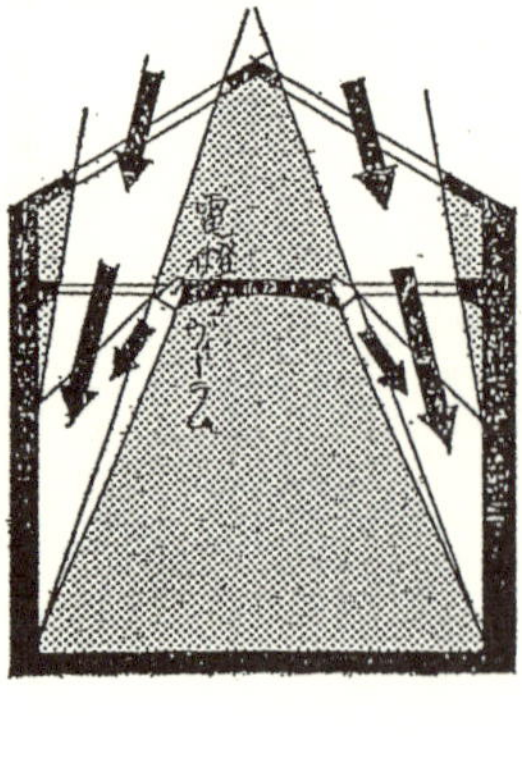

第4圖

四、lonble式（光線調節羽根式）

五、velum式或は false ceiling式(蓋簾式)

の五種であつて之を圖示すれば第1圖以下順次第4圖迄となる。此處に一の直接式とは甚だ廣い意味で、天窓硝子から這入た光線が直接天井硝子を通過して室内へ入射するもの丶總稱である。依てその形は多種多様で列擧に遑がない位である。第1圖は直接式で南側屋根より入射せる光線は天窓硝子及び天井硝子を經て北側の壁面を照すことになり、その間反射も調節も行はれない故、直接法と名付けた。第2圖は screen式と反射面式で何れも光線が screen 又は反射面にて反射し、調節されて室内に入る。殊に screen 式では光線の過不足に應じ、screenに依て調節出來るのである。第3圖は lonble 式で天窓硝子の下面に調節羽根を設けモーターにより廻轉せしめ光線の量を加減するものである。此に依て南面屋根からの光線を遮斷し、北面屋根からの光線とを相等しくする樣調節の役目を演ずるのである。第4圖は velum 式で天井に垂簾を備へ、陳列品以外へ來る光線を遮斷する蓋板である。此に依て陳列品のみを明るく照らし、觀覽人の像を硝子面へ映さずに見える樣にしたものである。此の式の欠點は velum の下面が他に比して著しく暗くなりその爲眩輝を起し易い。又室の美的觀念から云ても明暗の對比が大なる爲面白くない。此はミュンヘンの美術館に於て採用され、後シカゴ博物館に於ても用ひられたものである。此等何れも屋根裏に電燈を備へたるため晝間の照度不足せる時補ふのみならず夜間に於ても晝間と同樣に觀覽が出來る。Magnus 氏の說に依れば、天窓は室幅の$1/3$とし床上の高さを室幅の$5/7$とし、長さは室の兩端に於て室幅の$1/3$宛を減じたものにするのが良いと述べた。又 Tiede 氏の說に依れば室の中央より晝帶の上端に到る距離を半徑として圓を書き天井面と交て切り取られたる部分を天窓とした。然るときは晝帶の上端及下端に於て天窓を含む角は互に相等しくなるのであるが、此の角が等しいからと言て照度が等しくなる譯では無し、觀覽上の便利がある譯でも無い。

然らば天井硝子面積を如何なる大いさにしたら良いかと言ふても、嚴格なる規則が無いので、今の處經驗に依る外はない。今各博物館及び美術館に於ける採光面積と床面積との比卽ち採光面積率を取て見ると次の表の如くなる。

此に依て見れば霧の多いロンドンに於ては採光面積率が著しく少い事に氣が付く。卽ち採光窓面積を大きくしなければ、充分の照度を得られないのであつて、此は緯度の關係及び天候狀態等に最も多く支配を受けるものであ

場所	採光面積：床面積
ミュンヘン舊美術館　大室	1：4
小室	1：6
伯林舊博物館大陳列室	1：3.5
伯林ナショナルギャレリー中央室	1：3
ドレスデン博物館	1：4
ワランクフルトステデル美術館　大室	1：3.2
カッセル美術館　大室	1：4
中室	1：3.5
ブラウンシュワイヒ博物館　大室	1：3.7
中室	1：4.4
ウィーン帝室美術館	1：2.6
アムステルダム博物館現代美術品室	1：1.7
ロンドンナショナルギャレリー中央室	1：2.4
サウスケンシントン博物館繪畫館	1：2
ルクセンブルク第一畫廊	1：2.4
ミラン　ブレラ博物館	1：18.9
フローレンス・ルベンス美術館	1：11.2
ブルツセル古代美術館　第II室	1：4
ルーブル・ルーベンスギャレリー	1：2.42
アントワープ・ルーベンス室	1：2.76
ロンドン・ナショナルギャレリー　第6室	1：1.96
ロンドン・ハートフォートハウスギャレリー8	1：1.43
アムステルダム　リヂクス博物館	1：1.63
パリ　カーンギャレリー	1：3.17
明治神宮繪畫館　第一室	1：2.3
第二室	1：2.32
平均	1：3.93

る。然しかくの如く充分に光量を加減しても尚ロンドン當りの美術館は不足てあつて、一年中を通じて光線に不足を感ぜずに觀賞出來る期間は極めて僅かなりと言はれてゐる。

又伊太利に於ける同比を見ると著しく大なるを見る。即ち光線の強い地中海沿岸に於ては自然採光面積が縮小せられてゐる譯である。尙宗敎畫の多い關係で、寧ろ明るきに過ぎるを嫌た習慣にも依るのであらう。何れにしても我が日本に於て採用さる可き値としては此等の表より見れば大體4—6位にすれば適當なりと考へられる。尤も天井の高さ及び天窓天井兩ガラス間の距離の大小等に依て異るのではあるが。

更に一室に於て照度が一樣に分布されるのが宜しいが此の程度を表はす爲に不等率 Diversity Ratio 即ち最大

照度と、最小照度との比を取つて見る。然して前の採光面積と床面積との比卽ち採光面積率との關係を調べると第５圖の如くなり採光面積率が 0.15−0.25 を限界點として、若し此の値より小さければ不等率は急に増大する。卽ち室内に於ける照度の均一性が非常に惡くなるのである。

側光の場合には $\frac{\text{窓の高さ}}{\text{室の幅}}$ と不等率との間に一定の關係が成立し、大體（窓の高さ）/（室の幅）比が 0.5−0.6 を限界點として、室内照度の均一性が定められるのである。此の關係は第５圖の上側の曲線で表はされてゐる。各

第５圖

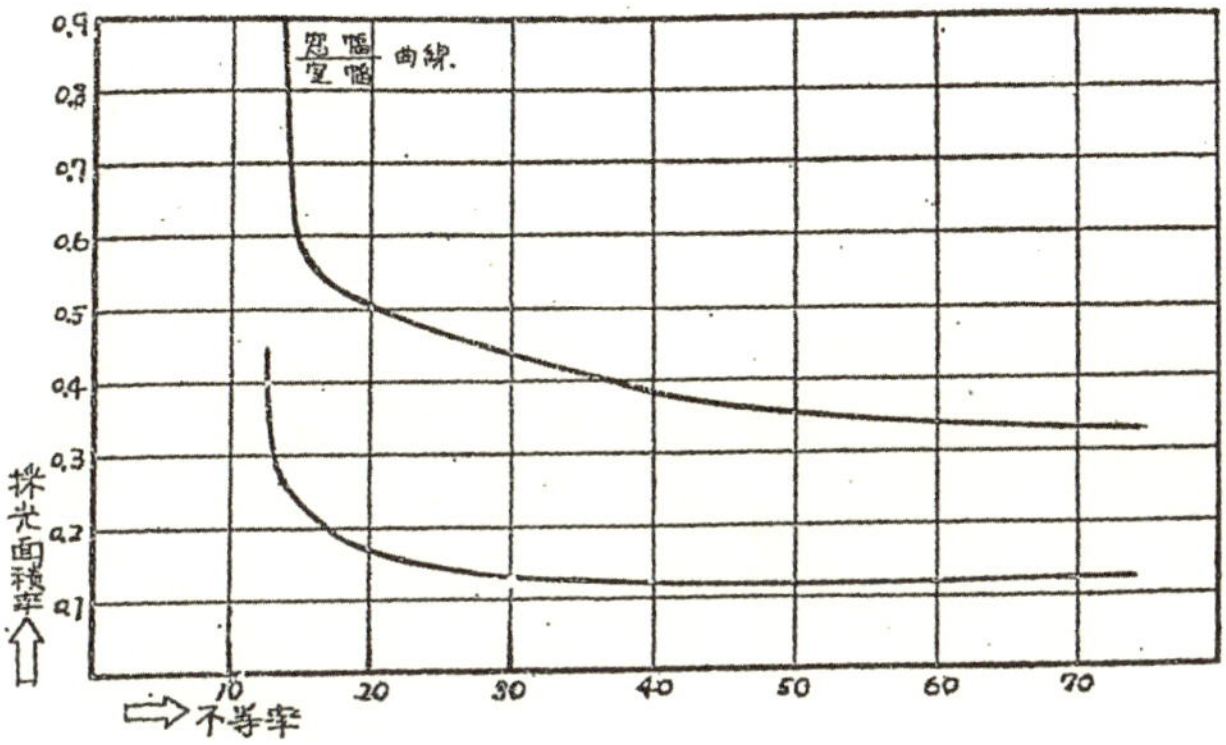

場　　　所	（窓の高さ）/（室の幅）比
アントワープ　プランタン博物館第II室	0.364
リヂツク博物館レンブラント室	0.562
ビエンナ・リヒテンスタトンルーベンス室	0.4
フローレンス・バルデニギヤレリー	0.287
パルマ 14室	0.25
フローレンス プリマベラルーム アカデミア	0.44
ハーグ アナトリー室	0.352
ユーフイヂ ペインタース ギヤレリー	0.46
ヘルトフオードハウス 13室	0.351
グラスゴー グレートホール	0.354
ブテツセル グレートホール	0.416
バチカン クロス グレカ	0.235
ミユンヘン クリプトテーク エイヂナ	0.264
平　　均	**0.364**

博物館及び美術館に於ける（窓の高さ）/（窓幅）比を求めると前揭の表の如くなる。

側面光線の場合は天窓光線の如く室内を一樣に照すことが困難である。然して窓の大いさに就ては多くの實驗の結果窓巾は室幅の1/3が最小限度であり、窓の高さは成可く高くして天井近く迄明け、窓臺す高くして窓からの光線が直接眼に來ない樣にするのが良い。即ち床上2 m位が最低とされてゐるが、小品陳列の場合は畫面の反射が無いから0.9 m－1.2 m位を適度とする。尙彫刻の場合は3 m位が適當である。

かくの如く陳列の內容に依て窓の高さ及び大いさ迄變るのが當然であるが、建築全體としての統一を得る爲に一率に揃へて了ふのが通例である。此處に特に採光上の立場より、各室の窓の大いさ、形、高さ等を其の內容に依て區別した建物がある。即ち一九二八年に完成した米國デトロイト美術研究所の建築で各種の窓が並でゐる有樣は第6圖に見る通りである。然し此の設計には當初よりその方針で造た爲可成り成功したと言はれてゐる。

第 6 圖

第 10 圖

以上天窓及び側面光線の場合を述べたが最近の傾向として窓を全然取らない建築が盛になつて來た。極端な場合は工場も全部窓をなくして、總て人工照明に依たのであるが、その主なる理由は建築費の節減にもなるし、建物が丈夫になるし、一年中均等の照度を得られる等の利點から來たものであるが、一方には太陽光線を見られないと云ふ不快感を伴ひ、能率増進の點からは如何かと思はれる點が少くない。何れにしても博物館の如く壁面を多く必要とする建築は自然、窓が小さくなるのは當然であるが天窓の取れる階は最上階に限られてゐる。從てそれ以下の階に於ては側面光線となる譯であつて階高を充分に取らないと、色々の不都合を生ずる。

次に採光上注意すべき點を列擧すると

1、眩輝の起らぬ樣にすること。
2、壁面の照度を大にして、床面の照度は壁面のより低くすること。
3、畫面よりの反射眩輝を起さぬ樣にすること。
4、曇天及び夕方に照度不足とならぬ樣にすること。
5、壁面の照度は均等にすること。
6、光色は成可く晝光色とすること。
7、光源たる天井硝子は均等輝度にして、屋根裏鐵骨、照明器具等の影を映さぬこと。

等の諸點で今逐一説明すると、

1、室内に這入た時天井硝子が餘り明るいと壁の陳列品を見る時眩輝の作用を起す。天井硝子の周圍の色は明るい色を用ひて壁面は稍々暗く、床面の色を最も暗くして其の間に對比眩輝の起らぬ樣にすることが必要である。天井も餘り低いと陳列品を見る時常に天井硝子が視野の中に這入て眩輝を起すのである。尙側面光線の場合は特に注意すべきで、窓臺を低くすると下方よりの光線が眼に入り、痛く眼を弱らすものである。

第2の條件は室内に於ける照度の分布を論じたもので、壁に陳列された場合は室の中央は明るいことを要しない。目錄等を明瞭に見得る程度で十分である。かくすれば、壁に硝子面があつても、觀覽者の像が映らない。然し理想的とするには片側壁のみを使用することである。さうすれば對向壁の明るい面が互に反射して相災すことが無いから。

第3の條件は畫面よりの反射及び眩輝を避けることで、此には壁面を充分照し、畫面を少しく前面へ傾斜させる事に依て防げる。尙硝子凾面の反射を防ぐには凾の內部の照度を凾外に比し充分大にすることが必要である。室內光線は陳列凾の硝子を通して陳列品に達する譯であるか、その間二、三割の吸收があるから凾の內部は自然暗くなるのである。

第4の條件は曇天及び雪積日に尙暗過ぎぬ樣す可きで若し照度を不足となつても人工光線で補へる樣にすべきである。

第5の條件は一室內の壁面の照度は均等にするのが良い。天窓光線の場合は上部が明るく下部が暗くなるが、採光面積率2－5位ならば壁面に於ける不等率は大でない。又若し室の中央部にも硝子凾を設けて陳列する場合には天窓よりの光線は壁面のみならず床面へも充分の光線を要する。依て天窓の場合を二通りに別けると、

一、壁面を主として照す場合

一、床面を主として照す場合

とに別けられるのであつて、前者は天井硝子よりの光線を壁面へ向け、後者は垂直下に光線を落す樣にするのである。此が爲には前者は深く腐刻（etch）された縞ガラスを用ひると良く、後者には完全擴散透過性ガラスが良い。この兩者の差異は全く天井ガラスの性質に依て區別せられるもので、大いに硏究を要するものである。

（第7圖參照）

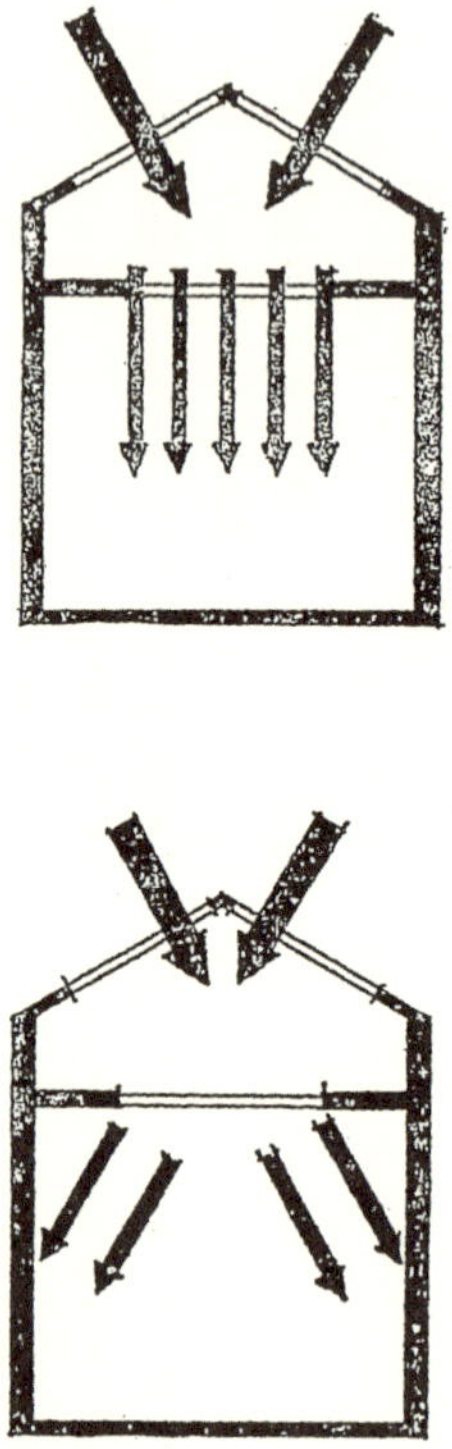

第7圖

第6の條件は照明は成可く晝光色が良い。夕方薄暮迫りたる時急に電燈をつけると同時に陳列品が橙黃色に照されて今迄見てた時の感じと全く違ふ場合がある。晝光色照明とすれば、かくの如き變化が無いのみならず、夜

間觀覽の際も、晝見た感じと全く同じ印象を得る譯になる。但し此處に注意を要するのは、天窓光線の場合、南からの直射光は室內の北壁に、北向の青空光は室內の南側に射入する關係上、往々にして南北兩壁の色の差異が認められる事がある。直射光に依る光線は暖か味があるが青空光に依る光線は青味を帶びて冷感を呈する。殊に夜間は我々が橙黄色照明に慣れてゐる爲、晝光色照明では冷く感ずるのである。依てかくの如き場合は背景たる壁の色に注意を要するのであつて、暖か味ある色を用ひて此の冷い感じを除去することが出來るのである。

第7の條件は天井硝子に不規則結晶ガラスを使用して好結果を得た實例がある。米國クリーブランドの美術館が其れで、屋根裏の構造物の影を映さない許りで無く、壁面不均等照度も除去出來、下向光線を少くして壁面へ充分の光線を與へることが出來るのである。因に硝子は網入にして危險を防止したものである。

3 博物館各室の照度

博物館內各室の照度は如何にすべきか、此は大いに考究を要する。天窓光線の場合多くは明るきに過ぎ、白布を以て蔽たり、天井硝子へ胡粉を塗たりする例が多いが、此は全く設計上の不備で調節の出來るlouble式かScreen式ならば斯様なことも無く、朝夕の光線の不充分な時と、日中の充分な時とを調節して略々等しくすることが出來る。扨然らば照度は如何程にすべきかと言ふと、種々の事狀にも依ることであるが一般の場合は左記の表の値を自分は適當と考へる。

場所	照度
入口	ルクス
事務室、受付	30—15
便所、手洗	25－50
繪畫陳列室	80—40 (100—150)
彫刻陳列室	80—40 (90—150)
小品陳列室	70－30
研究室	60—40
講演室	60－30
廊下階段	30—15
ホール	80—40

但し括弧內は天窓光線に依る晝間照度

第8圖

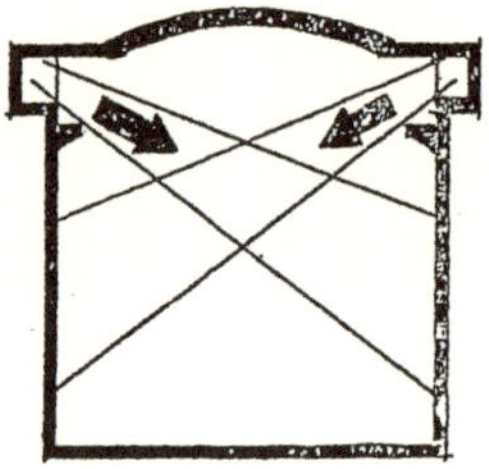

第8圖

第9圖

但し此の標準照度なるものは時代の進むに從て增す傾向のもので、現在を標準として作たものなることを斷て置く。

又前に述べた不等率は室內に於ける最大最小照度比を言ふものであるが、畫面の硝子よりの反射を防ぐ目的のために不等率を大きくすることもある。此は美的觀念より見れば甚だ面白くない方法であるが唯照明方式のみに準據した一方法たるに過ぎない。

尙最後に人工照明の方法の二三を圖に依て示すことにする卽ち第8圖第9第10圖に示す如くであつて、第8圖はフィラデルフィア美術館に用ひられたる形式、第9圖は英國ベリオッドルームの形式である。尙電燈は屋根裏に設けるものが多いのであるが第10圖に示すのはクリーブラント美術館の法式である。廻轉自在にして光線調節用のルーブル及び廻轉裝置を注意すべきである。（一九三〇・一二・三）

昭和六年（一九三一）

三九　矢島正昭「東京帝室博物館本館新築に就ての希望」

（『国際建築』特輯・博物館　第七巻第一號）

百聞は一見に如かず、之が博物館の存立する所以である。この度東京帝室博物館の本館新築設計圖案の懸賞募集が發表せられたに依つて、特別號を發行するに付、何か書けとの御注文であるが、書いた處を讀むで頂いただけでは、恐らく建築家が博物館を御理解下さる事は出來まい。寧ろ私は建築家が此帝室博物館の現場に來て親しく見られる事が必要であると思ふ。私が震災以後帝室博物館に執務致して居る關係上、各般の事務的方面に於て御説明申上ぐる勞を惜まない事を御知らせ致して置き度い。之が私の記事の全部で他は蛇足に過ぎない。併し私に聞れた事が懸賞當選とは何等の關係はない、却て不利なる事あるを豫め御記憶願ひ度いのである。

×

この度の建築は帝室博物館の「メーン・ビルデングで」ある。然しながら之が最後の建築でないのは過去五十年間に舊本館より表慶館迄、四大建築が出來たに徴して明かなるのみならず、新陳列館は現有列品の全部を陳列し盡す事が出來ないと、更に博物館は特殊の陳列館を必要とするが故に、將來の擴張博物館發展を一大理想として設計せられ度いのである。差し當りの建築のみに固つて終まふのは面白くない。然しながら、この度の建築は「メーン・ビルデング」であり、首座を占むるものであるから將來如何なる建築よりも壯嚴雄偉のもので有り度い。而して徒に裝飾に流れず、帝室博物館に相應はしき淸楚にして高雅なものである事を希望する。更に博物館は實物に依る社會敎育機關にして又娯樂場であるが故に公衆に親しみある建築が望ましい。帝室博物館は美術、美術工藝、及歴史品を蒐集陳列するにあるが、單に場屋有れば足れりとせない。建築物夫自身が昭和時代の記念物たり、我日本國民の文化の表現たり、又國民の趣味に合致せる美術館らしきものであつて欲しい。

×

博物館が實證的なる歐米に發達し汎神的思想の東洋に發達せざりしは、單に、現代敎育の缺陥のみでない。斯るが故に新築の場合に其範を歐米に求むるは無理はないが、其プランの作製に當つて歐米の都市の狹隘なる場所に切り詰めてなされたプランを模倣してはならない。現東京帝室博物館の地域は實に三萬五千餘坪を占むるものなるが故に、此活用を第一に心懸く可きである。

×

鐵骨鐵筋コンクリートの建築物の從來のビルデングは不燃性バラックの感がある。之は經費の上より然からむ元よりコンクリート建築は、鑄物細工同樣にて、東洋式の線の力を求むる事は無理かも知れぬ。併し少くとも「スカイ・ライン」の美を失はない樣に願い度いのである。明治神宮繪畫館に於ける中央の圓頭は全く難解の物にして「明德太陽に等し」と云ふ太陽の表徵でもない樣である。殊に圓と角との不調和は遠方より仰ぎ見て大帝の御神德を偲び奉るべき何物もないのである。又最近上野公園に出來た東京博物館の頂上にある、碗を被せた樣な形も全く呆れざるを得ない。建築上の無帽主義、有帽主義は孰れにても可なれども、威儀を正すには冠も必要である私は鳳凰堂の形を總ての場合に美とは思はない、形は物質の力に根據した自然の形と云ふものがあると思ふ。木造なればこそ大理石なればこそ、花崗岩なれば、ブロンスなればである。正倉院御物が實に其本質を發揮して居るのである。或織物師が古今の名器名畫等を染職に依つて造つたが、之は面白い試みではあれど猿芝居に終つてゐる。更に東京府美術館、美術學校陳列館等は、形態、色彩、採光、間取其他問題にならさる下作である。

×

新館が耐震、耐火なる事勿論にして、表慶館は國民誠意の結晶なる爲か、又地下全部の嚴重なる施工と地震波の方向の良かつた爲か、先年の大震災に少しの損傷も無かつた。然るに本館、二號館、三號館は大破した。本館は明治十四年に英人コンデル氏の設計に成り、プランは復式にて兩端は單式、採光も大體に良好、形態に威親はしさを有して居つた。併し當時のセメントの不完全と地固めの全般的ならざりしと、又明治十年、內國勸業博覽會の建築物、明治天皇の御臨幸があつた爲に、本館正面を通して其を見得る樣との嚴命ありし爲、建築に無理があつたので震災に大破した。彼の設計に成りし鐵骨の工部大學は內樋の爲に早くも腐朽したのに、舊本館は木骨なりしに拘はらず、町田久成氏の要求に由りて、外樋とした爲に震災迄立派に存續したのに誠に惜しい事であつたのである。この度の建築も外樋てないと落第にしていゝと思ふ。耐火に就ては、陳列館、倉庫の內部は不燃性の物にて張る必要あれば、漏電、其他の危險は充分注意され度いのである。或は防火戶に信頼する人あるが、週期的に來る震災の場合に、防火戸等に信頼出來ないと思ふ。當博物館地域内にて、二三年前、圖書館の煙突の煤煙の爲か、立木の枯損せる頂點から晝間燃え出した事があつた。中々安心の出來るものでない。

×

今觀覽人が博物館に來る順序に從つて現在の不便を指摘し、且希望を述べたい。現在の博物館は門の處で入場券を買るが、今後は前庭は開放し度い。開門前に學生、團體等が雨に打たれて待つて居たり、又自動車から下りて歩行して來る事は氣の毒である。而して玄關迄の自動車道と、歩道と區別する事である。自動車は屋根下に横付になる樣に致し度い。之は表慶館東京府美術館其共他通の缺點である。或建築家は玄關の前面に車寄せを設くる事は非常に經費を要するから、又考案上困難であるから不必要だと云ふ向もあるが謬見である。遣り方では金のかゝるものでない。次に下足場であるが下足程困る問題はない、下足場は博物館に就いて最初の印象を與へる所である。然るに薄給の下足人足、殊に地階に多く造られる下足場は實に不快極まるものである。多くの百貨店は遂に下足を止めたが、美術館である博物館は「カラン〳〵」と音響を立てられては、觀賞を阻害され、又最も懼るべき塵埃を持込まれるから到底下足を廢する事は出來ない。現在靴とゴム草履だけは入れて居るが、塵で大變である。或は電氣開閉の箱により自分で出し入れするのも一方法であるが、何とか良い考案はないものか、又同時に傘、杖、雨具の預り場も入用である。次に賣札は、機械式であつて、兩替所も設けて欲しいのである。

×

陳列室は、其配置は復式であるか、又は單式であれば、片側に、廊下を配すべきである。表慶館は、單式である爲に、平素は差支へはないが、陳列替の場合に鎖斷するので不便である。陳列室に大小のあるは良いが、餘りに複雜で無いことが望ましい。考へ過ぎた爲に、觀覽人が戸迷ひす例は外國にある。併し博物館の單調、陳列品の多數は、人を徒に疲勞せしむるものであるから、處々に休憩室、喫煙室が必要である。更に庭園を散歩して又陳列館に入る事が出來れば益々結構である。殊に、我々日本人は快晴の日、清淨な外氣と愉快な日光に接し度いのであるから、各所に露臺のあるのも良いと思ふ。

×

陳列室の採光は、最も大切な事である。採光は、日光に依るか、電光に依るか、問題である。太陽は東から出て西に入る、中々面倒な先生であるから、或る人は、人工光線を主張し、シカゴのフィールド博物館又はフィラデルフィヤの博物館では採用して居るが、私は賛成しない。美術品は矢張り日光で見る方が良いと思ふ。採光方法は、昔流行した天井光線は、雪の時には、暗黒となり、夏季には直射光線となり、古畫の横折や、彫刻は黒き影を垂らし、甚だ不評判である。それがため、高窓光線を主張する人があるが、之又考へものである。矢張り光線を直射する夏があるのである。又側面光線も捨てたものではない。要するに、光線は直射光線が惡いのである。出來るだけ散光にすれば明るい方が良いのである。併し散光も斑の散光は、最惡である。北光線が良いのは此爲て、單に變化のない許りではない。殊に陳列品が、光線に損傷せられ、所謂博物館病に罹るからである。「博物館は、美術品の破壞所なり」と獨乙の惡口屋が嘆息した事がある。此點からして、私は陳列室は、出來るだけ北光線を利用して欲しいのである。この度の懸賞募集の添附圖案は、陳列室の配置に、甚だ遺憾の點がある。

×

其他陳列室の壁面の色彩、入口の大きさ、防濕の方法、床と音響との關係、塵埃除去の方法、盜難豫防、平面利用並に側面利用、換氣、通風、採暖等も考慮して欲しいのである。尚陳列室へは、エレベーターを利用して膝行車のまゝ觀覽出來る樣に願ひたい。

×

陳列品は、塵埃及盜難の防禦の爲めには、觀賞を妨げても陳列箱に容れない譯には行かない。而して繪畫と彫刻とは、特別とし、其他は大體、同形式に陳列さるべきものと見てよい。繪畫は博物館病を緩和する爲に陳列替を必要とする。現在、表慶館では毎月一回、行つて居るのである。今度の建築には繪畫は入込壁の中に陳列する事になつてゐるから、入込壁は中で働く事が出來、又は屏風が開く程度の奥行であつて欲しい、又夏の熱さは非常なものであるから、入込壁の中の換氣は必要である。陳列替は模本で、時代系統陳列をすれば、左程なくてもよいかも知れないが、兎に角、何倍かの貯藏品を要する事であれば、倉庫との關係を大いに顧慮せられたいのである。之に反して陶磁器の樣な物は、全部陳列されても支障ないから、單に重復品や參考品の貯藏所が必要であるばかりである。

見たい物が倉庫に收藏されてある場合は出して見せて貰はなくてはならない。之が特別觀覽の制度のある所以で現に、此便宜の爲に寫眞カードを作つて居るのである。即ち手に取つて觀覽し、又は模寫模造撮影を許すのである。現在は、場所が狹隘なので、閉口してゐるが、將來は大いに便宜を許りたいのである。此特別觀覽室と倉庫と係りの事務員の居る室との連絡をよくする必要があるのである。

×

陳列室は一般普通の陳列室の外に、大物の爲に大陳列室を要する。今現有列品の大物を例示すれば、繪畫に於て龍頭觀音像　竪一丈一尺七寸、横六尺六寸）國寶佛涅槃圖（竪一丈五尺一寸五分、横七尺三寸）卷物に江山無盡圖卷（竪二尺五寸、長五丈一尺七寸）國寶松ヶ崎天神緣起（竪一尺一寸二分、長四丈九尺四寸）。書蹟拓本に紀泰山銘（竪三丈一尺四寸五分、幅一丈六尺五寸五分）。彫刻には國寶十一面觀音（高八尺八寸三分、幅二尺五寸、奥行二尺）金銅透彫御物金銅大幡（長一丈六尺方一尺七寸三分）歴史品に大極殿朝賀圖額（竪三尺八分、横三丈七寸、大嘗會宮殿模型（平面二丈一尺四方）御帳臺（總高臺共一丈一尺、廣一丈六尺）御鳳輦（總高臺共一丈長一丈七尺五寸）唐御車（總長三丈七寸七分、高一丈二寸五分）太大皷（總高臺共二丈五尺、臺幅九尺四方）、五月幟（總竪三丈四寸、臺幅九尺四方）刳舟（長二丈七尺九寸、幅四尺）、石槨内面模樣圖額（竪一丈七寸、横二丈一尺）朝鮮輿（總高一丈、幅五尺、長一丈九尺）七寶陶器に七寶屏風（縱七尺一寸、總横幅一丈四尺）大皿（高七寸五分、直徑四尺）三彩獅子置物（總高五尺六寸、總横幅四尺六寸）其他壁掛祇舍模樣壁掛（竪一丈三尺七寸横七尺一寸）山水花鳥模樣壁掛（竪八尺四寸六分、横一丈一尺七寸二分）更紗壁掛（竪一丈二尺一寸、横六尺）染織の屏風（竪六尺三寸、横一丈一尺四寸）等である。昔或る人が東大寺の南大門の仁王を博物館に陳列しようとした話もある。要するに繪畫は懸物で長一丈五尺位幅一丈一尺止りで、卷物は三丈乃至五丈と云ふ處である。卷物の爲には、全卷を一度に見得る外に、數十卷を一連するものゝ爲にも考慮を要する。春日驗記の二十卷を一度に見る事は、實現出來ない事でもなからう。

其他觀覽人の爲には、食堂が必要である。食堂は嗅氣が陳列室に漏れない樣に致し度い。殊に又便所の有毒瓦斯の如きは充分に注意を要するのである。又學生團體等には茶でも供して、辨當を食する休憩室が必要である。觀覽人の歸路は、屋外陳列庭園内の諸陳列を觀覽する樣に誘導され、知らず〳〵の間に一巡して、見殘す事なく歸る樣にあり度いのである。

×

更に博物館内部の事務的方面より見て二三を附言し度い。博物館に必要なるは完全の倉庫である。或は陳列館が、倉庫であると言ふ見方もあり、倉庫は密集陳列場と言ふ見方もあるが、倉庫は前述の特別觀覽の外、模造室模寫室、修理室、整理室、會議室等との連絡を考慮され度いのである。倉庫の構造は、防濕、防火、防虫、防塵は勿論整理配列と採光とを塩梅され度い、餘り高いは不便である。或は倉庫の窓を絶對に排斥して、電光によらむとする向もあるが、倉庫内にて一寸出して見ると云ふ倉庫の一部が研究室になる場合を思ふ時、又停電を慮ると窓のある事が望ましい。人或は人工換氣通風に依り、倉庫及陳列館の空氣を調節する事に信頼する向もあるが若し非常事變の場合、又は天災地變に依り機械に故障のありたる場合に物品をスポイル致さない樣に自然力の利用をも充分に考慮を願ひ度いのである、殊に、乾濕の必要程度は、物品によりて異るから尙研究の餘地あるものと云ふべきである。

×

今度の參考圖案は、設計者も或人が最上案と信じて居るのに困つて居ると云ふ事だ。全體、中庭を持つ箱形は蒸れる日本の風土に適しないと私は思ふ、假令内部に通風があつても、外部に日光を受けず、雨雪の乾かない場合には、北側殊に内面には青苔が生える樣でも困つた事である。殊に事務所を北向にする等の事は陰欝なる性格の持主の好みである。私は衞生上、事務室に日光の射し入る事を希望する。博物館は物が本位であるが、然し物を活かすは人にある事は、ミューラーの言を俟たない。博物館員は學校を出て十年も實物の研究をせぬと物の役に立たないのである。役立つ時分に健康上倒れるか、倒れなくとも人間に黴が生え出しては、甚だ寒心の至りである。唯さへ博物館的と云はれる館員は、常に晴れ〴〵した事務室に明るい氣分で執務し得る樣に致したいのである。

×

更に博物館員は倉番ではない。常に列品の硏究が必要あるから、研究室、圖書室も設備せなければならない、現有圖書だけでも百坪の書庫が必要である。更に講演室も必要である。この度の案に之が無いのは遺憾である。

×

私は事務所は事務所として坪當り三百圓位で陳列館に接續して造る事が、陳列館の設計を容易ならしむる上にも亦、火災、盗難の豫防の爲から見ても、事務的に見ても、經濟上から見ても、よいと思ふ。或は館長、部長、部の事務員が陳列館内に居らないと事務が執れないと云ふ人があるが承服出來ない。或は部の事務員が朝夕、陳列館を通る爲にと云ふが之は道順が此方が良ければ必ず通るのである、通つた處で心之にあらざれば見れども見えずで、寧ろ毎日點檢した方が如何に有効か知れない。自分の持場の陳列品位は何があるか皆眼前に歴然と現れるのである。又館長や、部長、部の事務員が陳列館内にある方が觀覧人と親しむと云ふ向もあるが、先づボロ鑑定でも持込まれて閉口するが關の山でなければ幸である。又説明に出て行くと云ふならば、五十歩百歩の差である私は陳列室と事務所とを鵺式に結合した「プラン」は贊成出來ない。

×

今舊第一號館、即ち本館と表慶館との建坪其他と陳列品の點數との比例表を左に掲げる。

表慶館陳列

	區別	數	合數	Aニ對スル割合	Bニ對スル割合	Cニ對スル割合
A建坪			三九五			
B延坪			七四九			
C陳列室平面坪	美術 美術工藝 歴史	一〇五 一〇一 一〇一	三〇七	四割九厘强		
D廣間、階段室其他平面坪			一〇一	一割三分四厘强		
E整理室平面坪	美術専用		八	一分强		
F陳列函其他平面坪	美術 美術工藝 歴史	二八 二三 二六	七七	一割二厘强		
G立面用函ノ正面坪	美術 美術工藝 歴史	九〇 四一 四五	一七六	二割三分五厘	五割七分三厘强	
H陳列品點數	美術 美術工藝 歴史	一四七 四二〇 五四二	一、一〇九			五點二分强 十八點二分强 二十點八分强

舊第一號館陳列

	區別	數	合數	Bニ對スル割合	CDノ合坪ニ對スル割合	Bノ一坪ニ對スル列品點數
A建坪			七五八			
B延坪			一、五一六			
C陳列室平面坪	美術 美術工藝 歴史	一〇八 九三 六三五	八三六	五割五分一厘强		
D廣間、階段室其他平面坪			二二九	一割五分一厘强		
E整理室平面坪			一三	八厘强		
F陳列函其他ノ平面坪	美術 美術工藝 歴史	二八 四一 二〇一	二七〇	一割七分八厘强	二割五分三厘强	
G函立面及壁面ノ陳列面坪	美術 美術工藝 歴史	二二 五〇 二〇二	二七四	一割八分强	二割五分七厘强	
H陳列品ノ點數	美術 美術工藝 歴史	四九一 一、二三〇 八、六三二	一〇、三五三			十七點五分强 三十點 四十二點九分强

右の表によれば新館は表慶館陳列品の密度に從へば、舊第一號館に陳列した全部も陳列出來ないのである。而して現有列品數は、歴史部、五五、三〇一點、美術部、二一、〇四〇、點工藝部、六、〇〇四點であるから倉庫が必要となり、更に大陳列館の建築が必要となるのである。

×

以上の外、細密の點に付て希望する事は澤山あるが、今は多忙の爲に、之を盡すことが出來ない、唯願くば、昭和の記念物として、最上建築を後世に遺し度いのである。從來の建築に直ちに採るべき何物もないのであるから、新鋭の青年建築家は、徒に審査員の趣好に迎合せず、直に自信あり、且藝術上價値ある設計を以て應募し、賞金を獲得せられむ事を切に希望する次第である。

《編著者略歴》

青木　豊（あおき　ゆたか）

1951年　和歌山県生まれ。
國學院大學文学部史学科考古学専攻卒。
現　　在　國學院大學文学部　教授　博士（歴史学）
主な著書　『博物館技術学』『博物館映像展示論』『博物館展示の研究』『集客力を高める博物館展示論』（以上単著）、『史跡整備と博物館』『明治期博物館学基本文献集成』『人文系博物館資料論』『人文系博物館展示論』『人文系博物館資料保存論』（以上編著）、『博物館学人物史㊤』『博物館学人物史㊦』（以上共編著）、『博物館ハンドブック』『新版博物館学講座1　博物館学概論』『新版博物館学講座5　博物館資料論』『新版博物館学講座9　博物館展示論』『新版博物館学講座12　博物館経営論』『日本基層文化論集』『博物館危機の時代』（以上共著）、以上雄山閣『和鏡の文化史』（刀水書房）、『柄鏡大鑑』（共編著、ジャパン通信社）、『博物館学Ⅰ』（共著、学文社）、『新編博物館概論』（共著）、『人間の発達と博物館学の課題　新時代の博物館経営と教育を考える』『遺跡を活かす遺跡と博物館―遺跡博物館のいま―』（以上共編）、以上同成社、『観光資源としての博物館』（共編、芙蓉書房出版）　他論文多数

山本哲也（やまもと　てつや）

1963年　北海道生まれ。
國學院大學文学部史学科考古学専攻卒。文学士
現　　在　新潟県立歴史博物館　専門研究員
主な論著　「博物館のバリアフリー計画」『國學院大學博物館学紀要』第21輯、「博物館学史の編成について」『博物館学雑誌』第37巻第1号（2012年度全日本博物館学会賞）、「サブカルチャーと博物館」『博物館研究』Vol.49No.8、『展示論―博物館の展示をつくる』『博物館危機の時代』（以上共著、雄山閣）、『博物館教育論　新しい博物館教育を描き出す』（共著、ぎょうせい）　他論文多数

大正《たいしょう》・昭和《しょうわ》前期《ぜんき》　博物館学《はくぶつかんがく》基本《きほん》文献《ぶんけん》集成《しゅうせい》 上

2016年4月25日　初版発行

編　者　青木　豊・山本哲也

発行者　宮田哲男

発行所　株式会社　雄山閣

〒102-0071　東京都千代田区富士見2-6-9

電話　03-3262-3231㈹

FAX　03-3262-6938

URL　http://www.yuzankaku.co.jp

E-mail　info@yuzankaku.co.jp

振替：00130-5-1685

印　刷・製本　株式会社ティーケー出版印刷

ISBN978-4-639-02418-7 C3030

N.D.C.069 340p 22cm